| Batterien NF n° 007 |
Gary Snyder
Lektionen der Wildnis
[The Practice of the Wild]

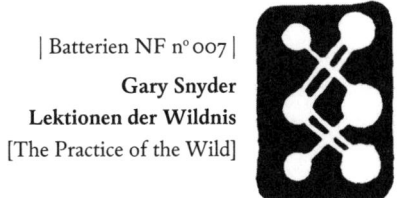

Gary Snyder

Lektionen der Wildnis

Aus dem amerikanischen Englisch
von Hanfried Blume

Inhalt

I   Lektionen der Wildnis 7
II   Ort, Region, Allmende 37
III   Lohfarbene Grammatik 70
IV   Gut, wild, heilig 111
V   Blaue Berge wandern 137
VI   Uralte Wälder des Westens 161
VII Auf dem Pfad, aus der Spur 200
VIII Die Frau, die einen Bären heiratete 215
IX   Überleben und Sakrament 240

      Danksagung 255

Anhang
      Hanfried Blume (1949–2009) 261

I
Lektionen der Wildnis

DIE ABMACHUNG

An einem Juninachmittag in den frühen siebziger Jahren wanderte ich über goldfarbene, trocken knisternde Grasflächen zu einer aus rohem Holz gefertigten, recht ansehnlichen Hütte, die am hinteren Ende einer Ranch im Einzugsgebiet des südlichen Yuba in Nordkalifornien gelegen war. Die Fenster waren ohne Glas, es gab keine Tür. Sie stand im Schatten einer riesigen Färbereiche. Das Haus sah verlassen aus, und mein Freund, der die kalifornischen Eingeborenensprachen und deren Literatur studierte, ging geradewegs hinein. An einem rohen Holztisch, von der Tischkante abgewandt, saß ein kräftiger, alter, grauhaariger indianischer Mann bei einem Becher Kaffee. Er bemerkte uns, begrüßte meinen Freund und bot uns würdevoll Pulverkaffee und Kondensmilch an. Er sagte, es gehe ihm gut, aber er werde sich nie wieder in ein Krankenhaus für Kriegsveteranen begeben. Wenn er wieder einmal krank werde, wolle er bleiben, wo er sei. Er sei gerne zu Hause. Wir unterhielten uns über Leute und Orte am Westhang der nördlichen Sierra Nevada, der Gegend, wo sich das Gebiet der Concow und der Nisenan befindet. Schließlich rückte mein Freund mit seiner guten Nachricht heraus: »Louie, ich habe jemanden gefunden, der Nisena spricht.« Es gab zu dieser Zeit nicht mehr als vielleicht drei Menschen, die die Sprache der Nisenan beherrschten, und Louie war einer davon. »Wer?«, fragte Louie. Er nannte ihren Namen. »Sie lebt in Oroville. Ich kann sie hierher bringen. Dann könnt ihr beiden euch unterhalten.« »Ich kenne sie von früher«, sagte Louie. »Sie wird nicht hierher kommen wollen. Ich sollte mich eher nicht mit ihr treffen. Und unsere Familien haben sich nicht besonders gut miteinander vertragen.«

Das verschlug mir die Sprache. Hier war ein Mann, den die drohende Auslöschung einer ganzen Kultur nicht dazu brachte, gegen seine — und ihre — Überzeugung zu handeln. Für wohlmeinende, verständnisvolle Weiße ist seine Antwort nahezu unbegreiflich. In der Welt seines Stammes, nie überbevölkert, reich an Eicheln, Wild, Lachs und Goldspechtfedern, leistete man sich den Luxus, mit solch einer Geradlinigkeit Perfektionist zu sein, die Familie oder den Clan betreffend. Für Louie und seine Nisenan-Landsfrau gab es Wichtigeres, als miteinander Konversation zu pflegen. Ich glaube, er sah es als eine Frage der eigenen Würde und des Stolzes an, seiner Lebenseinstellung bis zum Ende treu zu bleiben — egal, in welche Schwierigkeiten sie inzwischen geraten war.

Kojote und Backenhörnchen verstoßen nie gegen ihre Abmachung, dass der eine die Rolle des Jägers und der andere die der Beute spielt. In der Wildnis bekommt ein junger Eselhase (Lepus californicus) höchstens ein einziges Mal die Möglichkeit, über eine Wiese zu laufen ohne sich nach oben abzusichern. Eine zweite Chance wird es nicht geben. Je schärfer das Messer, desto sauberer die Schnittlinie. Wir erkennen die Eleganz der Kräfte, die das Leben und die Welt bestimmen und die jede einzelne Linie unseres Körpers geformt haben — Zähne und Fingernägel, Brustwarzen und Augenbrauen. Und wir sehen auch, dass wir ein Leben führen sollten, ohne unnötiges Leid zu verursachen — nicht nur gegenüber unseren Mitmenschen, sondern gegenüber allen Lebewesen. Wir sollten nicht engherzig sein oder andere ausnützen. Es gibt genug Schmerz in der Welt, wie wir sie kennen.

Das sind die Lektionen des Wilden. Die Schule, in der diese Lektionen gelernt werden können, ist das Reich von Karibu und Wapitihirsch, von Elefant und Nashorn, von Orka und Walross, das von Tag zu Tag schrumpft. Geschöpfe, die uns durch die Zeiten begleitet haben, sind nun vom Aussterben bedroht, da ihre Lebensräume — und der alte, uralte Lebensraum des Menschen — der zeitlupenartigen Explosion einer expandierenden Weltwirtschaft zum Opfer fallen. Falls unter uns das Kind ist, das weiß, wo sich das Herz dieses Ungeheuers versteckt, bitte lasst es uns berichten, wohinein wir den Pfeil schießen müssen, um dieses Monstrum aufzuhalten. Und auch wenn dieses geheime Herz verborgen bleibt und unsere Arbeit nicht leichter wird — ich jedenfalls werde weiter für die Wildnis arbeiten, Tag für Tag.

»Wild und frei« — Worte aus dem amerikanischen Traum, die ihre Bilder einbüßen: ein langmähniger Mustang galoppiert durch das weite Grasland; hoch in der Luft in einer Formation, die ein ›V‹ bildet, rufen kanadische Wildgänse; das keckernde Grauhörnchen, das in der Eiche über unseren Köpfen von Ast zu Ast springt. Und der Satz klingt auch wie eine Harley Davidson-Reklame. Die beiden Worte, seien sie auch fundamental politisch und gefühlsgetreu, sind zum Konsumententand geworden. Ich möchte die Bedeutung von *wild* herausfinden, inwiefern es mit *frei* zusammenhängt, und was man mit diesen Wortbedeutungen anfangen will. Um wirklich frei zu sein, muss man die grundlegenden Gegebenheiten hinnehmen, wie sie sind — schmerzhaft, unbeständig, offen, unvollkommen —, und dann dankbar sein für die Unbeständigkeit und Freiheit, die sie uns erlauben. In einem fixierten, feststehenden Universum würde Freiheit nicht existieren. Mit dieser Freiheit hingegen verbessern wir den Lagerplatz, lehren die Kinder, vertreiben die Tyrannen. Die Welt ist Natur, und auf lange Sicht ist sie unweigerlich wild, denn das Wilde ist auch eine Ordnung der Unbeständigkeit.

Obwohl *Natur* an sich kein bedrohlicher Begriff ist, wird die Idee des »Wilden« in zivilisierten Gesellschaften — sowohl in Europa als auch in Asien — häufig mit Regellosigkeit, Unordnung und Gewalt assoziiert.* Obwohl die Chinesen und Japaner seit langer Zeit Lippenbekenntnisse für die Natur abgeben, sind es nur die frühen Taoisten, die vielleicht daran dachten, Weisheit könne von Wildheit kommen.

Thoreau sagt: »Give me a wildness whose glance no civilization can endure.« (Gib mir eine Wildheit, deren flüchtiger Blick von keiner Zivilisation ausgehalten werden kann.) So etwas ist nicht schwer zu finden. Schwieriger wird es, sich eine Zivilisation vorzustellen, die in der Lage ist, eine Wildheit auszuhalten — und gerade dies müssen wir versuchen. Wildheit ist nicht bloß die »Bewahrung der Welt« — sie *ist* die Welt. Zivilisationen, östliche und westliche, waren lange auf Kollisionskurs mit der wilden Natur, und nun besitzen vor allem die ent-

---

* Das chinesische Wort für Natur, ›zi-ran‹ (im Japanischen ›shizen‹), bedeutet »selbst-so«. Es ist ein eher blasses und allgemeines Wort. Das chinesische Wort für wild, ›ye‹ (japanisch ›ya‹), das ursprünglich »offenes Land« heißt, besitzt eine Reihe von Bedeutungen. In verschiedenen Kombinationen wird es zu: unzulässige Verbindung, Wüstenlandschaft, illegitimes Kind (offenes Land–Kind), Prostituierte (offenes Land–Blume) und ähnlichem mehr. In einer interessanten Variante bedeutet ›ye-man zi-yu‹ (offenes Land Süd-Stamm–Personen–Freiheit) »Freiwild«. In einem anderen Zusammenhang bedeutet der Begriff »offenes Land–Geschichte« auch »Dichtung« oder »frei erfundene Liebesromanze«. Weitere Assoziationen führen zu »ländlich« oder »ungeschlacht«. Auch wird ›ye‹ als »Natur im schlechtesten Sinn« verwendet.

wickelten Nationen die unsinnige Macht, nicht bloß einzelne Lebewesen, sondern ganze Arten, ganze Prozesse der Erde zu vernichten. Wir brauchen eine Zivilisation, die vollständig und schöpferisch und gemeinsam mit der Wildheit bestehen kann. Wir müssen beginnen, sie gerade hier, in der neuen Welt, entstehen zu lassen.

Wenn wir im heutigen Amerika an Wildnis denken, denken wir an weit entfernte und womöglich eigens als Wildnis ausgewiesene Gebiete, bei denen es sich in der Regel um Hochgebirge, Wüsten oder Sumpfgebiete handelt. Vor nur ein paar Jahrhunderten, als faktisch alles in Nordamerika wild war, war Wildnis nichts außergewöhnlich Unzugängliches, Schweres. Gabelantilope und Bison zogen durchs offene Grasland, die Bäche flossen gefüllt mit Lachsen dahin, es gab viele Hektar mit essbaren Muscheln, und Grizzlys und Pumas, und im Tiefland war das Dickhornschaf sehr verbreitet. Es gab auch Menschen: Nordamerika war *überall besiedelt*. Man mag sagen »Ja, aber sehr dünn...« — was die Frage aufwirft im Vergleich womit. Tatsache ist, dass überall Menschen waren.[*]

Es gehörte schon immer zu einer grundlegenden menschlichen Erfahrung, in einer Kultur der Wildnis zu leben. Seit einigen hunderttausend Jahren gibt es keine Wildnis ohne Anwesenheit von Menschen. Natur ist kein Ort, der besucht wird — sie ist Zuhause, Heimat, und in diesem Heimatgebiet gibt es vertraute und weniger vertraute Orte. Häufig sind Gebiete schwierig zugänglich und weit entfernt, aber alle sind *bekannt*

---

[*] Als der spanische Konquistador Álvar Núñez Cabeza de Vaca und seine Gefährten (einer war der Nordafrikaner Estevanico) an der Küste von Texas — dort, wo heute Galveston Island liegt — Schiffbruch erlitten, durch das Tal des Rio Grande und von dort weiter in südlicher Richtung nach Mexiko zogen — es war zwischen 1528 und 1536 —, da lagerten sie auf ihrer achtjährigen Wanderung nur wenige Male nicht in der Nähe einer Eingeborenensiedlung oder eines Lagers. Und sie verließen nie die Pfade.

und sogar benannt. Ich hielt mich einmal im August an einem Pass im Brooks Range auf, im nördlichen Alaska im Quellgebiet des Koyukuk River, einem grünen, tausend Meter hohen Tundrapass zwischen weiten Gebirgszügen, offen und sanft, die die vom Yukon in das arktische Meer fließenden Wasser teilen. Es war ein Ort, so abgelegen wie es nur sein kann in Nordamerika, keine Straßen, und die Pfade sind die der wandernden Karibuherden. Dieser Pass ist vom Volk der Inupiaq aus den Gebieten des nördlichen Gebirgshangs und von den Athapaska aus dem Yukongebiet als reguläre Nord-Süd-Handelsroute ständig benutzt worden, mindestens siebentausend Jahre lang.

Sämtliche Berge, Hügel und Seen Alaskas erhielten ihren Namen in einer der von den Ureinwohnern gesprochenen Sprachen, es gibt deren etwa ein Dutzend. Das haben die Untersuchungen von James Kari[*] und anderen ergeben. Euroamerikanische Kartographen benennen solche Orte nach den Ausbeutern des Landes, die sich dort vorübergehend aufhielten, oder nach ihren eigenen Geliebten, oder nach ihren Heimatorten in den »Lower 48«[**]. Der Punkt ist: In der Überlieferung der Ureinwohner ist alles bereits enthalten, das zeigen schon kleinste Spuren menschlicher Anwesenheit aus all diesen Zeiten. Die an den Ort gebundenen Geschichten, die diese Menschen erzählen, und ihre Namensgebung bilden ihre Archäologie, ihre Architektur, und sie bedeuten deren Rechtstitel an dem Land. Sie sprechen beredt über das Leben.

---

[*] [Vgl. James Kari / Priscilla Russell Kari, Denaína eℎnena = Tanaina country, Fairbanks: Alaska Native Language Center, University of Alaska, 1982; James Kari (Hg.), Tatl'ahwt'aenn nenn': narratives of the Upper Ahtna Athabaskans = The Headwaters People's Country, Fairbanks: Alaska Native Language Center, University of Alaska, 1986.]

[**] [Der Begriff »the lower 48« (die unteren 48) wird nur in Alaska für die 48 Bundesstaaten der USA (ohne Alaska und Hawaii) verwendet.]

Kulturen der Wildnis leben von den Lektionen der Subsistenzwirtschaft, die von Leben und Tod handeln. Aber was können wir heutzutage unter den Worten *wild* oder *Natur* verstehen? Sprachen mäandern wie große Flüsse und sie hinterlassen Spuren mäandernder Bögen und Schlingen in vergessenen Flussbetten, die man nur aus der Luft oder mit dem Blick eines Wissenschaftlers erkennt. Sprache ist wie eine Familie unendlich vieler, sich selbst befruchtender Spezies, die sich mit der Zeit ausbreiten oder auf geheimnisvolle Weise schrumpfen, sich dabei schamlos und endlos untereinander mischen und die Regeln dafür nach eigenem Gutdünken ändern. Worte werden wie Zeichen benutzt, stellvertretend, willkürlich und provisorisch, genau so, wie Sprache die sich verschiebenden Werte der Menschen reflektiert (und mitteilt), in deren Geist sie wohnt und durch den sie hindurchgleitet. Wir glauben an »Bedeutung« ähnlich wie wir an den amerikanischen Vielfraß glauben — indem wir Vertrauen in gelegentliche Berichte anderer setzen oder weil wir einmal mit eigenen Augen das Fell eines solchen Tiers gesehen haben. Aber manchmal lohnt es sich, diesem Schwindel auf die Schliche zu kommen.

Die Worte ›Natur‹, ›wild‹ und ›Wildnis‹

Zunächst zu ›Natur‹. Das Wort Natur, im Lateinischen ›natura‹, »Geburt, Konstitution, Charakter, Lauf der Dinge«, kommt letztlich von ›nasci‹, »entstehen, geboren werden«. So haben wir im Englischen nation, natal, native, pregnant [Nation, natal, eingeboren, schwanger]. Die vermutliche indoeuropäische Wurzel (über das griechische ›gna‹ — von hier kommt das englische ›cognate‹, ›agnate‹ [verwandt, gleichen Ursprungs, wesensverwandt bzw. Agnat, d.h. Verwandter väterlicherseits]) ist ›gen‹ (im Sanskrit jan), das zu ›generate‹ und

›genus‹ (erzeugen und »Gattung«) führt und zu ›kin‹ und ›kind‹ (Sippe bzw. Art, Sorte).
Das Wort bekommt zwei leicht unterschiedliche Bedeutungen. Die eine ist »die freie Natur« im Sinn von »Gottes freie Natur« — die physische Welt, einschließlich aller Lebewesen. Natur nach dieser Definition ist ein Normalzustand der Welt, der von Formen oder Produkten der Zivilisation oder des menschlichen Willens getrennt ist. Die Maschine, das Artefakt, das Ausgedachte oder das Außergewöhnliche (etwa ein Kalb mit zwei Köpfen) wird »unnatürlich« genannt. Die andere Bedeutung ist breiter: »die materielle Welt und ihre gesamten Objekte und Phänomene«, einschließlich der Produkte menschlichen Handelns und menschlicher Intention. Natur als Agens wird definiert als »kreative und regulierende physische Kraft, von der man annimmt, sie wirke innerhalb der materiellen Welt und als unmittelbare Ursache für alle jene Phänomene«. Die Naturwissenschaften und einige Spielarten der Mystik nehmen zu Recht an, *alles* sei natürlich. In diesem Licht besehen ist nichts an New York City, an Giftmüll oder an Atomenergie unnatürlich; und nichts — qua definitionem — von dem, was wir in unserem Leben tun und was uns passiert, ist »unnatürlich«.
(Und das »Übernatürliche«? Eine Art, damit umzugehen, ist zu sagen, das Übernatürliche sei der Name für Phänomene, die von so wenigen Menschen bezeugt werden, dass ihre Wirklichkeit im Unklaren bleibt. Allerdings werden diese Vorgänge — Geister, Götter, magische Verwandlungen — oft genug beschrieben, um ihre Faszination und für einige auch ihre Glaubwürdigkeit fortleben zu lassen.)
Das physische Universum und alles ihm Zugehörige — ich würde bevorzugt das Wort ›Natur‹ dafür verwenden. Aber dieses Wort bedeutet gerade hier eher sinngemäß »die freie Landschaft draußen« oder »anders als menschlichen Ursprungs«.

Das Wort ›wild‹ ist wie ein Graufuchs, der durch den Wald trottet, sich hinter Büsche duckt, aus dem Blickfeld gerät und plötzlich wieder auftaucht. Aus der Nähe, beim ersten Anblick, ist er »wild«, in einiger Entfernung schon und beim nächsten Auftauchen tiefer im Wald ist er »wyld«, über das alte skandinavische ›villr‹ und das altgermanische ›wilthijaz‹ verschwindet er in ein vages vorgermanisches ›ghweltijos‹, das noch immer »wild« bedeutet und möglicherweise auch »bewaldet« (Wald), und dort lauert er weiter mit möglichen Verbindungen zu »der Wille«, zum lateinischen ›silva‹ (Wald, sauvage) und zur indoeuropäischen Wurzel ›ghwer‹, das die Grundlage für das lateinische ›ferus‹ (feral) (wildlebend) und ›fierce‹ (»wild« im Sinne von »böse, grimmig«), das uns zu Thoreaus »awful ferity« [schreckliche Wildheit] hinüberwirbelt, wie sie bei Menschen von großer Tugend und bei Liebenden anzutreffen ist.

Das »Oxford English Dictionary« sagt hierzu folgendes:
Bezogen
— auf Tiere: not tame, undomesticated, unruly (nicht zahm, nicht domestiziert, unlenksam).

— auf Pflanzen: not cultivated (nicht gezüchtet bzw. nicht angebaut).

— auf Land: uninhabited, uncultivated (unbewohnt, nicht kultiviert).

— auf essbare Früchte und auf Gemüse: produced or yielded without cultivation (ohne Anbau erzeugt oder vorgefunden).

— auf Gesellschaften: uncivilized, rude, resisting constituted government (unzivilisiert, ungehobelt, sich der eingesetzten Regierung widersetzend).

— auf Individuen: unrestrained, insubordinate, licentious, dissolute, loose (ungehemmt/hemmungslos, aufsässig, ausschweifend, zügellos, locker/lose). »Wild and wanton widowes« — 1614.

— auf Verhalten: violent, destructive, cruel, unruly (gewalttätig, zerstörerisch, grausam, ungebärdig).
— auf Verhalten: artless, free, spontaneous (ungekünstelt, frei, spontan). »Warble his native Wood-notes wilde« — John Milton, L'Allegro.

In den Wörterbüchern ist ›wild‹ meist durch das definiert, was es — vom menschlichen Standpunkt aus — nicht ist. Davon ausgehend kann es nicht als das gesehen werden, was es ist. Anders herum gewendet ergeben sich folgende Bedeutungen:

Bezogen auf Tiere: frei agierend, jedes mit eigener Begabung ausgestattet, in natürlichen Systemen lebend.

— auf Pflanzen: sich selbst fortpflanzend, sich selbst erhaltend, im Einklang mit den vorhandenen Gegebenheiten gedeihend.

— auf Land: ein Ort, wo die ursprüngliche und potenzielle Flora und Fauna intakt sind und in vollständigem Austausch miteinander stehen, und wo die äußere Gestalt des Landes sich vollständig als das Ergebnis nichtmenschlicher Kräfte darstellt; ursprünglich, urtümlich.

— auf essbare Früchte: Vorhandensein von Nahrung, die aufgrund des natürlichen Reichtums und des Überschusses an Wildpflanzen erreichbar ist und auf Dauer zur Verfügung steht, und zwar durch ihr bloßes Wachstum und ihre Produktion von Mengen an Samen und Früchten.

— auf Gesellschaften: Gesellschaften, deren Ordnung von innen gewachsen ist, und die sich durch die Kraft von Konsens, Sitte und Brauchtum erhalten statt durch Gesetzgebung; primäre Kulturen, die sich für die ursprünglichen und ewigen Bewohner ihres Territoriums halten; Gesellschaften, die sich wirtschaftlicher und politischer Vorherrschaft durch die Zivilisation widersetzen; Gesellschaften, deren Wirtschaftssystem in nachhaltiger und enger Beziehung zum lokalen Ökosystem steht.

— auf Individuen: lokale Sitten, Umgangsformen und Lebensstile befolgend, ohne Rücksicht auf die Maßstäbe der Metropolis oder des nächsten Handelspostens; unerschrocken, auf die eigenen Kräfte vertrauend, unabhängig; »stolz und frei«.
— auf Verhalten: grimmig entschlossen und jeder Unterdrückung, Einengung oder Ausbeutung Widerstand leistend; »daneben«, unverschämt, »ungezogen«, bewundernswert;
— auf Verhalten: ungekünstelt, frei, spontan, nicht konditioniert. Ausdrucksstark, offen sexuell, ekstatisch.

In diesem zweiten Katalog von Definitionen kommen die meisten Bedeutungen dem recht nahe, was die Chinesen unter dem »Dào« verstehen, dem Weg der Großen Natur: sich dem analytischen Denken entziehend, jenseits von Kategorien stehend, selbst-organisierend, sich selbst informierend und bildend, spielerisch, überraschend, nicht auf Dauer, nicht-substanzhaft, vollständig, geordnet, unvermittelt, sich frei manifestierend, sich selbst bestätigend, aus eigenem Willen handelnd, komplex und dabei ziemlich einfach. Leer und real zur gleichen Zeit. In einigen Fällen könnte man es heilig nennen. Es ist nicht weit weg vom buddhistischen Begriff des Dharma mit seinem ursprünglichen Sinn von »formend« und »festigend«.

Das Wort ›Wildnis‹ [wilderness], früher ›wylderness‹, im Altenglischen ›wildeorness‹, vielleicht von ›wild-deer-ness‹ [Wild-Tier/Hirsch-heit] (deor, deer, der Hirsch und andere Waldtiere/Wild[tiere]), wahrscheinlicher aber ›wildern-ness‹ hat folgende Bedeutungen:
— Ein großes Gebiet wilden Landes mit seiner ursprünglichen Vegetation und wilden Tieren, mit einer Bandbreite von dichtem Dschungel oder Regenwald bis zur arktischen oder alpinen »weißen Wildnis«.
— Ödland, d. h. ungenutztes und für landwirtschaftliche Zwecke nicht nutzbares Gebiet.

— Ein Bereich in der Luft oder im Meer, wie in Shakespeares »Titus Andronicus«: »I stand as one upon a rock, / Environ'd with a wilderness of sea« (Ich stand als Einer auf dem Fels, umgeben von des Meeres Wildnis). Die Weltmeere.

— Ein Ort der Gefahr und der Schwierigkeiten: Wo man seine Chancen selbst ergreift, von den eigenen Fertigkeiten abhängt und auf keine Rettung hoffen kann.

— Diese Welt im Gegensatz zum Himmel. »I walked through the wildernesse of this world« (Durch die Wildnis dieser Welt bin ich gegangen) — John Bunyan, The Pilgrim's Progress from This World to That Which Is to Come.

— Ein Ort des Überflusses wie bei John Milton, »a Wilderness of sweets« (eine Wildnis der Freuden).*

Miltons Gebrauch von Wildnis trifft genau die sehr realen Bedingungen von Energie und Reichhaltigkeit, wie sie in wilden Systemen so oft anzutreffen sind. »A wilderness of sweets« — das ist wie die Millionen kleiner Heringe oder Makrelen im Meer, die Kubikkilometer Krill, der Samen von wildem Präriegras (der zu unserem heutigen, aus den Keimen jener Gräser hergestellten Brot wurde) — all die unglaubliche Fruchtbarkeit dieser winzigen Tiere und Pflanzen, die dem großen Netzwerk als Futter dienen. Aber andererseits umfaßte Wildnis auch das Chaos, den Eros, das Unbekannte, das Reich der Tabus, das Habitat sowohl der Ekstase als auch des Dämonischen. In beiderlei Hinsicht ist es ein Ort archetypischer Macht, Lehre, und Herausforderung.

---

* »A Wilderness of sweets; for Nature here / Wantond as in her prime, and plaid at will / Her Virgin Fancies, pouring forth more sweet, / Wilde above Rule or Art; enormous bliss.« (John Milton, Paradise Lost, Book 5, 294–297)

WILDHEIT

So können wir sagen, New York City und Tokio sind »natürlich«, aber nicht »wild«. Sie weichen nicht von den Naturgesetzen ab, aber sie sind ausschließlich Heimat für Lebewesen oder Dinge, denen sie Unterschlupf bieten. Anderen Lebewesen gegenüber verhalten sie sich abweisend, und das macht sie sonderbar. Wildnis ist ein *Ort*, wo das wilde Potenzial vollständig zum Ausdruck kommt, eine Vielgestaltigkeit an Lebewesen und Dingen, die ihrer eigenen Ordnung gehorchend gedeihen. Wenn ein Ökosystem vollständig funktioniert, werden alle Mitglieder einer Versammlung gehört. Von Wildnis sprechen heißt von Ganzheit sprechen. Die Menschheit entstammt aus dieser umfassenden Ganzheit, und das Nachdenken über die Wiederbelebung dieser Mitgliedschaft in der Vollversammlung aller Lebewesen ist keineswegs regressiv.

Seit dem 16. Jahrhundert verarmen in ökologischer Hinsicht das Abendland, die Länder Asiens und alle Zivilisationen und Städte vom indischen Subkontinent bis zur nordafrikanischen Küste zunehmend. Die Menschen wurden in sehr kurzer Zeit zu Natur-Analphabeten. Ein großer Teil der ursprünglichen Vegetation war durch zunehmenden Ackerbau und verstärkte Weidewirtschaft zerstört worden. Das verbleibende Land, »überschüssige« Bergregionen und Wüsten, versprach dem Menschen kaum noch ökonomischen Nutzen. Die größeren Tiere, die es noch auf der Erde gibt — Großkatzen, Wüstenschafe, Seraue und dergleichen —, überlebten, weil sie sich in unwirtlichere, rauere Lebensräume zurückzogen. Die Anführer dieser Zivilisationen wuchsen mit immer dürftigeren eigenen Kenntnissen vom Verhalten der Tiere auf, und ihnen wurde nicht mehr jenes vertraute, weitgefächerte Wissen über die Pflanzen beigebracht, das einmal allgemein verbreitet gewesen war. Über Handel und Wandel lernten sie, wie man mit Menschen umgeht, dazu Verwaltung und rhetorische

Fertigkeiten. Nur kleine Randgruppen der paysan, der Landleute, bewahrten sich ihre Kenntnisse von Pflanzen und Tieren und die Erinnerung an alte Bräuche. Wer in Dörfern oder Großstädten aufwuchs oder auf großen Gütern, hatte weniger Gelegenheit zu erfahren, wie wilde Systeme funktionieren. Noch dazu leugneten große Teile einer verstädterten Mythologie (mittelalterliches Christentum und danach der »Aufstieg der Naturwissenschaften«) zunächst die Seele, danach das Bewusstsein und schließlich das Gefühl für die natürliche Welt. Ein großer Teil der Europäer verlor im Klima einer die naturverneinenden, mechanistischen Ideologie die Möglichkeit einer unmittelbar erfahrenen Natur.

Eine neue Art des Natur-Reisenden trat auf: Männer, die als Kundschafter für Rohstoffe in die Welt aufbrachen und dabei von Firmen oder Adelsfamilien finanziert wurden. Sie drangen in die dünn besiedelten Gebiete der Menschen vor, die in und von der Wildnis lebten. Konquistadoren und Priester. Europa hatte Wölfe und Bären ausgerottet, weite Landstriche entwaldet und Hügel überweidet. Die Suche nach Sklaven, Fischgründen, Zucker und Edelmetall wurde über den Rand des Horizonts hinaus bis nach Asien, Afrika und in die Neue Welt ausgedehnt. Diese überzüchteten, kriegslüsternen Staaten wandten sich noch einmal gegen die wilde Natur und gegen natürliche Gesellschaften — gegen die Menschen, die ohne Kirche und Staat lebten. Für Gold und Rohrzucker musste der Weiße Mann allerdings einen Teil von sich selbst aufgeben: Er musste einen tiefen Blick in sein eigenes Verständnis vom Menschsein werfen und das Wesen der Hierarchie ergründen, er musste sich fragen, ob Ruhm und Ehre des Königs den Einsatz des Lebens wert waren oder ob das Gold dieses Opfer lohnte. (Ein verirrter hungernder Mann steht in einem Sumpf Floridas und betrachtet die stumpfgewordene Klinge seines Schwertes und seinen abgeschabten spanischen Umhang.)

Etliche, wie Nuño Beltrán de Guzmán, verloren den Verstand und wurden zu Sadisten: »Als er diese Provinz übernahm, gab es dort 25.000 Indianer, unterjocht und friedlich. Von diesen verkaufte er 10.000 als Sklaven, und die anderen verließen aus Furcht vor diesem Schicksal ihre Dörfer.«* Hernán Cortés, der Eroberer Mexikos, endete als geschlagener, schwermütiger Bettler vor dem Thron. Álvar Núñez Cabeza de Vaca, der acht Jahre lang nackt zwischen Texas und New Mexico umhergewandert war, ging als ein Menschen der Neuen Welt verwandelt daraus hervor. Er hatte die alten Bräuche wieder angenommen und war nicht mehr derselbe wie zuvor. Er gewann ein mitfühlendes Herz, das Gefühl für Bescheidenheit und Einfachheit und die Fähigkeit zu heilen. Der Typus des Guzmán und des Núñez – beide weilen noch unter uns. Und eine weitere Person hat die Noh-Bühne der Geschichte der Schildkröteninsel betreten, um Álvar Núñez Cabeza de Vaca am anderen Ende des Transformationsprozesses die Hand zu reichen: Ishi der Yahi, der in die Zivilisation mit ebenso großer Verzweiflung hineinschritt, wie Núñez aus ihr herauswanderte. Núñez war der erste Europäer, der Nordamerika und seinen angestammten mythischen Geist kennenlernen sollte, und Ishi war der letzte eingeborene Amerikaner, der diesen Geist voll und ganz kannte – und ihn hinter sich lassen musste. Was zwischen diesen beiden Eckpfeilernern steht, ist nicht vorbei und vergessen. Es schlummert permanent in uns, wie ein Samenkorn mit harter Schale, das auf die Überschwemmung oder das Feuer wartet, von denen es schließlich erweckt wird.

In jenen dazwischenliegenden Jahrhunderten starben mehrere Zehnmillionen nord- und südamerikanische Indianer ei-

---

* [Tzvetan Todorov, The conquest of America, the question of the other, New York: Harper & Row, 1984, S. 134 (dt. Die Eroberung Amerikas, das Problem des Anderen, Frankfurt am Main: Suhrkamp, 1985.]

nen frühen und gewaltsamen Tod, die größte Säugetierherde der Welt — die Bisons — wurde ausgelöscht, und fünfzehn Millionen Gabelantilopen verschwanden. Es gibt so gut wie keine Graslandschaften und entsprechende Böden mehr, und von den ursprünglichen Beständen der Hartholzwälder im Osten und der westlichen Nadelwälder haben nur kleine Reste überlebt. Wir alle kennen zahllose weitere Beispiele, die auf diese Liste gehören.

Oft ist die Rede davon, dass die Grenze, die frontier, der amerikanischen Geschichte eine ganz bestimmte Wendung gab. Eine Grenze, eine frontier, ist ein brennender Saum, eine Ausfransung, eine seltsame Handelszone zwischen zwei äußerst verschiedenen Welten. Es handelt sich um eine Gegend, in der es Pelze, fremdartige Sprachen und Sitten für die gibt, die sie sich nehmen. Es exisiert dort eine unsichtbare Linie, die ein Angehöriger der einwandernden Kultur überschreiten konnte: hinaus aus der Geschichte in eine immerwährende Gegenwart, in eine Lebensweise, die sich an den langsameren und stetigeren Abläufen der Natur orientiert. Die Möglichkeit des Übergangs in jene Welt der mythischen Zeit war in Europa nahezu in Vergessenheit geraten. Seine Wiederentdeckung — die verstörende Vision eines naturhaften Selbst — hat die euro-amerikanischen Völker regelrecht verfolgt, während sie die vielen wilden Winkel des nordamerikanischen Kontinents kahlschlugen und mit Straßen pflasterten.

Wildnis — das steht heute in großen Teilen Nordamerikas für Orte, die auf staatlichem Grund und Boden per Gesetz eingehegt wurden: Ländereien des Forest Service oder des Bureau of Land Management oder Parks der Bundesstaaten oder der amerikanischen Regierung. Ein paar winzige, aber entscheidende Flächen gehören privaten gemeinnützigen Gruppen, etwa The Nature Conservancy oder dem Trust for Public Land. Dies sind die heiligen Stätten, gerettet von jenem Land, wie es die ursprünglich hier lebenden Menschen gekannt und bewohnt hatten, die letzten kleinen Flecken, wo die eigentliche, wahre Natur ausschließlich klagt, erblüht, nistet, glänzt. Sie machen nur zwei Prozent der Fläche der Vereinigten Staaten aus.

Aber Wildheit ist nicht auf die zwei Prozent amtlicher Wildnisgebiete beschränkt. Sie passt sich an und ist überall — unausrottbare Pilzpopulationen, Moose, Schimmelpilze und Hefearten, die uns umgeben und in unserem Körper leben. Mäuse auf der Veranda hinter dem Haus, Hirsche, die über die Schnellstraße wechseln, Wildtauben im Park, Spinnen in den Ecken. Im Farbenschrank der »Sappa Creek«, einem Öltanker, auf dem ich im Maschinenraum weit draußen im Stillen Ozean als Putzer arbeitete und Pinsel reinigte, gab es Grillen. Außergewöhnliche, komplexe Lebewesen bewohnen mit ihren Energie-Netzwerken die fruchtbaren Winkel der städtischen Welt, im Einklang mit den Gesetzen wilder Systeme, die sichtbaren kräftigen Halme und Stängel auf verlassenen Grundstücken und stillgelegten Bahndämmen, die beharrlichen Truppen der Waschbären, die Bakterien in Lehm und in Joghurt. Der Begriff *Kultur*, in seiner Bedeutung von »bewusstem und gepflegtem ästhetischem und intellektuellem Leben« und in seiner anderen Bedeutung von »Gesamtheit sozial überlieferter Verhaltensmuster« ist nie weit entfernt von seiner biologischen Wurzel, etwa wie in »Joghurtkulturen« — ein nahrhafter Lebensraum. Zivilisation ist durchlässig, und sie könnte ebenso bewohnt sein wie das Wilde.

Wildnis mag vorübergehend verschwinden, aber sie wird nicht aufhören, zu bestehen. Über dem ganzen Planeten schwebt eine Art geisterhafter Wildnis: Millionen winziger Samenkörner der ursprünglichen Vegetation verbergen sich im Schlamm am Fuß einer arktischen Seeschwalbe, im trockenen Wüstensand oder im Wind. Jedes einzelne dieser Samenkörner hat sich auf einzigartige Weise an einen bestimmten Boden oder besondere Bedingungen angepasst, jedes mit seiner eigenen kleinen Form und seinem Flaum, und sie sind bereit zu schwimmen, zu gefrieren oder verschluckt zu werden — und dabei stets den Keim zu bewahren. Die Wildnis wird wiederkehren, aber es wird keine so prächtige Welt sein wie diejenige, die im frühen Morgen des Holozän aufblühte. Vieles an Leben wird verloren gehen im Kielwasser menschlicher Geschäftigkeit auf Erden, der des zwanzigsten und einundzwanzigsten Jahrhunderts.

Vieles ist bereits verloren — die Böden und Gewässer bringen es ans Licht:

»Was ist das dunkle Ding dort im Wasser?
Ist das nicht ein ölverschmierter Otter?«

Wo beginnen wir, die Zweiteilung in Zivilisiertes und Wildes aufzulösen?

Glaubst Du wirklich, dass du ein Tier bist? Das lehren wir jetzt an den Schulen. Es ist eine wunderbare Art der Information: Ich habe mich ihrer während meines ganzen Lebens erfreut, und ich komme immer wieder auf sie zurück, wie um etwas zu erforschen und zu erproben. Ich bin auf einer kleinen Farm mit Kühen und Hühnern aufgewachsenen, mit einem aufgeforsteten Wald hinter dem Haus, und so hatte ich das Glück zu verstehen, wie Mensch und Tier in derselben Umgebung leben. Aber viele Menschen, die dies seit ihrer frühesten Kindheit erfuhren, haben die Bedeutung dessen nicht in sich aufgenommen — vielleicht weil sie sich fremd in der nichtmenschlichen Welt fühlten und sich nicht *sicher* waren, ob sie Tiere sind. Das ist verständlich: Auch andere Tiere mögen das Gefühl haben, sie seien etwas anderes als »nur Tier«. Aber wir müssen den gemeinsamen Grund unseres biologischen Seins bedenken, bevor wir die Unterschiede betonen.

Unsere Körper sind wild. Das unwillkürliche schnelle Drehen des Kopfes bei einem Schrei, das Schwindelgefühl beim Blick von der Felsklippe, das Gefühl, als sei im Moment der Gefahr die Kehle wie zugeschnürt, der Augenblick des Verschnaufens, die stillen Momente der Entspannung, des Vor-sich-Hinstarrens und Nachdenkens — diese gemeinsamen Reaktionen aller Säugetierkörper. Man kann sie in der gesamten zoologischen Klasse beobachten. Der Körper braucht nicht die Fürsprache eines bewussten Intellekts, um zu atmen und das Herz ununterbrochen schlagen zu lassen. Er reguliert sich zu einem großen Teil selbst, es ist ein eigenständiges Leben. Empfindung und Wahrnehmung kommen nicht wirklich von außen, und unaufhörliches Denken und Fließen der Vorstellungskraft passiert nicht wirklich außerhalb. Die Welt ist unser Bewusstsein, und sie umgibt uns. Es gibt mehr Dinge im Geist und in der Vorstellung, als dass man mit ihnen Schritt halten, auf dem Laufenden bleiben könnte: Gedanken, Erinnerungen, Bilder, Gefühle des Zorns, der Freude — sie entstehen ungebeten. Die Tiefen des Gemüts, das Unbewusste — das sind unsere inneren Wildnisgebiete, und in einer solchen Wildnis befindet sich in diesem Augenblick, *gerade jetzt*, ein Luchs. Ich meine hiermit nicht einen einzelnen Luchs in einer individuellen Psyche, sondern den Luchs, der von einem Traum zum anderen wandert. Das bewusste, in Tagesabläufen und Programmen planende Ego belegt nur ein sehr kleines Gebiet, eine winzige Einzelzelle irgendwo in der Nähe der Pforte, und es hält Schritt, bleibt dran an dem, das ein- und ausgeht (und ab und zu einen expansionistischen Komplott anzettelt); der Rest trägt für sich selbst Sorge. Der Körper liegt sozusagen im Geist. Sie sind beide wild.

Man mag sagen: soweit, so gut. »Wir sind Säugetiere, Primaten. Aber wir haben eine Sprache und die Tiere nicht.« — Einigen Definitionen zufolge haben sie möglicherweise keine Sprache. Aber sie kommunizieren extensiv, und zwar über ein System von Rufen und Zurufen, das wir erst zu verstehen beginnen. Es wäre ein Fehler zu glauben, die Menschen seien zu einem bestimmten Zeitpunkt »schlauer« geworden, und sie hätten zuerst die Sprache und dann die Gesellschaft erfunden. Sprache und Kultur entstehen aus unserer biologisch-sozialen, natürlichen Existenz — Tiere, die wir waren bzw. sind. Sprache ist ein Geist-Körper-System, das sich zusammen mit den menschlichen Bedürfnissen und Nerven entwickelt hat. Wie die Vorstellungsbilder und der Körper entsteht auch Sprache ungerufen. Sie ist von einer Komplexität, die unsere rational-intellektuellen Kapazitäten übersteigt. Alle Versuche einer wissenschaftlichen Beschreibung von natürlichen Sprachen haben zu kurz gegriffen und blieben unvollständig — was die deskriptive Linguistik bereitwillig einräumt —, und ein Kind lernt seine Muttersprache schon früh und beherrscht sie praktisch mit etwa sechs Jahren.

Sprache wird im Haus und auf den Feldern gelernt, nicht in der Schule. Ohne je Grammatikunterricht erhalten zu haben, sprechen wir syntaktisch korrekte Sätze, einen nach dem anderen, während aller wachen Stunden in den Jahren unseres Lebens. Ohne bewusste Methodik erreichen wir den großen Schatz der Worte in den Tiefen des wilden Unbewussten. Weder als Einzelmensch noch als Spezies können wir diese Kraft als eigenes Verdienst für uns selbst beanspruchen. Sie kam von woanders her: Aus der Art, wie sich Wolken teilen und vermischen (und den Energieströmen, die erst vor- und dann zurückrollen), aus der Art, wie sich die vielen Blütenblätter einer Korbblütler-Pflanze öffnen und schließen, aus der

Kalligraphie eines uralten Flussbetts, das unter den gegenwärtigen Flussarmen des aus den Yukon-Ebenen gewaltig hervorströmenden Yukon-Flusses aufschimmert, aus dem Wind in den Piniennadeln, aus dem leisen Gurren der Waldhühner im Säckelblumengebüsch.

Beim Sprachunterricht in der Schule geht es um das Beackern eines abgetrennten und nur kleinen Bereichs im Sprachverhalten und um die Kultivierung einiger bevorzugter Merkmale — kulturell definierte Standards einer herrschenden Elite, die helfen, einen Job zu bekommen oder auf einer Party gesellschaftliche Anerkennung zu erfahren. Vielleicht lernt man sogar jenes byzantinische Artefakt, das gemeinhin als professionelles Schreiben bekannt ist. Es gibt viele ausgezeichnete Gründe, dies alles beherrschen zu lernen — aber die Kraft, die Tugend, bleibt auf Seiten des Wilden.

Soziale Ordnung ist überall in der Natur zu finden — lange vor dem Zeitalter der Bücher und der Gesetzestexte. Sie ist inhärenter Teil dessen, was wir selbst sind, und ihre Muster gleichen dem Faltenwurf, den inneren Gesetzen von Gleichgewicht und Kontrolle, wie sie im Fleisch und bei den Steinen anzutreffen sind. Was wir gesellschaftliche Organisation und Ordnung des Regierens nennen, ist eine Anzahl von Formen, die sich der Verstand von den in der Natur wirkenden Prinzipien angeeignet hat.

Die Welt schaut zu

»Die Welt ist scharf wie eine Messerklinge« — so heißt es in einer Redensart des Nordwestens. Wie aber sieht sie aus vom Standpunkt der Völker, für die es keine wesentliche Zweiteilung zwischen Kultur und Natur gibt, für diejenigen, die in

Gesellschaften leben, deren Wirtschaft von nicht-kultivierten Systemen abhängig ist. Die pfadlose Welt der wilden Natur ist eine einzigartige, unübertreffliche Schule, und diejenigen, die sie durchlebt haben, können unbequeme, harte und humorvolle Lehrer sein. Hier draußen hat man ständig mit unzähligen Pflanzen und Tieren zu tun. Gut vorbereitet, gut ausgebildet zu sein bedeutet hier, die Lieder, Sprichworte, Geschichten, Redensarten, Mythen (und die Technologien) zu kennen, die sich aus dem Umgang mit den nichtmenschlichen Mitgliedern der lokalen ökologischen Gemeinschaft ergeben. Praxis vor Ort, im »offenen Gelände«, steht an erster Stelle. Das Gehen ist das große Abenteuer, die erste Meditation, eine Übung der Herzlichkeit und der Seele — die ursprüngliche Erfahrung des Menschen. Das Gehen ist die ausgewogene Balance von Geist und Demut. Beim Gehen bemerkt man, wo Nahrung ist. Und es gibt wahre Geschichten aus erster Hand nach dem Motto »Dein Hintern ist des anderen Mahlzeit« — eine ungeschminkte Art, von wechselseitiger Abhängigkeit, Verbundensein und »Ökologie« zu sprechen, und zwar dort, wo es darauf ankommt. Sie sind auch Lehren der Bedachtsamkeit und des Vorbereitetseins. Und es gibt jene außergewöhnliche Lehre von den Pflanzen und Tieren und wie man sich ihrer bedient. Diese Lehre ist empirisch und unanfechtbar, und sie reduziert Tiere und Pflanzen nie auf bloße Objekte oder Gebrauchsgegenstände.

Es hat den Anschein, als habe die abendländische Ideengeschichte vor einiger Zeit an einer entscheidenden Weggabelung gestanden: Auf der einen Seite die Denkrichtung eines Descartes, eines Newton und eines Hobbes (die sagten, das Leben in einer ursprünglichen Gesellschaft sei »widerlich, viehisch brutal und kurz« gewesen — sie alle waren Städter). Diese Richtung lehnte die organische Welt rundherum ab. Anstelle eines sich immer wieder neu erschaffenden Universums postulierten sie das Modell einer sterilen Mechanik und eine Ökonomie der »Produktion«. Diese Denker reagierten ebenso hysterisch auf »Chaos«, wie ein Jahrhundert zuvor ihre Vorgänger, die Hexenjäger, auf »Hexen« reagierten. Nicht nur empfanden sie keinerlei Freude über die Möglichkeit, dass die Welt scharf wie die Klinge eines Messers sein könnte — sie wollten diese scharfe Klinge aus der Natur entfernen. Anstatt die Welt für die Menschheit sicherer zu machen, bringt das Gepfusche der abendländischen Naturwissenschaftler/Ingenieure/Herrscher zusammen mit den Mächten von Leben und Tod die Welt an den Rand des Abgrundes. Die Mehrheit der Menschen — Sammler, Bauern und Handwerker — folgte an jener Weggabelung immer der anderen Richtung. Das heißt, sie haben das Spiel der wahren Welt mit all ihrem Leid begriffen — nicht bloß im Sinne eines »nature red in tooth and claw«* (Natur, rot zwischen Reißzähnen und Krallen), sondern auch als feierliches gegenseitiges Beschenken, Nehmen und Geben. »An was für einem riesigen potlach-Fest nehmen wir doch alle teil!« Die Tatsache anzuerkennen, dass jeder Teilnehmer an diesem Festessen möglicherweise selbst Teil der Mahlzeit wird, ist nicht bloß »realistisch«. Es gestattet dem Heiligen den Zutritt und akzeptiert den sakramentalen Charakter unseres unsicheren und zeitlich begrenzten persönlichen Seins.

Die Welt schaut zu: Es ist nicht möglich, über eine Wiese zu gehen oder einen Wald zu durchqueren, ohne dass sich die Nachricht hiervon in einer Art Wellenbewegung in alle Richtungen ausbreiten würde. Die Drossel huscht zurück, der Eichelhäher stößt schrille Schreie aus, ein Käfer verbirgt sich im tiefen Gras — das Signal wird weitergegeben. Alle Lebewesen

---

* »Who trusted God was love indeed / And love Creation's final law / Tho' Nature, red in tooth and claw / With ravine, shriek'd against his creed« (Alfred, Lord Tennyson, In Memoriam A. H. H., Canto 56)

wissen, wenn ein Habicht hoch in der Luft seine Kreise zieht oder wenn ein Mensch in der Nähe herumstreunt. Die im System weitergegebene Information ist Intelligenz.

In der hinduistischen und buddhistischen Ikonographie finden wir in den Bildern der Götter bzw. Buddhas und Bodhisattvas die Verbindung zu den Tieren. Manjusri, der Bodhisattva der unterscheidenden Weisheit, reitet auf einem Löwen. Samantabhadra, der Bodhisattva der Freundlichkeit, reitet auf einem Elefanten. Saraswati, die Göttin der Musik und des Lernens, reitet auf einem Pfau. Und Shiva erholt sich in Gesellschaft einer Schlange und eines Stiers. Einige tragen winzige Tiere auf ihren Kronen oder im Haar. In dieser ökumenischen spirituellen Ökologie wird angedeutet, dass die anderen Tiere sowohl spirituelle als auch »thermodynamische« Nischen besetzen. Ob ihr Bewusstsein mit demjenigen der Menschen identisch ist, bleibt eine offene Frage. Warum sollen die besonderen Eigenschaften menschlichen Bewusstseins der beschränkte Maßstab sein, mit dem andere Geschöpfe beurteilt werden? »Wer hat bloß den Menschen erzählt, dass ›Geist‹ Gedanken, Meinungen, Vorstellungen und Theorien meint? ›Geist‹ steht für Bäume, Zaunpfähle, Dachziegel und Gräser«, sagt Meister Dōgen (der Philosoph und Begründer der Sōtō-Schule des japanischen Zen-Buddhismus) auf seine lustige, kryptische Weise.

Wir alle sind in der Lage, außerordentliche Transformationen zu durchlaufen. Im Mythos und in Geschichten treffen wir immer wieder auf Verwandlungen von Tier zu Mensch, Mensch zu Tier, Tier zu Tier, und es gibt noch größere Sprünge. Das grundlegende Wesen bleibt durch diese Wandlungen hindurch eindeutig und beständig. So haben die Tierikonen der Inupiaq (Inuit) an der Beringsee — das ist die Kehrseite — ein kleines, in das Fell oder unter die Federn eingenähtes menschliches Gesicht, das auch in die Brust oder in den

Rücken geschnitzt sein kann oder sogar ins Auge, aus dem es hervorlugt. Das ist der ›inna‹, der oft »Geist« genannt wird, aber genauso gut als »grundlegendes Wesen« jenes Geschöpfs bezeichnet werden kann. Das Gesicht bleibt dasselbe, unabhängig von den jeweiligen Veränderungen und Verwandlungen, die sich spielerisch vollziehen. Gerade so, wie der Buddhismus entschied, unsere Existenzbedingung durch eine menschliche Figur darzustellen, die — stetig, festgefügt, sanft — meditierend inmitten der Welt der Phänomene sitzt, präsentieren die Inupiaq ein Panoptikum verschiedener Kreaturen, jede mit einem verborgenen menschlichen Gesicht. Dem liegt keine Anthropozentrik oder menschliche Überheblichkeit zugrunde. Es ist lediglich eine Art zu sagen, dass jedes Lebewesen mit derselben brillanten Intelligenz ausgestattet ist wie wir. Die buddhistischen Ikonografen verstecken ein kleines Tiergesicht im Haar des Menschen, um daran zu erinnern, dass auch wir einen archetypischen Blick auf die Wildnis haben.

Die Welt schaut nicht nur, sie hört auch zu. Eine grobe, gedankenlose Bemerkung über ein Backenhörnchen oder einen Goldspecht oder ein Stachelschwein bleibt nicht folgenlos. Andere Lebewesen — so lehren es uns die Hüter der alten Bräuche — haben nichts dagegen, getötet und als Nahrung verspeist zu werden, aber sie erwarten, dass wir »Bitte« sagen und »Danke«, und sie hassen es, wenn sie vergeudet werden. Die Vorschrift, nicht ohne Not Leben zu nehmen, ist unweigerlich das erste und das bedeutendste der Gebote. In ihrem Brauch, mit Sanftheit und dankbar zu töten und zu verzehren, sind die Urvölker unsere Lehrmeister: Die Umgang mit den Tieren, wie er in der westlichen industrialisierten Fleischproduktion des zwanzigsten Jahrhunderts praktiziert wird, macht buchstäblich krank, ist zutiefst unethisch und eine Ursache für grenzenloses Unglück dieser Gesellschaft.

Ein ethisches Leben ist eines, das achtsam und gesittet ist und Stil hat. Von allen moralischen Fehlentwicklungen und Charakterschwächen ist die Engherzigkeit des Denkens die übelste, eingeschlossen die Niedertracht in allen ihren Erscheinungsformen. Grobheit der Gedanken und Rohheit gegenüber anderen und der Natur reduzieren die Möglichkeiten des Zusammenlebens und des Austauschs zwischen den Spezies, die für das physische und das spirituelle Überleben entscheidend sind. Richard Nelson, der die indianischen Bräuche und Lebensart erforscht hat, hat mir erzählt, dass eine Mutter bei den Athapaska ihrer kleinen Tochter sagt: »Zeige nicht mit dem Finger auf den Berg! Es ist unhöflich!« Man darf den Körper oder Teile des Körpers einer gejagten oder aufgesammelten Kreatur nicht verschwenden oder sorglos und unbedacht mit ihr umgehen. Man soll nicht prahlen und nicht allzu stolz sein, hat man ein Ziel erreicht, und man soll die eigenen Begabungen und Fertigkeiten nicht für selbstverständlich halten. Verschwendung und Nachlässigkeit rühren von der Knauserigkeit des Geistes her, einem schroffen Widerwillen, gegenseitig Geschenke auszutauschen. (Diese Regeln gelten auch teilweise für Heiler, Künstler und Spieler.)

Vielleicht sollte man über die Welt des Wilden nicht zuviel erzählen (oder schreiben). Es ist möglich, dass dies andere Tiere in Verlegenheit bringt, weil ihnen auf diese Weise ja Aufmerksamkeit verschafft wird. Ein solcher Gedanke erklärt vielleicht, warum es in den Überlieferungen alter Kulturen so wenig »Landschaftspoesie« gibt. Die Naturbeschreibung ist eine Art des Schreibens, die mit der Zivilisation und mit ihrer Angewohnheit zu sammeln und zu klassifizieren aufkam. Die chinesische Landschaftsdichtung entwickelt sich etwa ab dem fünften Jahrhundert v. Chr. mit den Arbeiten von Xie Lingyun. Vor ihm gab es bereits fünfzehn Jahrhunderte lang chinesische Gesänge und Lyrik (die erste chinesische Sammlung von Gedichten und Liedern, das »Shijing« (Buch der Lieder), dürfte Volkslieder enthalten haben, die bereits fünf Jahrhunderte vor Entstehung dieser Sammlung existierten) —, häufig mit der Natur, aber sehr selten mit weiter Landschaft als Gegenstand: Es geht um Maulbeerbäume, wildes essbares Gemüse und das Dreschen, es geht um die aus der Nähe betrachtete Welt der Bauern und Sammler. Zu Zeiten Xie Lingyuns hatten die Chinesen schon genug Abstand zu ihren Bergen und Flüssen, um sie ästhetisieren zu können. Das heißt nicht, dass die Anhänger der alten Bräuche diese Sicht nicht zu schätzen wüssten, doch sie selbst nehmen einen anderen Standpunkt ein.

Dieselbe Vorsicht gilt für Geschichten oder Lieder, in denen man von sich selbst erzählen könnte. Malcolm Margolin, Verleger der Heyday Books, weist darauf hin, dass die kalifornischen Ureinwohner sich nicht leicht damit getan haben, ihre »Autobiographie« zu erzählen. Die Einzelheiten ihres individuellen Lebens waren ihrer Ansicht nach gewöhnlicher Natur. Lediglich die Beschreibungen ihrer außergewöhnlichen, herausragenden Träume, Momente der Begegnung mit der geistigen Welt und Transformationen, die sich ereigneten, lohnten ihrer Ansicht nach das Erzählen. Die Erzählung der Lebensgeschichten geriet demnach ziemlich kurz. Sie erzählten von Traum, Einsicht und Heilung.

Wieder daheim

Die Umgangsformen der wilden Welt fordern nicht nur Großzügigkeit, sondern auch eine gewisse humorvolle Zähigkeit, die freundlich Unbequemlichkeiten erwägt, eine Anerkennung der eigenen Zerbrechlichkeit und eine gewisse Bescheidenheit. Schnelligkeit und Geschick beim Blaubeerensammeln, Tricks und Kniffe beim Fährtenlesen, das Auffinden guter Stellen zum Fischefangen (»ein zorniger Mann kann keine Fische fangen«), das Lesen der Meeresoberfläche oder des Himmels — das sind Leistungen, die man nicht durch reine Anstrengung erreichen kann. Mit dem Bergsteigen verhält es sich genauso. Diese Tätigkeiten brauchen Übung, was einer gewissen Selbstverleugnung bedarf, und sie brauchen Intuition, die ein Leerwerden des eigenen Selbst voraussetzt. Einige Menschen erhielten tiefe Einsichten erst, nachdem sie einen Punkt erreichten, an dem ihnen nichts mehr geblieben war. Álvar Núñez Cabeza de Vaca erfuhr unerklärlicherweise tiefe Einsicht, als er vom Weg abkam und bei Nordwind einige Winternächte nackt und schutzlos in einer Mulde in der texanischen Wüste schlafen musste. Er hatte wahrlich einen Punkt erreicht, an dem er über nichts mehr verfügte. (»Um nichts zu haben, musst du *Nichts haben*«, sagt Lord Buckley über diesen Augenblick.) Danach stellte er fest, dass er kranke Ureinwohner, die er auf seinem Weg in Richtung Westen antraf, heilen konnte. Sein Ruf eilte ihm voraus. Und als er den Weg zurück nach Mexiko gefunden und sich in einen zivilisierten Spanier zurückverwandelt hatte, bemerkte er, dass seine Heilkraft verschwunden war — nicht eigentlich die Fähigkeit zu heilen, sondern der *Willen* zu heilen, der ein Wille ist, ganz zu sein. Denn — wie er sagte — in der Stadt gab es »richtige Ärzte« und so begann er, seine Kräfte anzuzweifeln. Um die Zweiteilung zwischen dem Zivilisierten und dem Wilden aufzulösen, müssen wir zunächst den Zustand erreichen, ganz zu sein.

Vielleicht erreicht man einen solchen Ort wie Álvar Núñez Cabeza de Vaca, indem man buchstäblich alles verliert. Schmerzliche, gefährliche Erfahrungen verändern oft diejenigen, die sie überleben. Menschen sind wagemutig. Sie legen es darauf an, Abenteuer zu erleben, und sie versuchen, mehr zu tun als sie vielleicht sollten. Manche unternehmen mit Übungen in yogischer Askese oder mönchischer Disziplin eine Art strukturierten Versuch, nichts zu haben. Andere haben viel auf tagelangen Fußmärschen gelernt, die durch Schneefelder, über Geröllhänge, Pässe, durch reißende Wildbäche und Wälder auf der Sohle eines Tals führten, indem sie »sich selbst dort hinaus begeben haben«. Eine weitere — höchst raffinierte — Methode ist diejenige des Vimalkirti, jenes legendären buddhistischen Laien, der glaubte, durch direktes intuitives Erfahren unserer Situation in der tatsächlich existierenden Welt könnten wir begreifen, dass wir von Beginn an nichts haben. Ein tibetisches Sprichwort lautet: »Die Erfahrung der Leere erzeugt Mitgefühl.«

Für diejenigen, die auf direktem Weg suchen, indem sie in den ursprünglichen Tempel eintreten, kann die Wildnis ein grausamer Lehrer sein, der den Unerfahrenen oder Sorglosen jäh zu Fall bringt. Fehler zu begehen, die zu Extremsituationen führen, ist nicht schwer. Praktisch gesprochen — ein Leben, das der Einfachheit gewidmet ist und das sich einem vernünftigen Maß an Kühnheit, einer guten Portion Humor, der Dankbarkeit, verschwenderischem, offenen Arbeiten und Spielen und zudem noch vielen Fußmärschen verschrieben hat — das bringt uns nahe an die wirklich existierende Welt und ihre Ganzheit heran.

Die Menschen der Kulturen der Wildnis suchen selten das Abenteuer. Wenn sie sich freiwillig riskanten Situationen aussetzen, geschieht dies eher aus spirituellen denn aus wirtschaftlichen Gründen. Letztlich werden all diese Reisen um des Ganzen willen unternommen, nicht aus Gründen des privaten Suchens und Trachtens. Die ruhige Würde, die viele sogenannte Primitive kennzeichnet, spiegelt das wider. Florence Edenshaw Davidson, eine Würdenträgerin bei den Haida, die auf ein langes Arbeits- und Familienleben zurückblicken konnte, wurde von einer jungen Anthropologin, die beeindruckt war von ihrer Klarheit, Präsenz und Würde, gefragt: »Was kann ich für meine Selbstachtung tun?« Frau Davidson antwortete: »Zieh

Dich gut an und bleib zu Hause.« Das »Zuhause« ist natürlich so groß, wie man es macht.

Die Lektionen, die wir vom Wilden lernen, werden zu Umgangsformen der Freiheit. Wir können uns unseres Menschseins erfreuen, mit seinen Geistesblitzen und seinen sexuellen Attraktionen, seinen sozialen Sehnsüchten und seinen eigensinnigen Wutanfällen, und können uns selbst annehmen als ein Lebewesen unter vielen in diesem großen Strom des Lebens. Wir können einander annehmen, denn wir sind alle in gleichem Maße barfüßig und schlafen auf demselben Erdboden. Wir können aufhören zu hoffen, dass wir ewig existieren werden, und wir können ebenso damit aufhören, gegen Staub anzukämpfen. Wir können die Mücken verjagen und Schädlinge bekämpfen, ohne sie zu hassen. Ohne Erwartungen, wachsam und selbstgenügsam, dankbar und sorgfältig, großzügig und direkt. Ruhe und Klarheit überkommen uns genau dann, wenn wir während der zu verrichtenden Arbeit das Fett von den Händen abstreifen und aufschauen zu den vorüberziehenden Wolken. Und eine andere Freude ist, sich schließlich mit einem Freund zu einer Tasse Kaffee an den Tisch zu setzen. Das Wilde verlangt, dass wir uns das Terrain aneignen, erlernen, all den Pflanzen, Tieren und Vögeln zuzunicken, dass wir die Bäche durchwaten, den Gebirgszug überqueren und — nach Hause zurückgekehrt — eine gute Geschichte erzählen.

Und wenn die Kinder friedlich ins Bett gebracht sind, und gerade ein freies Wochenende oder ein freier Tag wie der vierte Juli, Neujahr oder Halloween bevorsteht, können wir uns Geistigem zuwenden und die Musik aufdrehen, und die Männer und Frauen, die noch unter den Lebenden weilen, können in Fahrt kommen und richtig wild werden. Die letzte Bedeutung von »wild« — die esoterische Bedeutung, die tiefste und unheimlichste. Diejenigen, die bereit sind, werden dorthin kommen. Den Nichteingeweihten verschweigt es bitte.

II
Ort, Region, Allmende

»Wenn Du Deinen Ort da findest, wo Du bist,
findet eine Übung statt.« (Dōgen)

Die Welt besteht aus Orten

Wir erleben Slums, Prärien und Marschland in gleicher Weise als »Orte«. Wie ein Spiegel kann ein Ort alles enthalten, in jeder Hinsicht. Ich möchte über den Ort als Erfahrung sprechen und ein Modell dafür vorschlagen, was »an seinem Ort leben« die meiste Zeit in der Geschichte Menschheit bedeutet hat. Zeigen möchte ich das anhand der ersten Schritte eines Kindes, mit denen es in eine natürliche Gemeinschaft hineinwächst. (Es gibt die Begriffe der *Enkulturation* und der *Akkulteration**, aber wir haben kein Wort, das den Prozess der Verortung oder der Wieder-Verortung beschreibt.) Und wenn wir so vorgehen, sehen wir vielleicht einen weiteren Aspekt dessen, was für eine »Zivilisation der Wildheit« notwendig ist.

Für die meisten Amerikaner wäre das Nachdenken über einen »Heimatort« eine ungewohnte Übung. Nur wenige können heutzutage von sich behaupten, sie stammen *von* irgendwoher. Kaum jemand verbringt noch sein ganzes Leben in ein

---

* [Das Hineinwachsen des Einzelnen in die Kultur der ihn umgebenden Gesellschaft bzw. der Übernahme von Elementen einer fremden Kultur.]

und demselben Tal, mit den Menschen, die er von Kindesbeinen an kennt. Eingeborene Menschen (das englische Wort native [eingeboren] bedeutet »jemand, der dort geboren ist«), Bauern der alten Welt und Städter teilen die Erfahrung, an einem Ort zu leben. Sesshaftigkeit und Ortsgebundenheit haben nie bedeutet — und es ist wichtig, das in Erinnerung zu behalten —, dass man nicht von Zeit zu Zeit verreist ist, aus geschäftlichen Gründen oder um das Vieh zur Sommerweide zu begleiten. Solchen Arbeitswanderern war stets bewusst, dass sie auf dieser Erde ein Zuhause besaßen und sie konnten es an jedem Lagerfeuer beweisen, indem sie ihre eigenen heimatlichen Lieder anstimmten.

Das Herzstück eines Orts ist das Heim, und das Herz des Heimes ist die Feuerstelle, der Herd. Von dort gehen alle vorsichtigen Erkundungen aus, und die Feuerstelle ist der Ort, an den die Alten zurückkehren. Man wächst mit einer heimatlichen Sprache, einer lokalen Mundart auf. Der eigene Haushalt weist vielleicht ein paar besondere Redewendungen auf, eine spezifische Aussprache, die sich vom ›domus‹, ›jia‹, ›ie‹ oder ›kum‹ der Nachbarschaft einige Meter die Straße hinunter unterscheiden. Du hörst die Geschichten der Menschen, die deine Nachbarn sind, und die Erzählungen von den Felsen, Bächen, Bergen und Bäumen, die in deinem Blickfeld liegen. Die Mythen von der Erschaffung der Welt berichten dir, wie *jener Berg* geschaffen wurde und dass es *diese Halbinsel* dorthin kam. Sobald Du mit dem Heranwachsen mutiger geworden bist, erkundest du von der Feuerstelle aus (sie ist die Mitte eines jeden Universums) die umliegende Welt in kleinen Ausflügen. Die Landschaft der Kindheit wird zu Fuß erfahren, und der Geist prägt sich eine Landkarte ein — Wege, Pfade, Wäldchen —, der hinterhältige Hund, das Haus des kauzigen Alten, die Weide mit dem grasenden Bullen — und diese Landkarte wird zunehmend größer und reicht weiter hinaus. Wir alle tragen in uns ein Abbild der Umgebung, wie wir sie ungefähr im Alter zwischen sechs und neun Jahren erfuhren. (Es kann sich dabei genauso gut um ein Stadtviertel wie um eine ländliche Umgebung handeln.) Man kann sich beinahe vollständig den Ort in Erinnerung rufen, an dem man spielte, spazieren ging, Schwimmen gegangen oder mit dem Fahrrad gefahren ist. Sich jenen Ort mit seinen Gerüchen und in seiner ursprünglichen Beschaffenheit wieder vor Augen zu führen und ihn in Gedanken erneut zu durchstreifen, hat eine erdende und beruhigende Wirkung. Wir könnten uns fragen — und es ist ein aktueller Gedanke —, wie wohl denjenigen zumute ist, deren Kindheitslandschaft von Raupenfahrzeugen zerwühlt wurde oder deren häufige familiäre Umzüge die Erinnerungen verschwimmen ließen. Ich habe einen Freund, der noch immer von starken Gefühlen ergriffen wird angesichts der Erinnerungen an die Avocadoplantagen seiner südkalifornischen Jugendlandschaft, aus denen inzwischen endlose Stadtrandsiedlungen geworden sind.

Unser Ort ist Teil dessen, was wir sind. Und gerade ein »Ort« besitzt jene Art von Durchlässigkeit: Er geht durch Raum und Zeit hindurch — »Ceremonial Time« [zeremonielle Zeit], wie John Hanson Mitchell sagt. Ein Ort, der ursprünglich Grasland gewesen ist, wird von Koniferen, dann von Buchen und Ulmen bewachsen sein. Er wird zur Hälfte Flussbett gewesen sein, dann vom Eis zerfurcht und durchpflügt. Und daraufhin wird er kultiviert, gepflastert, besprüht, eingedämmt, eingestuft, bebaut. Aber das gilt jeweils nur für eine Weile, jeder Zustand fügt nur neue Zeilen der Überschreibung hinzu. Die ganze Erde ist eine große Wandtafel, auf der die vielfältigen sich überlagernden neuen und uralten Spuren abzulesen sind, die der Wirbel der Kräfte hinterließ. Jeder Ort gehört sich selbst, ist letztlich immer wild. Ein Ort auf der Erde bildet ein Mosaiksteinchen — das Land besteht aus all diesen kleinen Orten, all diesen präzisen und winzigen Bereichen, die größere und kleinere Muster und Strukturen nachbilden. Kinder beginnen, den Ort zu erfahren, indem sie diese kleinen Bereiche um das Haus, die Siedlung und schließlich außerhalb dieses Gebiets kennenlernen.

Der Maßstab für den Ort erweitert sich in der Art, in der man die *Region* kennenlernt. Die jungen Leute hören Geschichten und unternehmen Erkundungsgänge — Ausflüge, die gleichzeitig der Existenzsicherung dienen — Sammeln von Brennholz, Fischfang, Besuche von Messen und Märkten. So werden die Umrisse einer größeren Region Teil ihres wahrnehmenden Bewusstseins. (Thoreau sagt in seinem Aufsatz »Walking«[*], dass ein Gebiet mit einem Durchmesser von zwanzig Meilen für lebenslange Entdeckungstouren zu Fuß ausreicht — man wird niemals der Details müde.)

Die Größe der von einer Gruppe als Heimat angesehenen Region hängt von der Beschaffenheit des Landes ab. Jede Gruppe ist territorial orientiert, jede bewegt sich innerhalb eines vorgegebenen Bereichs — sogar Nomaden bleiben innerhalb bestimmter Grenzen. Eine Gruppe, die in der Wüste oder in einer Graslandschaft lebt, innerhalb weithin überschaubarer Räume, die zum Ausschreiten einladen und zu Wanderungen, soweit das Auge reicht, wird sich im Rahmen von Zehntausenden von Quadratkilometern bewegen. Ein tiefer Wald mit altem Baumbestand wird weniger bereist werden. Jäger und Sammler in schmalen Wäldern und in Graslandschaften werden sich eher in die Weite ausbreiten, während Menschen in einem Tal mit schweren, für Gärten geeigneten Böden üblicherweise nicht über den nächsten Gebirgskamm hinauskommen.

---

[*] [Den Essay »Walking« — mit der Feststellung: »In wildness is the preservation of the world« — schrieb Henry David Thoreau 1861 (dt. Vom Spazieren. Ein Essay, aus dem Amerikanischen von Dirk van Gunsteren, Zürich: Diogenes, 2004).]

Die Grenzen der Region werden durch das Klima gesteckt, das die Vegetationsbereiche der verschiedenen Pflanzenarten bestimmt, und darüber hinaus von der Bodenbeschaffenheit und vom Landschaftstyp des Landes. Wüsten, Bergkämme und große Flüsse setzen grobe Markierungen für die Grenzen einer Region. Die größeren oder kleineren Begrenzungen überqueren wir zu Fuß oder durchwaten sie. Wie Kinder, die zum ersten Mal ihre heimatliche Umgebung kennenlernen, stehen wir am Ufer des großen Flusses oder auf dem Kamm eines Bergrückens und stellen fest, dass die andere Seite ganz andere Böden aufweist und eine andere Tier- und Pflanzenwelt, und dass dort die Scheunendächer in anderer Form gebaut sind und vielleicht weniger oder mehr Regen fällt. Die Grenzen zwischen natürlichen Regionen sind nie einfach oder klar; sie variieren je nach den Kriterien, die wir anlegen — Flora und Fauna, Wasserscheiden, Landschaftsformationen, Bodenerhebungen. Und wir alle wissen an einem bestimmten Punkt, dass wir uns zum Beispiel nicht mehr im Mittleren Westen befinden, sondern im Westen. Regionen, die man anhand natürlicher Kriterien erkennt, nennt man manchmal Bioregionen.

(Vor der Eroberung durch die Europäer überwanden die Menschen in Amerika große Entfernungen. Man sagt, dass die Mojave des unteren Colorado der Auffassung waren, jeder müsse mindestens einmal im Leben eine Reise zu Fuß zu den Mesas der Hopi im Osten, an den Golf von Kalifornien im Süden und zum Pazifik unternommen haben.)

Jede Region besitzt ihre eigene Wildnis. Es gibt das Feuer in der Küche, und es gibt den kaum bereisten Ort. Die meisten besiedelten Gegenden wiesen eine Kombination aus primärem Ackerbauland, Plantagen- und Weinbauland, grobem Weideland, einzelnen Holzparzellen, Wald und dem »Ödland« der Wüsten und Gebirge auf. Die Wildnis an sich lag im äußersten, hintersten Winkel der jeweiligen Bereiche. Die weniger bereisten Teile des Landes galten als die »Gegend, wo die Bären sind«. Diese Wildnis ist zu Fuß erreichbar — in vielleicht drei oder zehn Tagen Fußmarsch. Sie liegt am entfernten, rauen, hochgelegenen Rand des Gebietes, wo die meisten Menschen leben und arbeiten, oder im tiefen Wald oder hinteren Ende des Sumpfgebiets. Die Bewohner werden dorthin wandern, um Gebirgskräuter zu sammeln, Fallen zu stellen oder die Einsamkeit zu suchen. Sie leben im Spannungsfeld eines Zuhauses und ihrer eigenen wilden Orte.

Sich in Erinnerung zu rufen, dass wir einst an Orten lebten, gehört zur gegenwärtigen Wiederentdeckung unserer selbst. Es gründet und erdet das, was es heißt, Mensch zu sein — das englische Wort ›human‹ hat etymologisch etwa die Bedeutung von »Erdling«. Einen Freund von mir beschleicht manchmal das Gefühl, die Welt stehe dem menschlichen Leben feindlich gegenüber — er sagt: »It chills us and kills us«, es lässt uns frösteln und tötet uns. Aber wie sonst könnten wir sein, gäbe es nicht diesen Planeten, der uns unsere äußere Gestalt vorgeschrieben hat? Zwei Grundvoraussetzungen — die Schwerkraft und ein Temperaturbereich zwischen Gefrieren und Kochen — ermöglichen uns Fleisch und Flüssigkeiten. Die Bäume, auf die wir klettern, und der Boden, auf dem wir gehen, bedingten, dass wir fünf Finger und Zehen besitzen. Der Ort bzw. der »Platz« (im Englischen ›place‹, von der Wurzel ›plat‹ — breit, ausgedehnt, flach) erforderte Augen, die weit sehen können, die Bäche und der Wind erforderten eine vielseitig begabte Zunge und spiralförmige Ohrmuscheln. Das Land gab uns den Schritt und der See das Tauchen. Das Staunen bescherte uns unsere Art von Verstand und Herz. Wir sollten dankbar für all dies sein und die strengeren Lektionen der Natur mit Würde annehmen.

Die Allmende verstehen

Auf einer Bergtour mit Allen Ginsberg stand ich auf dem Gipfel des Glacier Peak, und wir sahen uns nach allen Seiten um, Gipfel um Gipfel, Gebirgskamm um Gebirgskamm, so weit wir schauen konnten. In westlicher Richtung, jenseits des Puget Sound, lagen die entfernteren Gipfel der Olympic Mountains. Allen sagte: »Glaubst Du, es gibt einen Senator für dieses ganze Gebiet?« Wie im Großen Becken Kaliforniens, wo man nach der Durchquerung immer neuer Wüsten, immer neuer Landschaften leicht auf den Gedanken kommen kann, es gebe riesige Gebiete auf der Erde, die noch nicht verwaltet werden, womöglich vergessen oder unbekannt sind (etwa die endlosen Fichtenwälder in Alaska und Kanada) — aber alles ist auf Landkarten erfasst und befindet sich in irgendeinem staatlichen Besitz. In Nordamerika gibt es viel derartiges Land in öffentlichem Besitz, was gewisse Probleme mit sich bringt, doch zumindest handelt es sich um Angelegenheiten, an denen wir ja als Bürger beteiligt sind. David Foreman, der Gründer von »Earth First!« berichtete kürzlich über seine Herkunft: »Nicht von der Idee der sozialen Gerechtigkeit, nicht von der Linken, auch nicht vom Feminismus bin ich hergekommen, sondern von der Bewegung zur Erhaltung der öffentlichen Ländereien, dem Public Lands Conservation Movement, jener verschlossenen und schwerfälligen Bewegung, die bis in die dreißiger Jahre und noch weiter zurück reicht.« Dieses Land mit seinen Tieren und Pflanzen war es auch, das John Muir, John Wesley Powell und Aldo Leopold politisiert hat, als es um den Missbrauch des öffentlichen staatlichen Landes ging.

Die amerikanischen Ländereien in staatlichem Besitz sind im zwanzigsten Jahrhundert die Inkarnation einer viel älteren, in ganz Eurasien bekannten Institution, die ›commons‹* ge-

---
* [Im Deutschen etwa »Allgemeingut«, der Begriff entspricht weitgehend der historischen Allmende.]

nannt wird — es handelt sich um das althergebrachte Beschützen und Verwalten der Wildnisgebiete in den unabhängigen Regionen. Das funktionierte recht gut bis zu den Zeiten der Marktwirtschaft, des Kolonialismus und des Imperialismus. Ich möchte an einer Art Modell verdeutlichen, was es mit den commons, der Allmende auf sich hat.

Zwischen den Extremen der tiefen Wildnis und dem Privatland der einzelnen Bauernhöfe gibt es ein Gebiet, das sich nicht für den Ackerbau eignet. In früheren Zeiten wurde dieser Bereich von den Mitgliedern eines Stammes oder eines Dorfs gemeinsam genutzt. Dieses Gebiet, das das Wilde und das Halbwilde umfasst, ist von entscheidender Bedeutung. Für die Gesundheit der Wildnis ist dieser Bereich notwendig, weil er ihr ein großes Habitat bietet, ein Überlaufbecken für das Wild, das dort zusätzlichen Platz zum Laufen und Fliegen findet. Und es ist auch für die Wirtschaft eines Bauerndorfs wichtig, weil seine natürliche Artenvielfalt die Notwendigkeiten und Annehmlichkeiten bereitstellt, die private Grundstücke nicht in dieser Form bieten. Es bereichert die bäuerliche Tafel mit Wild und Fisch. Das gemeinsame Land liefert außerdem Brennholz, Balken und Steine für den Hausbau, Lehm für den Brennofen, Kräuter, Pflanzen zum Färben und für vieles andere mehr, gerade so wie eine Mundvorratswirtschaft. Es ist besonders wichtig als saisonale oder ganzjährige Weide und als Auslauf für die Rinder, Pferde, Ziegen, Schweine und Schafe.

Rein theoretisch könnte man die gemeinsame Nutzung eines Naturgebiets für eine Frage des Zugangs zu einem »öffentlichen Ressourcen-Fundus« halten, und zwar ohne Kontrolle oder Begrenzung der individuellen Nutzung. Tatsache ist, dass sich eine derartige gemeinsame Nutzung über Jahrtausende hinweg und immer innerhalb territorialer und sozialer Kontexte entwickelte. In den bäuerlichen Gesellschaften Asiens und Europas gab es Bräuche und Lebensformen, die der gemeinsamen Landnutzung eine Richtung vorgaben. Außenstehenden wurde kein Zugang gewährt, kontrolliert wurden der Zugang und die Nutzung durch die Mitglieder. Die Allmende wurde definiert als »ungeteiltes Land, das den Mitgliedern einer örtlichen Gemeinschaft insgesamt gehört«. Diese Definition lässt jedoch außer acht, dass die Allmende beides ist: besonderer Grund und Boden *und* eine traditionelle Gemeinschaftsinstitution, die die Nutzungskapazität für die einzelnen Bereiche und Flächen festlegt, Rechte und Pflichten der Nutzer bestimmt und gleichzeitig die Strafen bei Verstößen. Weil sie traditionell und lokal, d.h. auf den Ort bezogen ist, ist sie nicht dasselbe wie das heutige »Public Domain« [Staatsland] — das von einer Zentralgewalt unterhaltene und verwaltete Land. Unter einem Nationalstaat kann sich ein solches Management destruktiv entwickeln (wie in Kanada und den Vereinigten Staaten) oder auch günstig (ich weiß keine guten Beispiele) — aber in keinem Fall unterliegt es lokaler Verwaltung. Dieses Land in die regionale Kontrolle zurückzuführen, ist einer der Vorschläge in der laufenden Debatte, wie unser öffentliches Land zu reformieren wäre.

Ein Beispiel für die traditionelle Handhabung der Allmende: Was kann einen Haushalt davon abhalten, immer mehr Vieh einzubringen und dadurch auch andere zur Überweidung zu verleiten? Im England früherer Zeiten und in einigen Dörfern in der heutigen Schweiz darf das einzelne Mitglied nur eine so große Anzahl an Vieh auf die öffentlichen Weiden treiben, wie es selbst im eigenen Stall überwintern lassen kann. Das bedeutet, dass niemand berechtigt war, seine Herde zusätzlich zu vergrößern, nur um mehr Vieh zur Sommerweide zu treiben. (Im alten England war dies als das Gesetz von »levancy and couchancy« bekannt: man durfte nur die Viehherde austreiben, die man tatsächlich im Winterquartier »stehen und schlafen« gelassen hatte.)

Die Allmende* ist der Vertrag, den eine Bevölkerung mit seinem natürlichen System vor Ort abschließt. Es gibt eine gut dokumentierte Geschichte der Allmende in ihrem Verhältnis zur dörflichen Ökonomie im alten England. Seit der Zeit der normannischen Eroberung begannen in England die belehnten Ritter und die Overlords die Kontrolle über die vielen lokalen Allmendegebiete zu erlangen. Es folgte eine Gesetzgebung (das »Statute of Merton«, 1235), die sie darin bestärkte. Seit dem 15. Jahrhundert ging die Klasse der Landlords mit Unterstützung der städtischen Handelsgilden und Regierungsstellen zunehmend dazu über, das von den Dörfern gehaltene Land einzuzäunen und es Privatinteressen zur Verfügung zu stellen. Diese Bewegung der Einfriedungen wurde von den großen Wollgesellschaften unterstützt, die festgestellt hatten, dass die Schafzucht weitaus mehr Profit abwarf war als der Ackerbau. Das Wollgeschäft — mit seiner Exporttätigkeit zum europäischen Festland — war ein frühes »Agrobusiness«, das zerstörerische Auswirkungen auf die Böden hatte und die Bauern vertrieb. Die Argumente für die Einzäunung in England — Effizienz und Produktionssteigerung — ignorierten die sozialen und ökologischen Auswirkungen und trugen in einigen Bezirken zum Siechtum der Subsistenzwirtschaft bei. Das Einzäunen

---

* Das Wort ›commons‹ hat eine bezeichnende Geschichte: es ist aus ›ko‹, »zusammen«, und dem griechischen ›moin‹ »gemeinsam« bzw. »allgemein gehalten«, »bewahrt« gebildet. Aber die indoeuropäische Wurzel ›mei‹ bedeutet grundsätzlich »bewegen, gehen, wechseln«. Das besaß eine spezielle archaische Bedeutung im Sinne von »Austausch von Gütern und Diensten innerhalb einer Gesellschaft gemäß Gesetz und Handelsbrauch«. Ich meine, es könnte sich auch sehr gut auf das Prinzip einer Geschenk-Ökonomie beziehen: »Das Geschenk muss immer in Bewegung sein.« Die Wurzel gelangt ins Lateinische als ›munus‹ (Dienst, der für die Gemeinschaft geleistet wird) — und daraus folgt ›municipiality‹ (Gemeinde bzw. Gemeindeverwaltung).

wurde im 18. Jahrhundert noch einmal verstärkt vorgenommen: Zwischen 1709 und 1869 wurden an die zwei Millionen Hektar Land in Privateigentum überführt, das bedeutet jeder siebente Hektar. Nach 1869 gab es einen plötzlichen Umschlag in der öffentlichen Gefühlslage durch das »open space movement«, dem es mithilfe eines spektakulären Gerichtsverfahrens gegen die Lords aus vierzehn Herrenhäusern gelang, das Einzäunen zu stoppen und den Epping Forest zu erhalten.[*] Karl Polanyi sagt, dass die Einzäunungen des 18. Jahrhunderts zu einer entwurzelten Landbevölkerung geführt haben, die in ihrer verzweifelten Lage gezwungen war, die weltweit erste Klasse von Industriearbeitern zu werden. Die Einzäunungen zogen tragische Folgen nach sich, sowohl für die menschliche Gesellschaft als auch für die natürlichen Ökosysteme. Die Tatsache, dass England heute von allen europäischen Nationen sowohl den geringsten Waldanteil als auch den schwächsten Wildbestand aufweist, resultiert auch aus diesen Einfriedungen. Auch auf dem europäischen Kontinent wurde vor ungefähr fünfhundert Jahren mit der Übernahme von gemeinschaftlichem Land, d.h. von Allmendeflächen begonnen, doch bis heute ist etwa ein Drittel Europas nicht privatisiert. Ein Überbleibsel von Allmende-Praktiken etwa im schwedischen Recht erlaubt es jedem Bürger, landwirtschaftliche Flächen, die in Privatbesitz sind, zu betreten, um dort Pilze und Beeren zu sammeln, sie zu Fuß zu überqueren oder dort auch zu zelten, sogar außer Sichtweite der Häuser. Der größte Teil des früheren Gemeinschafts- und Allmendelandes wird heute von staatlichen Behörden verwaltet.

---

[*] [Der Epping Forest ist ein waldreiches Gebiet nördlich von London. 1878 wurde die City of London mit dem Epping Forest Act beauftragt, dieses Gebiet als Naturraum zu erhalten.]

Auch Japan praktiziert gegenwärtig noch immer ein Modell der Allmende. Dort wird in Bauerndörfern, die in winzigen Tälern versteckt liegen, der Reis auf dem ›tanbo‹ in der Talsohle angebaut, während das Gemüse und die Gartenflächen in den höherliegenden Gebieten des Tals zu finden sind. Die bewaldeten Berge, die sich hoch über den Dörfern erheben, sind das Gemeinschafts- oder Allmendeland — auf japanisch ›iriai‹, »gemeinsamer Zugang«. Die Grenze zwischen zwei Dörfern verläuft oft genau auf dem Grat des Bergrückens. Auf den Hängen des Hiei-Berges in der Präfektur Kyōto traf ich einmal nördlich der abgelegenen buddhistischen Tendai-Tempel von Yokkawa auf Bewohner des Dorfs Ohara, die geschlagenes Unterholz als Feuerholz zu schmalen Bündeln schnürten. Sie bewegten sich dort auf dem Grund und Boden ihres Dorfs. Im Inneren Japans liegen die Wälder auf den Bergen außerhalb der Reichweite jeglicher dörflicher Nutzung. In der frühen Feudalzeit waren sie noch bewohnt von alten Jägervölkern, vielleicht waren es überlebende Mischlinge mit japanischem und Ainu-Blut. Später wurden einige dieser Wildnisgebiete von der Regierung übernommen und zu »kaiserlichen Wäldern« erklärt. Bären waren im England des 13. Jahrhunderts ausgerottet, aber in den abgelegeneren Bergen Japans findet man sie noch, gelegentlich sogar unmittelbar nördlich von Kyōto.

In China war die Verwaltung des Gebirgslandes weitgehend den Dorfräten überlassen — die Zentralregierung war nur an den Steuern interessiert. Die Steuern wurden in Naturalien erhoben, und örtliche Spezialitäten waren äußerst begehrt. Die Hauptstadt verlangte nach Eisvogelfedern, Drüsen der Moschustiere, Rhinozerusfellen und anderen exotischen Erzeugnissen der Berge und Gebirgsbäche sowie Reis, Bauholz und Seide. Vielleicht mögen die Dorfräte der übermäßigen Ausbeutung ihrer Ressourcen entgegengewirkt haben, aber als die Ausläufer der wachsenden Entwaldung und Abholzung des Landes ihr Gebiet erreichten (das 14. Jahrhundert scheint für die Wälder des chinesischen Kernlandes ein Wendepunkt gewesen zu sein), zerfiel die dörfliche Verwaltung der Wälder allmählich. Historisch hat die Inbesitznahme des Allmendelandes durch die Zentralregierung oder durch Unternehmer aus der Zentralwirtschaft zu einem Niedergang des Wildnisgebiets und der landwirtschaftlich genutzten Böden geführt. Manchmal gibt es gute Gründe, die Goldene Gans zu schlachten — die schnellen Profite können dann an anderer Stelle mit höherem Ertrag reinvestiert werden.

In den Vereinigten Staaten wurde das Land im gleichen Maß den neuen Siedlern geöffnet, wie die euro-amerikanischen Einwanderer die eingeborenen Bewohner in ihrer traditionellen Praxis der Allmendewirtschaft verdrängten. Im trocknen, unfruchtbaren Westen war das Land nie in dieser Weise für die Ansiedlung von Eigenwirtschaft in Parzellen eingeteilt und keine Besitzrechte an einzelne vergeben worden. Die Ureinwohner, die den weißen Wüstensand und die blauen Berge gekannt und geliebt hatten, wurden nun in alle Winde zerstreut oder in Reservate gesperrt, und die neuen Bewohner (Bergleute und einige Rancher) besaßen weder das Wissen noch eine entsprechende Wertschätzung, um das Land behutsam zu behandeln. Eine ungeheuer große Fläche war nach gesetzlicher Regelung Land in öffentlicher Hand, und man gründete den Forest Service, den Park Service und das Bureau of Land Management, die diese Gebiete verwalten sollten. (Vergleichbares Land wurde in Kanada und Australien »Ländereien der Krone« genannt, was die Kolonialgeschichte der englischen Herrscher widerspiegelt, die den Menschen das Gemeinschafts- und Allmendeland entrissen.)

Im amerikanischen Westen unserer Tage glaubten die Leute einer sogenannten »Sagebrush Rebellion«*, sie würde sich für eine Rückkehr des Landes in lokale Verwaltung und Kontrolle einsetzen. Die Wahrheit ist, dass diese »Sagebrush-Rebellen« noch eine Menge über den Ort zu lernen haben — denn noch immer sind sie vergleichsweise Neuankömmlinge, und ihr Ziel ist nicht behutsame Verwaltung, sondern Erschließung des Landes. Einige Bewohner des Westens beginnen langfristig zu denken, und diese Leute befürworten keine Privatisierung, sondern treten für besseres Flächenmanagement und für den Erhalt der Tier- und Pflanzenwelt ein.

Die Geschichte der Umwelt Europas und Asiens scheint zu zeigen, dass die beste Verwaltung des Gemeinschafts- und Allmendelandes diejenige war, die auf lokaler Basis erfolgte. Die schwerwiegende und in vielen Teilen irreversible Entwaldung des Mittelmeerraums im Altertum ist ein Extrembeispiel für den Missbrauch des Allmendelandes durch Mächte, die die Verwaltung dieser Flächen den ansässigen Dörfern entzogen hatten. Die Situation in Amerika im 19. und frühen 20. Jahrhundert war entgegengesetzt. Die wirkliche einheimische Bevölkerung, die Ureinwohner Amerikas, wurde dezimiert und demoralisiert, und die neuen Bewohner des Landes setzten sich aus Abenteurern und einzelnen Unternehmern zusammen. Ohne eine gewisse Präsenz der Bundesregierung hätten die Wilderer, die Viehzüchter und auch die Holzmagnaten ein leichtes Spiel gehabt. Seit etwa 1960 hat sich die Situation noch einmal verändert. Die ursprünglich für die Erhaltung des Landes eingesetzten Behörden entpuppen sich zunehmend

---

* [Unter dem Namen »Sagebrush Rebellion« formierte sich in den achtziger Jahren in Kalifornien eine Aktionsgruppe, die von Washington forderte, dass die Bundesstaaten einen gerechteren Anteil an öffentlichem Land und seinen Bodenschätzen erhielten. Sagebrush = Wüsten-Beifuß (Artemisia tridentata), auch Steppen-Beifuß oder Wüstensalbei genannt.]

als Komplizen der Rohstoffindustrie, und die ortsansässigen Leute — die allmählich tatsächlich einheimisch wurden — bitten die Umweltorganisationen um Hilfe und beteiligen sich an der Verteidigung des öffentlichen Landes. Die Zerstörung breitet sich weltweit aus und »umschließt« die lokalen Allmenden, die ansässigen Menschen. Die Dorf- und Stammesbevölkerung in den tropischen Regenwäldern wird von der international operierenden Holzindustrie buchstäblich mit Bulldozern aus ihren Hütten vertrieben, und die nationalen Regierungen beteiligen sich daran. Eine gerne bei der Enteignung der ortsansässigen Bevölkerung angebrachte Erklärung lautet, dass die in gemeinschaftlichem Eigentum stehenden Stammeswälder entweder (1) Privateigentum oder (2) staatlicher Grund und Boden seien. Wenn die Gemeinschafts- und Allmendeländereien gesperrt sind und die Dorfbevölkerung Holz, Energie und Medizin in der jeweiligen Unternehmensfiliale kaufen muss, verarmt sie schnell. Das ist eine Auswirkung des »500-jährigen Krieges gegen die Subsistenz«, wie es Ivan Illich bezeichnet.

Was kann man also über die sogenannte Tragödie der Allmende sagen? Die Theorie— so, wie sie heute allgemein verstanden wird — scheint zu besagen, dass, sobald die Rechte an einer Ressource, etwa an den Weiderechten, frei zugänglich sind, jeder versuchen wird, seinen eigenen Zugriff zu maximieren, so dass sich daraus unausweichlich eine Überweidung der vorhandenen Flächen ergeben wird. Es ist »das Dilemma der Ressourcen des Gemeinschafts-Pools«. Das Problem ist die übermäßige Ausbeutung von »eigentümerlosen« Ressourcen durch Einzelpersonen oder Großunternehmen, die nach dem Prinzip verfahren: »Wenn ich es nicht tue, wird es der Andere tun«. Der Fischfang auf den Weltmeeren, weltweite Wasserkreisläufe, die Luft, die Bodenfruchtbarkeit — all das fällt in diese Kategorie. Auf die historische Allmende angewendet, funktioniert dieses Modell jedoch nicht; denn die Allmende war immer schon eine soziale Institution, die historisch nie ohne Einschränkungen und Regeln auskam und auch niemals unbegrenzten Zugang vorsah.

In Asien und Teilen Europas überwachen einige Dörfer, die in einigen Fällen noch aus neolithischer Zeit stammen, ihre Allmendeländereien noch immer durch eine Art Dorfrat. Jede Allmende bildet eine begrenzte Einheit, und die Auswirkungen einer Übernutzung sind allen, die von ihr abhängen, klar. Es gibt heute drei mögliche Schicksale für gemeinschaftlich genutzte Ressourcen: Die erste Möglichkeit ist die Privatisierung, die zweite ist die Verwaltung durch staatliche Stellen, und der dritte Weg liegt darin, dass das Land – falls das möglich ist – Teil wirklichen Allmendelandes wird, in einer vernünftigen Größe und von der ortsansässigen Bevölkerung verwaltet. Die dritte Möglichkeit mag so, wie sie hier beschrieben ist, nicht mehr bestehen. Lokal verankerte Gemeinschaften oder (wie in Alaska) Stammesverbände mit eigenem Landbesitz oder Kooperativen scheinen hier und da überleben zu können. Aber da sie offenbar auf dem Weltmarkt agieren müssen, kämpfen sie damit, Tradition und Nachhaltigkeit in eine Balance mit finanziellem Erfolg zu bringen. Die Sealaska Corporation der Tlingit in Südostalaska ist – gerade von innen – heftig dafür kritisiert worden, dass sie die Abholzung einiger alter Waldbestände zugelassen hat.

Wir brauchen ein weltweit geltendes »natürliches Abkommen« mit den Weltmeeren, der Luft, den Vögeln am Himmel. Die Herausforderung besteht darin, die gesamte in die Opferrolle geratene Welt »gemeinschaftlich genutzter Ressourcen« im Sinn einer Allmende zu verstehen. Nach dem heutigen Stand der Dinge gilt jede Ressource, die nicht irgendwo festgenagelt ist, als Freiwild für die Holzaufkäufer oder Erdöl-Geologen aus Osaka, Rotterdam oder Boston. Der Druck einer anwachsenden Bevölkerung und die Kräfte eines fest verankerten (aber zerbrechlichen, verwirrten und eigentlich führungslosen) Wirtschaftssystems beeinträchtigen aller Wahrscheinlichkeit nach bei einigen von uns den klaren Blick auf die Dinge. Auch unsere Auffassung, das System sei so tief verwurzelt, könnte eine Art Irrglaube sein.

Es erscheint manchmal unwahrscheinlich, dass eine Gesellschaft als Ganze kluge Entscheidungen treffen kann. Noch gibt es keine andere Wahl als nach dem »Wiederfinden der Allmende« zu rufen – und das in einer modernen Welt, die noch nicht einmal begreift, was sie verloren hat. Nimm – wie die Nacht – wieder zurück, was uns allen gehört, nimm zurück, was unser höheres Sein ausmacht. Es gibt keine schlimmere »Tragödie der Allmende« als diese: Wenn wir die Allmende nicht wiedererlangen – die persönliche, örtliche, gemeinschaftliche und unmittelbare Einbindung der Menschen in eine gemeinschaftliche Nutzung (in ein gemeinschaftliches *Wesen*) der wilden Welt – dann wird die Welt uns noch weiter aus den Händen gleiten. Letztlich werden unsere komplizierten kapitalistisch-sozialistischen Industriegemische sehr viel von dem lebendigen System zur Strecke bringen, das uns unterstützt. Und soviel ist klar – der Verlust des lokalen Allmende- und Gemeinschaftslandes läutet das Ende der Selbstgenügsamkeit ein und besiegelt das Schicksal jeglicher regionaler Volkskultur. Das geschieht immer noch in den entlegenen Winkeln der Welt.

Die Allmende ist eine ungewöhnliche und elegante gesellschaftliche Institution, innerhalb derer die Menschen früher politisch in Freiheit lebten, indem sie sich den natürlichen Gegebenheiten anpassten. Die Allmende ist eine Organisationsebene der menschlichen Gesellschaft, die das Nichtmenschliche einschließt. Die Ebene über der örtlichen Allmende ist die Bioregion. Das Verstehen der Allmende, der Commons, und seiner Rolle innerhalb der größeren regionalen Kultur ist ein weiterer Schritt bei der Verschränkung von Ökonomie und Ökologie.

BIOREGIONALE PERSPEKTIVEN

»Die Region ist das Anderswo von Zivilisation.« (Max Cafard)

Die kleinen Nationen der Vergangenheit lebten innerhalb von Territorien, die sich einer Reihe von natürlichen Kriterien anpassten. Die Kulturgebiete der bedeutenderen eingeborenen Gruppen in Nordamerika deckten sich, wie zu erwarten, fast exakt mit den grob definierten größeren Bioregionen. Jene alte menschliche Erfahrung einer fließenden, unscharfen, aber natürlichen Heimat wurde — quer durch Eurasien — allmählich durch die willkürlich gezogenen und häufig gewaltsam aufgezwungenen Grenzen aufstrebender Nationalstaaten ersetzt. Diese aufgenötigten Grenzen durchschneiden nicht selten biotische Bereiche und ethnische Zonen. Die Bewohner büßten ökologisches Wissen und die Solidarität einer Gemeinschaft ein. In alten Gebräuchen sind Flora und Fauna ebenso wie Landschaftsformationen *Teile der Kultur*. Die wirkliche Welt von Natur und Kultur ist heutzutage beinahe eine Schattenwelt, und die unkörperliche, unwirkliche Welt politischer Jurisdiktionen und exklusiver Ökonomien ist das, was als Wirklichkeit gesehen wird. Wir leben in einer rückwärtsgewandten Zeit. Wir können einige Ansätze alter Zugehörigkeit zurückgewinnen, wenn wir die ursprüngliche Linienführung unseres Landes wiederentdecken und es — zumindest in der unmittelbaren heimatlichen Umgebung und im Geiste — mit ihrer Hilfe neu ordnen, anstatt es mithilfe von Grenzen willkürlich festgelegter Nationen, Staaten und Länder zu definieren.

Regionen sind laut Max Cafard »sich gegenseitig durchdringende Körper in semi-simultanen Räumen«. Biota, Wasserscheiden, Landschaftsformationen und Erhebungen sind nur einige wenige Merkmale, die eine Region definieren. Kulturgebiete können ebenso wie Dialekte, Religionen, Pfeilschüsse, Werkzeugtypen, mythische Motive, Tonarten und Kunstrichtungen weiter untergliedert werden. Eine Art regionaler Abgrenzung kann beispielsweise die Floristik sein. Die Douglas-Tanne, der charakteristische Baum der nordwestlichen Pazifikküste, kann man gut als Beispiel heranziehen. (Sie war mir aus meiner Kindheit sehr vertraut, als ich auf einer Farm zwischen dem Lake Washington und dem Puget Sound aufwuchs. Die Menschen dort, die Snohomish, nannten sie »lukta tciyats«, weiße Nadeln.) Ihre nördliche Grenze liegt am Skeena River in Britisch Kolumbien. Man findet sie westlich des Gebirgskamms in ganz Washington, Oregon und Nordkalifornien. Die südliche Küstengrenze der Douglas-Tanne deckt sich mit der des Lachses, der südlich des Big Sur River nicht mehr zu finden ist. Im Binnenland wächst sie am westlichen Abhang der Sierra entlang bis zur nördlichen Gabelung des San Joaquin River. Diese Skizze markiert die Grenzen einer größeren Naturregion, die sich über drei Bundesstaaten und eine internationale Grenze hinweg erstreckt.

Die Präsenz dieses Baumes ist ein Zeichen für eine bestimmte Niederschlagsmenge und für einen Temperaturbereich, sie verweist auf die jeweilige Landwirtschaftsform, den Neigungswinkel der Dächer und die Art des Regenmantels, die hier erforderlich sind. Solche Detailkenntnis ist allerdings nicht nötig, um in modernen Städten wie Portland oder Bellingham zurecht zu kommen. Aber wenn sie wissen, was Pflanzen und

Wetter uns mitteilen, sind sie mit dem vertraut, was in der Gegend geredet wird, und können sich wirklich mehr zu Hause fühlen. Die Summe der Kräfte eines Feldes wird zu dem, was wir gemeinhin den »Geist des Ortes« nennen. Kennt man den Geist eines Ortes, begreift man, dass man ein Teil eines Teils, und dass das Ganze aus Teilen zusammengesetzt ist, von denen wiederum jeder für sich ganz ist. Man beginnt mit dem Teil, in dem man selbst ganz existiert.

So donquijotisch diese Gedanken zu sein scheinen — in ihnen stecken durchaus Kraft und Möglichkeiten. Im Frühling 1984, einen Monat nach der Tag-und-Nachtgleiche, fuhren Gary Holthaus und ich von Anchorage nach Haines in Alaska. Wir fuhren am oberen Rand des Copper-River-Beckens entlang, umfuhren einige Nebenflüsse des Yukon und überquerten den Haines-Gipfel. Die ganze Gegend, eine Schwarz- und Weißfichtentaiga, lag noch unter einer Eisschicht. Als wir vom Pass zum Salzwasser an der Chilkat-Bucht herunterkamen, fanden wir uns plötzlich in Wäldern aus Sitkafichten wieder, und die Scheincalla steckte ihre Köpfe aus den Sümpfen — es war Frühling. Und wir hatten eine bioregionale Grenze übersprungen. Am nächsten Tag wurde mir die Ehre einer Einladung ins Raven House zuteil, zum Kaffeetrinken mit Austin Hammond und einem Kreis von Ältesten der Tlingit, und dort hörte ich langen und tief verschlungenen Gesprächen über die Verantwortung der Menschen für ihre Orte zu. Während wir aus dem Fenster an der Vorderseite seines Hauses zu den Gletschern blickten, die dort hinter dem Salzwasser von den Berggipfeln hingen, sprach Hammond von den großen Reichen und Zivilisationen in Metaphern von Gletschern. Er beschrieb, wie eine große, fremde Kraft — in diesem Fall die industrielle Zivilisation — sich weiterentwickelt und wieder zurückweicht, und wie ruhig und gesetzt die Menschen all dies abwarten können.

Mitte der siebziger Jahre, auf einer Konferenz von Führern der amerikanischen Ureinwohner in Bozeman, Montana, hörte ich etwas Ähnliches von einem Stammesältesten der Crow-Indianer: »Wissen Sie, ich glaube, wenn Menschen lange genug an einem Ort bleiben — und das gilt genauso für Weiße —, werden die Geister zu ihnen sprechen. Es ist die Kraft der Geister, die aus dem Land heraufsteigt. Die Geister und die alten Kräfte sind nicht verloren gegangen, sie brauchen bloß Menschen, die sich lange genug dort aufhalten, und die Geister werden anfangen, sie zu beeinflussen.«

Bioregionales Bewusstsein schult uns auf *besondere* Art und Weise. Es genügt nicht allein, »die Natur zu lieben« oder »in Harmonie mit Gaia leben« zu wollen. Unsere Beziehung zur natürlichen Welt findet an einem Ort statt, und sie muss auf Information und Erfahrung gegründet sein. Zum Beispiel spüren »wirkliche Menschen« schnell eine starke Vertrautheit mit den Pflanzen der Umgebung. Das ist eine so ursprüngliche Form des Wissens, dass es jeder in Europa, Asien und Afrika für selbstverständlich hält. Viele Amerikaner wissen heutzutage nicht einmal, dass sie »Pflanzen nicht kennen« — was tatsächlich ein Anzeichen von Entfremdung ist. Wüssten wir nur ein wenig Bescheid über die Pflanzenwelt, könnten wir Gefallen finden an Fragen wie: Wo treffen sich Alaska und Mexiko? Es wäre irgendwo an der kalifornischen Nordküste, wo sich Kanada-Eichelhäher und Sitkafichte mit Manzanita und Blaueiche treffen.

Aber wir wollen diese Gegend nicht »Nordkalifornien«, sondern »Bioregion Shasta« nennen. Der heutige Bundesstaat Kalifornien — das alte Territorium der Alta California — gliedert sich in mindestens drei natürliche Bereiche, und der nördliche Bereich schaut dabei genau nach Norden hoch, wie das Beispiel der Douglas-Tanne gezeigt hat. Die Grenzen dieses nördlichen Drittels würden grob von der Wasserscheide Klamath River/Rogue River nach Süden bis zur Bucht von San Francisco reichen und hinauf bis zu dem Flussdelta, in dem der Sacramento und der San Joaquin River zusammenfließen. Die Linie würde dann in östlicher Richtung zum Gebirgskamm der Sierra führen und ihr als östlicher Grenzlinie würde man in den Norden bis nach Susanville folgen. Dann trennt die Wasserscheide in einem weiten Bogen nord-östlich am Rand des Modoc Plateaus entlang zum Warner Range und zum Goose Lake.

Östlich der Wasserscheide befindet sich das Große Becken, im Norden von Shasta liegt die Region Cascadia/Columbia, und noch weiter nördlich das Gebiet, das wir Ish River Land nennen, das Entwässerungssystem des Puget Sound und die Meerenge von Georgia. Wozu dient eine solche Visualisierung des Landes? Sie bereitet uns darauf vor, in dieser Landschaft heimisch zu werden. Es gibt mehrere Zehnmillionen Menschen in Nordamerika, die zwar physisch hier geboren sind, die aber nicht wirklich hier leben, nicht intellektuell, nicht in ihrer Vorstellung und nicht im ethischen Sinn. Eingeborene Amerikaner, die Ureinwohner, haben einen vorrangigen Anspruch auf die Bezeichnung »eingeboren«. Aber da sie dieses Land lieben, werden sie die Umwandlung der Psyche von Millionen von Einwanderern in »eingeborene Amerikaner« willkommen heißen. Der nicht-eingeborene Amerikaner muss, um auf diesem Kontinent heimisch zu werden, in dieser Hemisphäre *wiedergeboren* werden, auf diesem Kontinent, der genaugenommen »Schildkröteninsel« heißt.

Das bedeutet, dass wir bei vollem Bewusstsein akzeptieren und erkennen müssen, dass wir hier leben, und wir müssen begreifen, dass unsere Nachkommen in den nächsten Jahrtausenden hier leben werden. Zudem müssen wir das hohe Alter dieses Landes würdigen und seine Wildheit — sie erlernen — sie verteidigen — und uns dafür einsetzen, dass wir es in seiner Artenvielfalt und unversehrt an die zukünftigen Kinder (aller Lebewesen) übergeben werden. Europa oder Asien oder Afrika werden dann als Ort gesehen, von dem unsere Vorfahren stammen. Orte, über die wir etwas erfahren oder die wir einmal besuchen wollen, doch keine »Heimat«. Heimat — in einem tiefen, spirituellen Sinn — muss hier sein. Diesen Ort »Amerika« zu nennen, bedeutet, ihn nach einem Fremden zu benennen. »Schildkröteninsel« lautet der Name, den die amerikanischen Ureinwohner diesem Kontinent einer alten Schöpfungslegende zufolge gaben. Die Vereinigten Staaten, Kanada und Mexiko sind vorübergehende politische Rechtsinhaber, sie besitzen zu ihrer Sicherheit Legitimationen, aber sie werden ihr Mandat verlieren, wenn sie das Land weiter missbrauchen. »Der Staat ist zerstört, aber die Berge und Flüsse bleiben bestehen.«

Doch diese Arbeit ist nicht nur von den Neuankömmlingen in der westlichen Hemisphäre, oder in Australien, Afrika und Sibirien zu leisten. Es gibt einen Ruf nach weltweiter Reinigung des Geistes: nach der Übung, die Oberfläche des Planeten als das wahrzunehmen, was sie ist — ganz natürlich. Mit dieser Art des Bewusstseins tauchen Menschen in öffentlichen Anhörungen oder vor Planierraupen und Lastwagen auf, um das Land und die Bäume zu verteidigen. Indem sie Solidarität mit einer Region zeigen! Was für eine seltsame Idee zunächst. Bioregionalismus ist der Eintritt des Ortes in die Dialektik der Geschichte. Wir können auch sagen, dass lange Zeit übersehene »Klassen« — die Tiere, Flüsse, Berge und Gräser — jetzt in die Geschichte eintreten.

Diese Gedanken erwecken vorhersehbare und gewöhnlich uninformierte Reaktionen. Die Menschen fürchten die enge Gesellschaft und die Kritik am Staat. Wenn man in ihm aufwuchs, begreift man nur schwer, dass der Staat selbst bereits machtgierig, destabilisierend, entropisch und illegitim ist. Man beruft sich auf Provinzialismus, regionale Zwietracht, auf inakzeptablen Ausdruck kultureller Vielgestaltigkeit und anderes mehr. Unsere Philosophien, Weltreligionen und Geschichtsschreibungen sind auf Uniformierung, Verallgemeinerung und Zentralisierung ausgerichtet — mit einem Wort, auf die Ideologie des Monotheismus. Gewiss lebten benachbarte Gruppen unter bestimmten Bedingungen Jahrhunderte lang im Zwist — unauslöschliche Erinnerungen, die wie radioaktiver Müll vor sich hin köchelten. Im Nahen Osten geschieht das noch immer. Das weiter anhaltende ethnische und politische Unheil in Teilen Europas und des Nahen Ostens geht teilweise bis in die Zeit des Römischen Reichs zurück. Man kann es nicht per se einer kriegerischen »menschlichen Natur« zuschreiben. Vor der Expansion der frühen Imperien war der gelegentliche Zwist zwischen Stämmen und natürlichen Nationen beinahe familiär. Mit dem Aufstieg des Staates nahmen Destruktivität und Bösartigkeit der Kriegskunst sprunghaft zu.

In Zeiten, als die Menschen kaum Überschuss erwirtschafteten, war die Versuchung nicht groß, in andere Regionen zu ziehen. Ich möchte ein Beispiel aus meinem Teil der Welt geben. Ich beschreibe meine Gegend so: auf dem westlichen Gefälle der nördlichen Sierra Nevada im Einzugsgebiet des Yuba River gleich oberhalb des südlichen Flussarms an einer tausend Meter hohen Erhebung gelegen, in einer Gemeinschaft von Färber-Eiche, Flusszeder, Menzies-Erdbeerbaum, Douglas-Tanne und Goldkiefer. Auf der Westseite der Sierra Nevada gibt es Winterregen und Schneefall, und es wächst hier eine andere Gruppe von Pflanzen als auf dem Osthang. Vor Ankunft der Weißen bestand für die auf der Bergkette lebenden Ureinwohner wenig Grund, sich hinüber auf die andere Seite zu wagen, da ihre Fertigkeiten besonders auf ihr eigenes Gebiet ausgerichtet waren, und in unvertrauter Umgebung konnte es sein, dass sie Hunger litten. Es bedarf langer Ausbildung, essbare Pflanzen zu kennen und zu wissen, wo man sie findet und wie man sie zubereitet. Deshalb tauschten die Washo vom Osthang ihre Pinienkerne und ihren Obsidian gegen Eicheln, Eibenbögen und Seeohrmuscheln der Miwok und Maidu des Westens. Die beiden Seiten trafen sich und zelteten wochenlang gemeinsam auf den sommerlichen Wiesen der Sierra, ihrer gemeinschaftlichen Allmende. (Ausgesprochene Räuberkulturen, »Barbaren«, entstehen als Antwort auf nahegelegene Zivilisationen und ihre Reiche. Dschingis Khan soll angeblich in der Nähe des Baikalsees bei einer Audienz in seiner Yurte gesagt haben: »Der Himmel ist erzürnt über die Dekadenz und den Luxus in China.«)

Es gibt überall in der Welt zahlreiche Beispiele für relativ friedliches Zusammenleben von kleineren Kulturen. Schon immer waren mehrsprachige Menschen über große Entfernungen und durch große Gebiete friedlich unterwegs und trieben Handel. Unterschiede wurden häufig gemildert durch gemeinsame spirituelle Perspektiven und zeremonielle Einrichtungen und durch die Vielzahl von Mythen und Geschichten, die über Sprachgrenzen hinweg erzählt werden. Was ist mit den von Religionen verursachten tiefgehenden Spaltungen? Man muss feststellen, dass religiöse Exklusivität hauptsächlich eine unverständliche Besonderheit des jüdischen, christlichen und islamischen Glaubens ist, eine neuzeitliche und — insgesamt gesehen — minderheitliche Entwicklung in der Welt. Asiatische Religion, die ganze Welt der Volksreligionen, Animismus und Schamanismus schätzen die Vielfalt oder tolerieren sie zumindest. (Es scheint, dass ein wirklich ernsthafter kultureller Streit durch unterschiedliche Geschmäcker beim Essen entsteht. Als ich ein sogenannter Chokersetter, also Waldarbeiter, im östlichen Oregon arbeitete, gab es in meiner Gruppe einen Wasco, dessen Frau eine Chehaldis von der Westseite war. Er erzählte mir, dass sie ihn im Streit einen »gottverdammten Heuschreckenfresser« schimpft, woraufhin er sie dann als »Fischfresserin« bezeichnet.)

Kultureller Pluralismus und Mehrsprachigkeit gelten als Norm auf diesem Planeten. Wir suchen nach dem Gleichgewicht zwischen kosmopolitischem Pluralismus und einem starken lokalen Bewusstsein. Wir versuchen die Frage zu lösen, wie die ganze menschliche Rasse ihre Selbstbestimmung vor Ort zurückerlangen kann, nach Jahrhunderten der Entrechtung durch Hierarchien und/oder die jeweilige Zentralgewalt. Man sollte diese Übung nicht mit »Nationalismus« verwechseln, der das genaue Gegenteil ist — der Hochstapler, die Marionette des Staates, das grinsende Gespenst der verlorenen Gemeinschaft.

Insofern ist dies eine Art Neubeginn. Die bioregionale Bewegung bedeutet nicht bloß ein ländliches Programm: Sie steht genauso für eine Erneuerung des nachbarschaftlichen Lebens in den Stadtvierteln und für die Begrünung der Städte. Wir alle bewegen uns reibungslos innerhalb vielfältiger Felder, zu denen künstlich bewässerte Wiesen, eine korrekte Rechtsprechung in der Abfallwirtschaft und weiträumige Postleitzahlbereiche gehören. Die im Gebiet der Bucht von San Francisco ansässige Planet Drum Foundation arbeitet mit vielen anderen regionalen Gruppen daran, die Städte wieder in wohnlichen Lebensraum zurückzuverwandeln. Sie regen Projekte wie die Ortung, Identifikation und Wiederherstellung städtischer Bachläufe an.

Auf der ganzen Welt arbeiten Gruppen mit Menschen aus der Dritten und Vierten Welt (Least Developed Countries) daran, die alten Territorien wieder sichtbar zu machen und angemessene, passende Namen für die erneut verwirklichten alten Regionen zu finden.[*] Auf der »Schildkröteninsel« hat es seither viele bioregionale Kongresse und Zusammenkünfte gegeben.

[*] Vgl. RAISE THE STAKES. The Planet Drum Review, San Francisco, 1987.

So sicher wie die Unbeständigkeit werden die Nationen der Welt schließlich sensibler definiert und die ursprünglichen Züge der blauen Eiche werden beginnen, die Politik umzuformen. Die Erfordernisse eines nachhaltigen Wirtschaftssystems und einer ökologisch einfühlsamen Landwirtschaft, ein starkes und lebhaftes Gemeinschaftsleben, naturbelassene Lebensräume — und der zweite Satz der Thermodynamik — alles zielt in diese Richtung. Mir ist bewusst, dass es im Augenblick eine Art Theater ist, genauso wie die ökologische Politik. Nicht gerade Straßentheater, aber das Theater vorausschauender Berge, Felder und Ströme. Wie Jim Dodge meint:»Die Wagnisse des erfolglosen Bioregionalismus (...) gehören nicht zur Sache. Lebt ein Mensch oder einige oder eine Gemeinschaft von Menschen durch bioregionale Praxis ein erfüllteres Leben, dann ist das ein Erfolg.« Möge all das die weitere Dekonstruktion der Supermächte beschleunigen. Das »Surre(gion)alistische Manifest« von Max Cafard sagt hierzu:

»Regionale Politik findet nicht in Washington, Moskau oder in anderen ›seats of power‹ statt. Regionale Macht ›sitzt‹ nicht. Sie fließt überall und überallhin. Durch Wasserscheiden und Blutströme. Durch Nervensysteme und Nahrungsketten. Die Regionen sind überall & nirgends. Wir sind alle illegal. Wir sind Eingeborene, und wir sind ruhelos; wir besitzen kein Land, wir leben in ihm. Wir sind vom Kurs abgekommen. Die Region ist gegen das Regime — gegen jedes Regime. Regionen sind anarchisch.«

Die Entdeckung des »Nisenan County«

Burt Hybart ging nach vielen Jahren als Fahrer von Kippladern, Planiermaschinen, Baggern und Raupenschleppern in Rente. Straßen, Teiche, Wege waren seine Skulpturen, Formen, die im Land noch zu sehen sein werden, wenn die Häuser lange verschwunden sind. (Wie lange dauert es, bis ein Teich verschlammt ist?) Auch heute noch verhext Burt allerdings Brunnenquellen. Als ich ihn das letzte Mal traf, klagte er über seine Lungen: »Staub, der hinter der Raupe hochkocht. Man konnte keine zwei Meter weit sehen, so war das damals. Als ich an der Küste gearbeitet habe. Und der Dieselgestank.«

Ein paar von uns machten eine Wanderung in den Warner Range. Der liegt weit oben in der nordöstlichen Ecke von Kalifornien, und er ist die Wasserscheide zwischen dem Oberlauf des Pit River und den Noren[*] des Großen Beckens. Von den höchsten Punkten der neuntausend Fuß tiefen Bruchkante kann man weit nach Oregon hineinsehen, zum Goose Lake und die Westseite des Warner Ranges entlang zum nördlichen Ende des Surprise Valley. Im Osten sind trockene Wüstenerhebungen.

Wüstengebirgskette. Hier finden wir einen Anflug der Vegetation der Rocky Mountains, die praktisch im Bocksprung über die Steens Mountains in Südost-Oregon, die Blue Mountains und vielleicht auch über die Wallowas ganze Wüstenbecken überquert. Aus Eagleville auf der Ostseite, einem in den 1880er Jahren gegründeten Städtchen, werden Schlachtrinder hierher gebracht. Der Inhaber der Bar in Eagleville erzählte mir, wie die Schäfer Anfang März ihre Herden von Lovelock,

---

[*] [›Nor‹ ist die tibetische Bezeichnung für das ausgetrocknete Bett eines Sees oder Flusses.]

Nevada, in Richtung des Warner treiben, und dass die Mutterschafe während der Wanderung ihre Lämmer bekommen. Spät im Juni erreichen die Schäfer den Fuß des Höhenzuges und treiben von dort die Schafe hinauf auf die 2400 Meter hoch gelegenen Wiesen an der Westseite. Im September ziehen die Herden hinunter nach Madeline — die Lämmer auf direktem Weg in die Lastwagen, die sie zum Schlachten bringen. Und schließlich die lange Fahrt der Mutterschafe im Lastwagen zurück nach Lovelock ins Winterquartier. Wir begegnen der Herde im Weide-Paradies aus Mauleselohrpflanzen, das sich meilenweit erstreckt. Die ganze Schäferei liegt hier in der Hand von Basken. Den Viehtrieb säumen alte Espenhaine mit Inschriften von Schafhirten in der Rinde, einige datieren aus den 1890er Jahren.

Der Patterson Lake ist das Juwel des Warner-Gebirgzuges, der ein eiszeitliches Gletscher-Trogtal unterhalb der Felswände des höchsten Gipfels auffüllte. Auf den vielen kleinen Felsbänken in den Wänden sind die Falken zu Hause. Die jungen Raubvögel sitzen feierlich in der Nähe des Nests. Der Mount Shasta beherrscht den Ausblick nach Westen, ein Mittelpunkt dieser meilenweit sich ausdehnenden Bestände an Drehkiefern und Jeffreykiefern, Lavagestein, Heuwiesenstreifen und im Untergrund versickernden Flüssen. Ha! Das ist das oberste Ende dessen, was man »oberer Flusslauf« nennt, und liegt nahe der Stelle, wo das Wasser in beide Richtungen abzieht; die eine Seite des Hochplateaus neigt sich zum Klamath River hinunter, die andere zum Pit und zum Sakramento. Der Mount Shasta ist von weither zu sehen — vom Küstengebirge aus, von der Sierra Buttes unten bei Downieville — er glänzt quer durch alle Quellgebiete der Flüsse Nordkaliforniens.

Der alte John Hold wandert ein Flussbett hinauf und sagt dabei: »Also hier hinauf geht es mit Dir, das hast du also vor!«

Das Entziffern der Geologie, das Ausspülen und Sinken eines schweren Metalls unter den Sand, niemals eingetrübt oder verrostet — Gold. Die neumodischen Bergarbeiter gibt es hier ebenfalls, St. Josephs Minerals, die die »Ausgrabungen« des tertiären Kieses untersuchen. Die Landesverwaltung schließlich genehmigte den Umweltverträglichkeitsbericht und anschließend begannen die Aufschlussbohrungen und sie sagten, dass sie in achtzehn Monaten mit ihrem großen Angebot zurückkehren würden.

Die Bohrung war kaum zu bemerken: Ein kleines Türmchen und ein Wohnwagen standen verloren in den Schluchten und Erhebungen des Kieses, zurückgeblieben aus den Tagen des ›hydraulicking‹*.

Dieses Abbaugebiet wurde dann zum Tummelplatz von Quads und Motocrossrädern, bis die Gegend durch die Siskon Gold Corporation einen neuen Anstrich erhielt und die einzige dort vorhandene Geröllpiste einzäunte. Dann ging Siskon in Konkurs, und wieder liegen die ›diggings‹ dort, und die Manzanitabüsche, die natürlichen Bonsai-Kiefern und die Geröllflächen warten im Mondlicht darauf, was das Schicksal ihnen als nächstes bescheren wird.

Es gab diesen Herbst zeitig starke Regenfälle, die einen an Frühling denken ließen. Dann hörte der Regen auf und die Frühlingsgefühle mit ihm. Ein warmer Dezember. Tatsächlich begann der Regen im Januar, mit schweren Schneefällen oberhalb sechstausend Fuß und nicht viel mehr darunter. Dieses Jahr laufen viele Kinder Ski. Wegen der Ablehnung des Skilaufs (als dekadentes städtisches Vergnügen) kam es in vielen Familien zu Streitigkeiten. Viele der Erwachsenen fühlten sich niemals als Bergbewohner, weder kletterten sie noch fuhren

---

* [Wortspiel des Autors, zusammengesetzt aus ›hydraulic‹ (Wasserbau) und ›licking‹ (Schleckerei).]

sie Ski oder liefen als Rucksacktouristen umher. Sobald sie die Stadt verließen, wähnten sie sich bereits in der Wildnis. Einige wenige von den Bergbewohnern zogen herunter und wollten heimisch werden, sie waren froh dort zu leben, wo es zumindest Nachbarn gab. Die Kinder zogen zum Donner-Pass*, um auf den weißen Kristallen des künftigen Yuba-Flusswassers zu gleiten.

In einer Vollmondnacht im April (die letzte Nacht im Monat) machten Bill Shell und ich eine Tour um den Yuba-Pass herum bis zwei Uhr morgens, der Schnee glitzerte im Mondlicht und die Ski knirschten auf den vereisten Platten. Wir fuhren bergabwärts; und es war wunderbar. Bergabwärts, das musste den vormodernen Menschen zu den größten Geschwindigkeiten verholfen haben. Länderübergreifende Skitouren in der Sierra Buttes ebenso. Die alten Bergbewohner beendeten ihre Siedlergeschäfte und begannen schließlich wieder in die Berge zurückzukehren, nachdem das Haus gebaut, der Garten eingezäunt und das Bewässerungssystem eingebaut war. Der Februar brachte zehn Zoll Regen in sechs Tagen. Die Teiche und Quellen flossen über, die Erdböden waren mit einer silbrigen Haut aus Wasser überzogen. Fünfzehn Fuß Schnee lagen auf Sugarbowl nahe dem Donner-Pass.

Zwei alte Herren in der Greyhound-Station von Sacramento. Ich stehe neben dem Alten, der seinen Gehstock leichthändig vor- und zurückpendeln lässt, die Spitze Richtung Boden schwenkend — und er schaut sich im Raum um, kreuz und quer, ohne sich auf irgendetwas zu konzentrieren. An seinem

---

* [Der Donner-Pass ist ein 2200 m hoch gelegener, nach George Donner benannter Bergpass. Donner war der Anführer eines Trecks von 87 Siedlern (»Donner Party«), die auf ihrem Marsch 1846 in den östlichen Bergen der Sierra Nevada vom Winter überrascht wurden. 34 der Siedler starben, der Rest konnte sich durch Kannibalismus am Leben erhalten.]

Kinn klebt Eigelb. Von ihm geht ein Geruch von Urin aus, der von Zeit zu Zeit in meine Richtung weht. Der andere Ältere kommt vorbei und läuft hinaus. Er ist sehr gepflegt: eine eingerollte, wasserdicht in Folie verpackte Decke hängt über seiner Schulter, ein Filzhut, ein weißer Kinnbart wie bei den Amish. Ein rotes Tuch ist um seinen Hals gebunden, eine Latzhose. Unter dem Bein der Latzhose lugt eine weitere Hose hervor, womöglich eine Anzughose. So war er nicht nur warm angezogen, sondern hielt auch seine Kleidung sauber! In meinen früheren Reisetagen meinten die Männer: »Jaja, verbring den Winter in Sac*!«

Ich nahm den Bus nach Oakland hinunter. In Berkeley zeigt ein Wandbild an der Mauer des Lukas-Books-Gebäudes einen Querschnitt des Alta California von der Nordwestküste bis zur Mojave-Wüste. Ich ging schräg über den Parkplatz zurück, um das Bild zur Gänze zu betrachten, Seelöwen, Kojoten, Rotschwanzfalken, Kreosotbüsche. Dann bemerkte ich an einer seiner Ecken einen Mann, er besserte etwas nach. Ich sprach ihn an und erfuhr, dass er Lou Silva war, der Schöpfer des Wandbilds. Er zeichnete gerade eine Maus und meinte, von Zeit zu Zeit komme er zurück, um die winzige Tierwelt zu ergänzen.

Der Frühling ist gut für die Äpfel, viele Früchte wachsen heran. Fünf männliche Hirsche mit samtigen Geweihansätzen laufen morgens über die Wiese. Die Skisaison im Hochland ist kaum beendet, schon wird es Zeit zum Fischen. Bepflanzung und Bebauung. Diese Region wächst noch immer, jedoch nicht so schnell wie noch vor einigen Jahren. Der starke Gemeinschaftssinn der Siebziger ist ein wenig abgeklungen, aber ich glaube, wenn die Zeiten härter werden, dann wird diese Bevölkerung zusammenrücken.

* [Sacramento.]

Die San Juan-Bergkette liegt zwischen der mittleren und der südlichen Flussgabelung des Yuba River, in einer politischen Einheit namens Nevada County. Seit den späten sechziger Jahren kamen neue Siedler hierher. Diese Länder der Sierra bilden ein wildes Durcheinander: Einige von ihnen erstrecken sich bis über den Gebirgskamm hinweg und im Winter sind die Straßen zwischen den beiden Teilen eines Landes häufig gesperrt. Eine vernünftige neue Linienführung würde das östliche Sierra mit dem östlichen Nevada und dem östlichen Placer zu einem neuen »Truckee River County« zusammenführen, der Verwaltungssitz könnte in Truckee liegen. Das westliche Placer und das westliche Nevada südlich des unteren Flussarms des Yuba könnten zusammen einen guten neuen County abgeben. Das westliche Sierra plus ein Stück Yuba County und ein Teil des nördlichen Nevada würden zusammengefasst dem Einzugsgebiet der drei Flussarme des Yubaflusses entsprechen. Ich würde es »Nisenan County«, nach den früher hier ansässigen Ureinwohnern, den Nisenan, nennen. Die meisten von ihnen wurden von den Goldsuchern getötet oder vertrieben.

Die Menschen leben auf den Bergrücken, weil die Täler felsig und voller Gestrüpp sind. In der Sierra Nevada ist nicht die Talsohle ein guter Ort für Menschen, sondern ein weiträumiger, sanfter Gebirgsgrat zwischen den Schluchten.

III
Lohfarbene Grammatik

Das alte Lied, derselbe Tanz

Es war ein Samstagabend im Sommer 1943. Im gerade fertig gestellten Neubaugebiet St. Johns Woods in Portland, Oregon, stand ich vor dem Gemeindezentrum, das aus Holzrahmen konstruiert war. Die Halle wimmerte, glühte, pulsierte wie eine riesige Meeresqualle — eine Tanzveranstaltung war in vollem Gang. Die meisten der nach St. Johns Woods Gezogenen arbeiteten auf den Werften. An jenem Abend war eine Menge Halbwüchsiger von der Highschool dort, aber auch ein paar Soldaten auf Heimaturlaub. Die meisten kamen aus dem Mittleren Westen oder aus dem Süden. Ich stammte von weiter nördlich her, vom Puget Sound, und hatte vorher nie Leute im Tonfall der Südstaaten sprechen gehört. Ich drückte mich lange draußen herum, bis ich mir schließlich einen Ruck gab und hineinging, um der Band zuzuhören, die Swing und Jitterbug spielte. Und irgendwann spielten sie den Song von Rupert Westmore Grant, »Rum and Coca-Cola«. Ein Mädchen von der St. Johns Highschool wurde auf mich aufmerksam. Ich war ein Neuling dort, dreizehnjährig, ein ziemlich schmales Hemd, und sie war ein großes, sanftes, fast schon zur Frau entwickeltes Mädchen, das mich — aus welchem Grund werde ich nie erfahren — unnachgiebig und entschlossen auf die Tanzfläche zog und mich dazu brachte, mit ihr zu tanzen.

Ich hatte weder Selbstvertrauen noch Erfahrung mit anderen Menschen. Meine Freizeit verbrachte ich meist damit, in den Sümpfen des Columbia River Wasservögel zu beobachten oder Mokassins zu nähen. Wegen des Krieges und der neuen Jobs, die er mit sich brachte, hatte es meine Familie vom Land in die Stadt verschlagen. Zuerst war ich ziemlich erfreut, aufgekratzt, doch dann erschrak ich: Als ich das fast unbekannte Mädchen umfasste — sie war größer als ich —, spürte ich ihre vollen Brüste gegen meine Rippen drücken. Meine Hand ließ sich in dem unvertrauten Dreieck am Ende ihres breiten Rückens nieder, und ich roch ihren süßen körperlichen Duft. Ich war beinahe überwältigt von der unmittelbaren Wahrnehmung von Sexualität, Fraulichkeit und der Andersartigkeit unserer Körper. Ich hatte nie vorher getanzt oder eine Frau im Arm gehalten. Ich kriegte kaum Luft. Sie hielt mich einfach in Bewegung, tanzend, swingend, in wiegenden Bewegungen, mit unbegrenzter Geduld, und als ich wieder zu Atem kam, wurde mir klar, dass ich, jetzt gerade, tanzte. Ich jubelte innerlich, ich merkte, dass ich es konnte. Es war »unsere Zeit, unser Tanz, unser Song«. Ich tanzte nicht weiter mit ihr, sie ging bald mit einem älteren Jungen weg. Aber sie hatte mir den Zugang zum Tanz eröffnet, und ich hatte mit erstaunlichem Glück meine Furcht und mein Zittern vor der Wärme einer erwachsenen Frau überwunden. In diesem Moment hatte ich Einblick in die Welt der Erwachsenen gewonnen.

Jeder Tanz und seine entsprechende Musik gehören zu einer Zeit und zu einem Ort. Er kann von woanders herstammen oder sich später ereignen, aber dieser Moment wird sich nie wiederholen. Wenn jene kleinen kulturellen Blüten verwelkt sind, werden sie entweder folkloristisch oder nostalgisch und werden nie mehr wieder so gegenwärtig wie in dem ursprünglichen Zusammentreffen jener ursprünglichen Verbindungen und Bedeutungen sein.

Mais, Reis, Rentier, Süßkartoffel — sie verweisen auf Orte und Kulturen. Als Pflanzen stehen sie für die Art des Bodens und für den in der Region anfallenden Regen, und als Nahrung spiegeln sie die Gesellschaft und ihre Produktionsverhältnisse wieder. Ein weiteres Kennzeichen ist die lokale Kultur von »Lied und Tanz«. Anlass für den Auftritt der Sänger, Musiker, Geschichtenerzähler, der Hersteller von Masken und der Tänzer ist die Krönung des Alltags. Nicht nur Menschliches wird getanzt, sondern auch Rabe, Reh, Rind und Gewitter treten auf. Der Tanz ermöglicht es, uns gegenseitig — und auch dem Ort — die vielen menschlichen und nicht-menschlichen Ichs zu zeigen. Der Ort wird sich selbst dargeboten. Kunst und Ökonomie sind jeweils Angelegenheiten des Austauschs von Geschenken, und besonders der Tanz ist eine reguläre Art des Handels gewesen, im Austausch gegen Obst, Getreide oder Wild. Solches Geben hilft uns auch, die Neigung zu Geiz und zu Überheblichkeit zu überwinden.

Jede traditionelle Kultur hat ihren Tanz. Junge Menschen, die den Tanz erlernen und studieren, bringen ihre einzigartige Anmut und Kraft mit. Sie müssen lernen, den Rhythmus zu zählen, sich die Gesänge zu merken, bestimmte Pflanzen zu erkennen, die Jahreszeiten zu beobachten, die Gesten der Tiere in sich aufzunehmen, und sich zeitlich so punktgenau zu bewegen wie ein niederstoßender Falke. Sie werden von ihrer Kultur hervorgebracht, um zu Kultur-Trägern zu werden. Das Yoga des Tanzes (wie es Balasaraswati, die große Künstlerin und Lehrerin des Bharatnatyam, genannt hat) kann ein Weg der Selbst-Verwirklichung sein.

Aber das ist nur der spirituelle Aspekt. Die Hauptsache ist die ständige Wiedergeburt einer sakramentalen Weltauffassung, und der Tanz führt dies fort. Es stimmt, dass die meisten Menschen heute nicht mehr über einen eigenen Gesang oder Tanz verfügen. Aktuelle moderne Musik ist zu sehr Gebrauchsartikel, zu sehr in ständiger Bewegung, als dass sie auf uns abfärben könnte. Wir wissen nicht mehr so recht, was unsere heimatliche Musik ist. Wenn in Japan Männer zusammen trinken, fangen sie an einem bestimmten Punkt des Abends an, abwechselnd die Volkslieder ihrer Heimatprovinzen zu singen. Wenn der Amerikaner in der Gruppe an der Reihe ist, ist es für ihn schwierig, etwas Angemessenes zu finden, das er singen könnte. (Ich selbst habe dann meist den für den Puget Sound so typischen »Old Settler's Song (Acres of Clams)« gesungen.)

Weil der Tanz eine derart starke kulturelle und religiöse Bedeutung hat, wird er oft von Verwaltern der imperialistischen Mächte, von fundamentalistischen Predigern oder von Ayatollahs angegriffen. Als Ende des 19. Jahrhunderts Missionare in das Territorium der Inupiaq-Eskimos vordrangen — in Alaska an der Küste der Beringsee, am Chukchimeer und an der Nordküste gelegen —, war das Verbot des Tanzes eine ihrer ersten Maßnahmen. Die Menschen jagen dort auch heute noch, sie fischen, sie nähen mukluks, bauen Schachteln aus Birkenrinde, aber es gibt keinen Tanz mehr. Ein wenig weiter südlich an der Beringküste liegt das Territorium der Yu'pik Eskimos. Die Yu'pik sprechenden Küstenbewohner wurden von der russisch-orthodoxen Kirche missioniert, die ihnen den Tanz nicht untersagte. Dort hat es ein Wiederaufblühen des Tanzes gegeben — eine lebendige kulturelle Renaissance, die die Menschen von den Fernsehgeräten hinüber ins Gemeindezentrum bringt, um dort zu proben und aufzutreten.

Das politische Wiedererstarken der Kultur der Ureinwohner auf Hawaii basiert auf zwei wichtigen kulturellen Pfeilern: zum einen auf dem neuen Interesse an den traditionellen Techniken des Taro-Anbaus und zum anderen an dem alten Hula, dem kahiku-Hula. Die Hula-Lehrer und die »halau« genannten Schulen nehmen Schüler aller ethnischen Herkunft auf, aber sie bestehen darauf, dass die Schüler die Terminologie des

Tanzes in hawaiischer Sprache beherrschen lernen. Die Studenten müssen die mündliche Überlieferung der Epen auf Hawaiisch beherrschen, sie müssen ihre Kostüme selbst anfertigen, und sie müssen lernen, Laka, der Göttin des Tanzes, Opfer zu bringen. Die multikulturelle Offenheit ermöglicht auch Neulingen einen Zugang zu dem traditionellen hawaiischen Verständnis der Inseln.

Im Bharatnatyam, dem südindischen Tanz, trifft archaische Volkstradition, Förderung durch die Fürstenhöfe, vom Norden beeinflusste religiöse Hingabe, professioneller Tempeltanz und kulturelle Wiederentdeckung im 20. Jahrhundert zusammen. Die Tradition legt außerordentlich hohe Maßstäbe an: allein die Musik ist lebenslanges Studieren und Lernen. Die Merkmale und Eigenschaften von Gestik und Ausdruck sind ein weiterer Studiengegenstand, und das begleitende Trommeln ist eine Besonderheit eigener Art. Die aus alten Mythen abgeleiteten Erzählungen, die zur Begleitung bestimmter Tänze gesungen werden, beschwören einen weiten, zeitlosen Kosmos. Ich wusste nichts von alledem, als ich Padma Bhushan Shrimati Balasaraswati zum ersten Mal in einer Bharatnatyam-Aufführung im März 1962 in Jaipur, Indien, begegnete. Es stürmte und wir saßen auf dem Fußboden in einem Zirkuszelt, das vom Wind durchgeschüttelt wurde; als es in warmen Sturzbächen zu regnen begann und die Hälfte des Publikums die Aufführung verließ. Die Vorstellung lief weiter. Ich sah, wie Bala spielte und tanzte; ich erinnere mich an die Stelle, als Krishnas Mutter versucht, den Lehmklumpen, auf dem er kaut, aus seinem Babymund zu entfernen — und sie schaut hinein und sieht keinen Klumpen, sondern blickt in die Tiefen des Universums mit allen Sternen. Sie richtet sich auf und wendet sich in göttlicher Ehrfurcht ab. Dazu Musik. So stürzte Krishna seine Mutter ins Verderben. Ich bekam eine Gänsehaut.

Ich reiste Bala nach Bombay nach, um sie noch einmal zu sehen, und wurde zu einem nächtlichen Konzert in einer Privatwohnung eingeladen. Ich fragte Bala:»»Wenn Du in Deinem Tanz zu der Stelle kommst, wo Du in Krishnas Mund schaust: Stellst Du Dir dann schon die Sterne vor?« Sie lachte ein geradezu sardonisches Lachen und antwortete: »Natürlich nicht. Ich muss mit dem Lehm anfangen. Der muss zu Sternen werden. Manchmal sehe ich nur den Lehm, und der Tanz misslingt. Heute Nacht waren es Sterne.«

Zehn Jahre später und zurück an der Westküste Nordamerikas erfuhren wir, dass Balasaraswati — »Baby Saraswati« (die Göttin Saraswati ist Partnerin von Brahma und Schutzherrin der Poesie, der Musik und des Lernens) — Vorlesungen in Berkeley halten würde. Wir traten mit ihr in Verbindung, und ich lernte ihre Tradition besser kennen. Unter englischer Herrschaft war der Bharatnatyam gewissermaßen für gesetzwidrig erklärt worden, weil einige der Tänzerinnen als »Devadasis« arbeiteten, als »Dienerinnen Gottes«. Dabei handelte es sich um junge Frauen, die als Kinder in den Hindu-Tempeln eine Lehre absolviert und den Tanz erlernt hatten. Ihre Hauptaufgabe bestand darin, für die tägliche Tanzdarbietung im inneren Tempelbereich sorgen. Und gelegentlich hieß ihr Tempeldienst für Shiva auch, reichen Gönnern des Tempels für Liebesdienste zur Verfügung zu stehen. Man sagt, dass sie sich nach dem Ende ihres Tempeldienstes meist gut verheirateten. Die neue Gesetzgebung verbietet es nun Frauen, in Hindutempeln zu tanzen.

Balasaraswati und ihr Kreis kämpften darum, dem Bharatnatyam wieder Respekt in der indischen Gesellschaft zu verschaffen. Die puritanisch beeinflussten südindischen Konservativen hegten Befürchtungen wegen der erotischen Komponente, die von Bala verteidigt, gereinigt und wieder geheiligt wurde. Sie war eine Yogini des Tanzes. Sie hatte nach einem frühzeitigen Beginn ihrer Tanzkarriere als siebzehnjähriges Mädchen einige düstere Jahre durchlebt. In ihr reifte der Wunsch, im Tempel von Tiruttani vor Shiva — der im Süden als Murugan bekannt ist — zu tanzen. Sie bestach den Wächter, betrat spät nachts die innere Tempelkammer und tanzte allein im Altarraum. Sie sagt, sie habe sich selbst und ihre Kunst in jener Nacht Shiva und der Welt hingegeben. Bala machte sich einen Namen, zuerst in Indien, dann in Europa und Amerika. Die positive Wendung ihres Schicksals führt sie auf jenen Tanz im Heiligtum zurück.

In Balas Repertoire gab es einen volkstümlichen Tanz, der die Verbindung von kosmischem Mythos zum dörflichen Leben schlägt. In Südindien werden Jugendliche mit der Aufgabe betraut, die Papageien von den reifenden Feldfrüchten fern zu halten. Das Verjagen der Vögel gilt als gute Gelegenheit für erste Annäherungen. Die Tänzerin singt und eilt währenddessen hin und her durch die Gärten, sie schwingt dabei einen Stock, scheucht Vogelschwärme auf — und das alles zu einem alten Telugu-Volkslied. Alles kommt hierbei zusammen — die Feldfrüchte, die Erde, die Papageien, die Arbeit, der Tanz und die junge Liebe. Vieles von der südindischen volkstümlichen Kultur ist in dieser kleinen Darbietung in verdichteter Form zu erkennen.

DIE KUUVANGMIUT UND DIE GEISTESWISSENSCHAFT

Der Safeway-Laden in Fairbanks, Alaska, ist rund um die Uhr geöffnet, Sommer wie Winter. Praktisch alle Lebensmittel in den Geschäften Alaskas werden eingeflogen. Wir waren um zwei Uhr nachts auf Einkaufstour, in der zweiten Aprilwoche, und wir kauften Ananas, Mangofrüchte, Brokkoli und Kiwis, die wir Freunden in den beiden Inupiaq-Dörfern Shungnak und Kobuk mitbringen wollten. Früh am nächsten Morgen halfen Steve Grubis und ich Tom George beim Betanken seiner Cessna 182, wir schoben sie von seinem Haus in China Marina rückwärts und über eine staubige Piste zur Rollbahn hinüber. Wir flogen in Richtung Norden über den Yukon River, dann nach Westen an der Südkante des Brooks-Höhenzuges entlang und schließlich hinunter zum breiten Becken des Kobuk River, der in das Chukchi-Meer fließt. Alles war schneebedeckt. Ich hatte etwas über die archäologische Fundstätte an der »Onion Portage« gelesen, und unser Pilot, ein belesener Mann, flog uns zwanzig Meilen flussabwärts, um dort über einer großen Flussschleife einen Bogen zu fliegen. Als sich das Flugzeug auf die Seite legte, konnte ich, direkt nach unten schauend, einen kurzen Blick auf diese 15.000 Jahre alte Lagerstelle werfen, auf die Wohnstätte von Menschen, die vielleicht zu Fuß über die Landbrücke von Sibirien gekommen waren. Das Flusstal des Kobuk River war nie mit Gletschereis bedeckt gewesen. Dort wächst ein nordamerikanischer Beifußstrauch (Artemisia borealis) aus der prä-pleistozänischen Zeit, sowie eine Leguminosenart (Oxytropis kobukensis), die nur hier gedeiht und nirgendwo sonst auf der Welt. Das Flugzeug kehrte um und segelte über einem einsamen Elch hinweg durch die Lüfte. Auf einer schneebedeckten Landebahn bei Kobuk landeten wir, auf Rädern, nicht auf Kufen. Ich wollte mich mit einigen Lehrern und Führern der dortigen Ureinwohner zu einem Gedankenaustausch treffen und mit ihnen über die Rolle von Mythos, Folklore und der Dichtung und Philosophie des Abendlandes für die heranwachsende Generation in den Dörfern sprechen. Steve Grubis und ich hatten uns schon lange mit diesen Fragen auseinandergesetzt. Er ist im kulturübergreifenden Orientierungsprogramm an der University of Alaska, Fairbanks, tätig und hat alte Verbindungen zu der Region am Kobuk River. Ungefähr vor zwanzig Jahren hatte er den Fluss mit einem Floß aus Baumstämmen befahren, das in den Stromschnellen entzwei brach, und nur unter größten Anstrengungen hatte er es bis in das Dorf Kobuk hinauf geschafft, wo er großherzig und gastfreundlich verpflegt und neu eingekleidet wurde und sich ausruhen konnte. Steve war auch mit Hans und Bonnie Boenisch befreundet, die an der Schule in Kobuk unterrichteten und bei denen wir wohnen sollten. Das Dorf war nur ein paar hundert Meter entfernt. Wir wurden von einem Motorschlitten begleitet, der den Postschlitten hinter sich her zog. Die Sonne beschien die rote und gelbe Kinderkleidung, die steifgefroren auf der Wäscheleine hing. Die angebundenen Schlittenhunde veranstalteten ein fröhliches Spektakel, und ein paar Kinder kehrten gerade vom Spielen im Freien zurück, stiegen die Treppe hinauf, in die Schulklasse, die in einem Metallcontainer untergebracht war. Das Schulthermometer zeigte 23 Grad unter Null an. Der Container als Klassenraum, auf Stützpfeilern stehend, bot einen völlig anderen Anblick als die flachen, langgezogenen Blockhütten mit ihren auf Stelzen stehenden, aus Baumstämmen gezimmerten Vorratsbehältern für Fleisch und den Rauchfahnen von den Holzfeuern, die aus jedem Schornstein emporstiegen.

So abgelegen der obere Flusslauf des Kobuk River auch ist — im Winter gelangt man nur mit dem Flugzeug oder dem Hundeschlitten dorthin; im Sommer ist er mit dem Boot, das flussaufwärts fahren müsste, kaum erreichbar —, gibt es doch eine Kupfermine in der Nähe. Das Gebiet heißt Bornite, und es hat angeblich eines der reichsten Kupfervorkommen der Welt. Gutachten über den Bau von Straßen und Eisenbahnlinien wurden erstellt, logistische Probleme viele Jahre lang untersucht. Die Bevölkerung des Kobuk, auf Inupiaq »Kuuvangmiut« genannt, ist noch immer stark der Bedarfsdeckungswirtschaft verhaftet. Viele nehmen Unterstützung von der Regierung in Anspruch, aber alle sind auf den Fischfang (Ketalachs, amerikanischer Weißfisch, Grindwal, Äsche, Shee-Fisch) und die unverzichtbare Karibujagd angewiesen. In der Jagdsaison ist das Leben leicht. Einige sind Fallensteller. Im Herbst sammeln alle große Mengen Blaubeeren — es gibt viele Tricks und Kniffe beim Sammeln, beim Zubereiten und Aufbewahren der Blaubeeren, der »asriaviich«.

Der Bergbau — wenn er hierher kommt — wird das wirtschaftliche und soziale Leben stark verändern, und die Bewohner wissen das. Und so waren Hans, Bonnie, Steve und ich schon bald mitten in der immerwährenden Diskussion darüber, wie schulische Ausbildung sinnvollerweise ablaufen sollte. Hans und Bonnie leben hier seit einigen Jahren, Hans hat seine eigenen Schlitten und seine eigenen Schlittenhunde. Sie haben großen Respekt und Hochachtung vor ihren Kuuvangmiut-Nachbarn und -Arbeitgebern.

Natürlich sprachen wir über diese Themen als Außenstehende. Wir konnten uns darauf einigen, dass es möglicherweise klug wäre, Zeitpläne für die Schule zu entwickeln, um den Schülern in den entscheidenden Jahreszeiten die Möglichkeit zu geben, die Fertigkeiten der Subsistenzwirtschaft von ihren Eltern und den Alten zu lernen. Dadurch wären sie dann vielleicht in der Lage, eine nachhaltige und relativ unabhängige Wirtschaftsweise auch im 21. Jahrhundert zu bewahren. Die Dorfbewohner, mit denen ich sprach, waren in dieser Frage gespalten: Einige wünschten sich, dass die traditionellen Techniken erhalten und weitergegeben würden, während andere eher das Gefühl hatten, dass es hierfür zu spät sei, und dass ihre Kinder eine Ausbildung erhalten sollten, die ihnen in Los Angeles genauso von Nutzen wäre wie in Alaska. »Traditionelle Fertigkeiten« heißt natürlich nicht, dass man an veralteten, vor dem ersten Kontakt mit den weißen Einwanderern gebräuchlichen Techniken festhalten sollte — modernes Werkzeug und Maschinen sind ziemlich praktisch, und sie werden ja von den eingeborenen Völkern überall im Norden eingesetzt; sie helfen ihnen, vor Ort ihren Lebensunterhalt zu bestreiten. Eine an die heutige Zeit angepasste Subsistenzwirtschaft in der zirkumpolaren Arktis ist eigentlich recht praktikabel. Aber höchstwahrscheinlich wird die Attraktivität kommerzieller Waren und das Bedürfnis, etwas mehr Geld zur Verfügung zu haben, die nächste Generation in Versuchung führen, ihren Lebensunterhalt als Lohnarbeiter in der Bergbauindustrie zu bestreiten.

Sollen sich diese Kinder also darauf vorbereiten, Bergbau-Ingenieure zu werden? Die Unternehmen werden sicherlich ihre eigenen Experten mitbringen. Die Bedienung der schweren Maschinen? Möglich. Und Computer? Alle Schulen des hohen Nordens sind mit Computern und Videokameras ausgestattet. Vielleicht sind die Schüler im Nordwesten Alaskas mit dem Computer vertrauter als etwa in Los Angeles. Dennoch gibt es an keiner Schule der Welt eine Garantie dafür, dass die Ausbildung den Kindern auch in zwanzig Jahren noch von Nutzen sein wird. So vieles unterliegt rapiden Veränderungen — außer der Wanderung der Karibus und der Beerenreife, vielleicht.

Die Ureinwohner des nordwestlichen Alaska haben sich in den letzten Jahren intensiv mit ihrem eigenen Wertesystem auseinandergesetzt. Diese Arbeit heißt »Inupiaq spirit movement« — Wiederbelebung des Inupiaq-Geistes. In einem Klassenraum der Kobuk-Schule waren die »Werte der Inupiaq« auf ein Plakat an der Wand geschrieben:

Humor
Gemeinschaftlichkeit
Demut
Harte Arbeit
Spiritualität
Zusammenarbeit

Verantwortung in der Familie
Konfliktvermeidung
Jagderfolg
Fertigkeiten im Haushalt
Kinderliebe
Achtung vor der Natur
Achtung vor dem Alter
Verantwortung für den Stamm
Sprachliche Kenntnisse
Kenntnis des eigenen Stammbaums

Diese warmherzigen und umsetzbaren Werte sind voller »Großmütterweisheit« — grundlegende, für alle Zeit gültige Werte unserer Spezies. Hier und da ein bisschen weiter ausgelegt passen sie überall. Was vielleicht fehlt, ist eine klare Aussage darüber, welche Werte auf die Beziehung zu schwierigen bzw. andersartigen Nachbarn anwendbar sind — das Hauptaugenmerk ist auf die Bedingungen innerhalb der Inupiaq-Familie gerichtet, nicht aber darauf, wie man sich Außenstehenden gegenüber verhalten sollte.

Heutzutage befinden sich die Menschen zwischen zwei Arten von ethischen Maßstäben — den Überbleibseln fortgeltender großmütterlicher Weisheit der Völker der Welt (zu denen ich einige der Zehn Gebote zähle und die ersten fünf der Zehn buddhistischen Unterweisungen) und all den Regelwerken, durch die Zentralisierung und Hierarchie gefördert werden. Die Kinder wachsen mit sehr widersprüchlichen Lehren auf: Die eine sagt ihnen, wie man bekommt, was einem zusteht, und die andere, wie man anständig bleibt. Der Klassenlehrer, der Kirche und Staat voneinander getrennt halten muss, kann lediglich den mittleren Bereich aufzeigen, d. h. die liberale humanistische Philosophie, deren Ursprung »in der Universität« liegt. Dieses Denken fängt — was das Abendland angeht

— mit dem Versuch der alten Griechen an, die wörtliche, wirkliche Wahrheit des Mythos zu ergründen, indem Geschichten und Theorien anhand von Erfahrungen überprüft werden. Die frühen Philosophen haben die Menschen auf das Vermögen der Vernunft hingewiesen und auf die Möglichkeit von Objektivität. Der Philosoph ist gehalten, die Diskussion sozusagen mit beiden Händen auf dem Tisch zu führen, er kann nicht davon ausgehen oder verlangen, dass jemand ein Rauschmittel zu sich nimmt, bestimmte Speisen isst oder irgendeiner anderen außerhalb des Gewöhnlichen liegenden Lebensweise — außer intelligenter Reflektion — folgt, um dem Gedankengang zu folgen. Das war in einigen Fällen — würde ich sagen — ein notwendiges Korrektiv. Eine bestimmte Art von intellektueller Klarheit konnte daher ohne die Diskreditierung des Mythos erreicht werden. Um den Mythos lebendig zu halten, bedarf es einer Wertschätzung der Tiefe der Metapher, der Zeremonie und des Verlangens nach Geschichten. Den Mythos zu allegorisieren und zu rationalisieren tötet ihn. Das ist später in der griechischen Geschichte passiert.

Im 5. Jahrhundert hatten die Griechen die kritische Haltung noch nicht erfunden. Mythos, Drama genauso wie der Diskurs in der Gemeinde und die intellektuellen Auseinandersetzungen waren noch wirklich universal. Die Griechen taten Folgendes: Sie verlagerten ihr intellektuelles Leben nach außen, machten es zu etwas Gemeinschaftlichem, Geselligem, Explizitem, definierten die Folgerichtigkeit des Denkens und erfreuten sich öffentlich daran.

Eine aktive, klar erkennbare intellektuelle Haltung wurde als zeitgemäß und zugleich praxisbezogen angesehen und schärfte und verfeinerte ihre Fähigkeit, den staatsbürgerlichen Pflichten nachzukommen in einer Gesellschaft, in der klare, überzeugende Argumentation hohes Ansehen genoss. In ihren Freundschaften und in der Schulzeit legte das Geben und Nehmen die Grundlage für ausdauerndes Lernen und Studieren, das sich bald auch auf größere Texte und historische Quellen bezog. Aber die praktische und analytische Intelligenz bedarf nicht unbedingt der formalen Dialektik. Frühe Töpferarbeiten und der Brennofen, die frühe Metallurgie, der elegant geformte Kajak und der Umiak, die Navigationskunst der Melanesier, all dies ist stets das Endprodukt eines präzisen praktischen Denkens.

Diejenigen, die im Besitz aller Antworten sind, wenden ein, der humanistischen Haltung mangele es an moralischer Entschiedenheit. Es gibt immer Stimmen, die fordern, Urteile müssten hart daherkommen. Im indischen Denken wird die Welt als eine Angelegenheit vieler verschiedener Sichtweisen und Standpunkte — ›darshan‹ (Blick) — beschrieben, von denen jeder einzelne demjenigen, der ihm anhängt, auf überzeugende Weise vollständig und in sich geschlossen erscheint. Ein buddhistisches Lehrsystem entschloss sich,»keinen besonderen Standpunkt« einzunehmen und eine erhaben losgelöste Objektivität zu praktizieren. Dennoch wich diese Denkschule (Madhyamaka) nicht davon ab, die erste der Zehn buddhistischen Unterweisungen (Ahimsa) anzuerkennen. (Diese Unterweisung entspricht in der Liste der Inupiaq den Punkten Bescheidenheit und Demut, Gemeinschaftlichkeit und Achtung vor der Natur.) Für den Philosophen gibt es keinen Ort, an dem Habgier und Hass irgendeine Art von Unterstützung oder Bestätigung erfahren. Klar ist auch, dass der Humanist nicht unbedingt ein Agnostiker sein muss. Als letzte Handlung bat Sokrates darum, sein versprochenes Opfer an das Reich des Geistes möge noch dargebracht werden:»Ich schulde dem Asklepios einen Hahn.« Der Philosoph mag die Mystifizierung verachten, aber er wird die Mysterien respektieren.

Im April sind die arktischen Tage schon recht lang. Um elf Uhr abends herrschte noch eine Art Zwielicht, als sich die Unterhaltung langsam dem Ende zuneigte und die Sonne gerade am nördlichen Horizont verschwunden war. Am nächsten Morgen mieteten Steve und ich einen Motorschlitten und fuhren über Schneewehen und verkrusteten Flächen durch die offene White Spruce-Tundra und das Tundramoor in Richtung der Berge und Minen bei Bornite. Es gibt dort einen flachen Pass und über ihn gelangten wir zu einem hölzernen Turm und mehreren Holzschuppen, alle gehörten zu einer Kupfermine und waren verriegelt. Kabel, Taue und Stricke hingen schlaff von den Haken an den Bretterwänden herunter, und die Berge des Schwatka-Höhenzuges schwebten nach Norden hin in einem Nebel aus Eiskristallen. Wir gingen um die im Schnee liegenden Gebäude der Mine herum und kehrten zurück zu der Motorschlittenloipe mit einem großartigen Blick über das weite Becken und seine vereisten Baumgruppen. Subboreale Taiga: Weißfichte, Schwarzfichte und baumlose Moore, Weiden und Birken. In zwei Wochen, hatte einer der Männer gesagt, würden die Enten wohl zurück sein.

Als Steve Grubis sich vor zwanzig Jahren halbtot nach Kobuk schleppte, wurde er von Guy Moyers, dem dortigen Postbeamten, aufgenommen und versorgt. Wir gingen hinüber, um Guy, der inzwischen über achtzig sein musste, einen Besuch abzustatten. Er war noch immer Leiter des Postamts, und die Post befand sich im vorderen Zimmer seines Hauses. Fußboden aus Linoleum, ein neuer eiserner, mit Brennholz befeuerter Herd, ein Tisch aus Brettern und Stapel mit Postsendungen. Ein Kleinkind mit schwarzen Haaren und orientalischen Augen saß in einer elastischen Kinderschaukel, die beim Ofen hing und sich ruckend hin und her bewegte. »Meine Enkeltochter«, sagte Guy. Hinter uns betrat ein Mädchen im Teenageralter, das gerade aus der Schule kam, das Zimmer, und er stellte sie uns vor: Wanda, eine weitere Enkelin. Wanda ging in einen kleinen Raum, der mit einer Decke abgeteilt war, und schaltete einen Kassettenrekorder ein, mit der Musik, die alle Jugendlichen hören, von den Tropen bis nach Grönland. Guys Frau kniete neben dem Herd auf dem Fußboden. Sie trennte mit einem Messer, das aus einem scharf geschliffenen Stück Eisenrohr hergestellt war, Fleisch von einem Stück Tierhaut. Sie lächelte und stellte sich als »Faith« vor. An einer Wand waren Regalbretter angebracht, auf denen Körbe aus genähter, gehefteter, gebogener und gefalteter Birkenrinde aufgereiht waren — ein Handwerk der Region.

Guy erinnerte sich nur undeutlich an Steve, aber das ließ unser Gespräch nicht stocken, während wir zusammen Kaffee tranken. Guy erzählte, er sei durch einen Zufall hier gelandet: Er war vor fünfzig Jahren von einem Flugzeug am falschen See abgesetzt worden. Er hatte dann nach Kobuk gefunden und ist seitdem hier geblieben. Ein Foto an der Wand zeigte Guy mit seiner Frau, als sie gerade frisch verheiratet waren: ihre feinen, von starken Gesichtsknochen geprägten Züge, eine schöne, lächelnde, junge Inupiaqfrau, und Guy als gutaussehender junger Mann mit vollem Haar. »Ich bin vor 72 Jahren hier geboren«, sagte sie. »Ich bin hier geblieben.«

Ich stellte mir vor, ich wäre Lehrer in Kobuk oder Shungnak, und hätte Kultur und Geschichte der Zivilisation zu unterrichten, die hier auf sie eindringt. Wir würden vielleicht Shakespeare lesen, und etwas von Homer, einen der Dialoge Platos. (Auch im Protestantismus kannten sie sich schon recht gut aus.) Ich müsste dann sagen: »Das wurde durch all die Jahrhunderte geschätzt und in Ehren gehalten.« Und dann würden sie erleben, wie in ihrer Nähe ein Bergbauprojekt begonnen wird. Der alltägliche Arbeitsablauf und das Verhalten von Geschäftsleuten und Ingenieuren spiegelt nur wenig von der vermeintlichen westlichen Kultur wider. Die Erfahrung von Widersprüchen würde sie, wie das Einnehmen kleiner Dosen von Gift, auf das Überleben in einer komplizierten, vertrackten, pluralistischen Gesellschaft vorbereiten. Würden sie sich auch nur ein bisschen Achtung vor den griechischen Berichten über die langen, nach dem Abendessen unter gebildeten Freunden geführten Debatten erhalten können? Und sich daneben an die eigenen Geschichten erinnern, von den Tiergottheiten, die mit menschlichen Männern und Frauen in Beziehung traten? Und sollten die Lehrer nicht die Habgier und die Korruption offenlegen, die sämtliche Imperien an den Tag gelegt haben, verschleiert von Kunst und Philosophie? Das lange Zusammensitzen bei solchen Gesprächen in den Holzhütten Alaskas hat mir geholfen zu verstehen, wogegen sich meine eigenen Jungen und die Söhne und Töchter der Nachbarn auf der San Juan Ridge in Kalifornien auflehnten. Es scheint, als würde alles außer Mathematik und Linguistik — und dem Mythos — überflüssig.

Auch in der amerikanischen Gesellschaft — wie in jeder anderen — gibt es eine Reihe von Glaubenssätzen, die nicht in Frage gestellt werden. Es wird ein weitgehend unkritischer Glaube an einen fortwährenden, sich immer weiter entfaltenden Fortschritt gepflegt. Man hält an dem Gedanken fest, es gebe eine unbestreitbare wissenschaftliche Objektivität. Und man geht ganz grundlegend von der irrigen Annahme aus, jeder von uns sei ein »solitär Wissender« — d.h. wir existierten als wurzellose Intelligenzen, ganz ohne Wahrnehmung der örtlichen Zusammenhänge. Lediglich ein »Selbst« und die »Welt«. Darin fehlt die echte Anerkennung dessen, dass es die Großeltern, der Ort, die Sprache, Haustiere, Freunde, Geliebte, Kinder, Werkzeug, die erinnerten Gedichte und Lieder sind, mit denen wir denken. Solch ein Solitär-Geist wäre — wenn er überhaupt existieren könnte — ein öder, langweilender Gefangener von Abstraktionen. *Ohne Umgebung kein Pfad, und ohne*

Pfad kann niemand frei werden. Es ist nicht verwunderlich, dass die Eltern der Eskimokinder im gesamten Kotzebue-Becken die »Wertvorstellungen der Inupiaq« in den Schulen auf Wandplakate geschrieben haben. Die armen Intellektuellen, musste ich denken. Sind Philosophen und Schriftsteller immer wirkungslose Zaungäste, während tatkäftige Powerplayer in Kirche, Staat und Wirtschaft den Ton angeben? Kurzfristig gedacht stimmt das. Wenn man aber in Jahrhunderten oder Jahrtausenden misst, wird deutlich, dass die Philosophie immer mit dem Mythos zusammengeht, als Erklärerin, Deuterin und zugleich als Kritikerin, und dass sich der fundamentale, der grundlegende Mythos, dem sich ein Volk verschrieben hat, mit der Langsamkeit eines Gletschers vorwärtsbewegt und beinahe unveränderlich ist. Mythen verändern sich ähnlich einer linguistischen Strömung oder Tendenz: die gesellschaftlichen Kräfte einer bestimmten Zeit können den Versuch unternehmen, den Sprachgebrauch für eine Weile zu manipulieren und zu formen, wie etwa die Académie francaise für das Französische, die versucht, englische Lehnworte aus der Sprache herauszuhalten. Letztlich jedoch kehren die Sprachen zu ihren eigenen, unerklärlichen Strömungen zurück.

Dasselbe trifft auf die großen Konturen der Weltphilosophien zu. Wir (die wir am Rande stehen) befinden uns auf der Seitenmoräne des Gletschers, der von Newton und Descartes langsam vorwärtsbewegt wurde. Der wieder zum Leben erwachte Gletscher Gaia gleitet aus einem anderen Tal abwärts, er kommt aus unserer weit entfernten heidnischen Vergangenheit, und ein weiterer Gletscherarm gleitet mit seinem Eis, wieder aus einer anderen Richtung kommend, heran: die No-Nonsense-Anschauung der Meditation im Buddhismus, mit ihrer Betonung des leidenschaftlichen Mitgefühls und der Einsicht in ein leeres Universum. Eines Tages werden diese Gletscher wahrscheinlich zusammentreffen, und sie werden in jedem ihrer Abschnitte Streifen aufweisen (wie der großartige Boltoro-Gletscher im Karakorum), die ein Zeugnis von ihrer ursprünglichen Herkunft ablegen. Einige Historiker sind wohl der Meinung, hinter den Vorstellungen und Mythologien, nach denen die Menschen leben, stünden »Denker«. Ich glaube, alles hat auch im Mais, im Rentier, im Morast, in den Süßkartoffeln und im Reis seinen Ursprung. Und in deren Liedern.

Es ist angebracht, in Anbetracht eines Gletschers Ergebenheit zu empfinden; es ist ratsam, sich über den gesamten Wasserkreislauf Klarheit zu verschaffen; und es ist wertvoll und wunderbar zu wissen, dass Gletscher nicht stetig fließen, und dass Berge stetig wandern.

Meine eigenen Großeltern haben uns vor dem Schlafengehen natürlich keine Geschichten am Lagerfeuer erzählt. Stattdessen gab es in ihrem Haus eine Ölheizung und eine kleine Bibliothek. (Mein Großvater riet mir einmal: »Lies Marx!«) Also lesen die zivilisierten Menschen Bücher. Einige Jahrhunderte lang waren die »Bibliothek« und die »Universität« unsere Fundgrube und unser Wissensschatz. In dieser gewaltigen alten abendländischen Kultur sind Bücher unsere Ältesten, die uns ihr Wissen vermitteln. *Bücher sind unsere Großeltern!* Dieser charmante Gedanke kam mir, als ich auf John Coopers Hundeschlitten auf dem vereisten Kobuk River von Kobuk nach Shungnak fuhr, die Ufer und steilen Felshügel hoch, quer über die Portagen. Meine Nase, meine Finger und Zehen waren taub. Das Knarren der Riemen aus Rohleder, die den Schlitten zusammenhalten und ihm Geschmeidigkeit geben, das gamelanartig komplexe Trappeln der aus dem Tritt kommenden Hundepfoten, und das Rascheln und Zischen des Schnees. Die Hunde hechelnd, glücklich, mit strahlenden Augen, dampfendem Atem; wir bewegten uns auf der Energie jener Freude, die der Wolfshund beim Laufen im Rudel empfindet — laufen und laufen.

Die Bibliothek sieht in diesem Licht etwas interessanter aus. Hilfreiche, herausfordernde und freundliche Alte stehen uns zur Verfügung — ich denke dabei etwa an Bartolomé de Las Casas, Baruch Spinoza, Henry David Thoreau. Ich habe Bibliotheken immer gemocht: Sie waren geheizt und hatten bis spät in die Nacht hinein geöffnet.

Bei unserer Ankunft in Shungnak überquerten wir das Eis des Flusses und wurden von Jungen begrüßt, die die Namen von jedem einzelnen der Hunde Johns riefen — er hatte letztes Jahr am Iditarod-Rennen teilgenommen und war dort oben ein Volksheld. Hinter uns saßen in einem anderen Schlitten und einem anderen Gespann Hans und Bonnie Boenisch. Wir nahmen den Hunden das Geschirr ab, ketten jeden Einzelnen an seiner kleinen Hütte an, und dann kochten wir ihnen draußen über einem Fichtenholzfeuer in einem als Kochtopf verwendeten 200-Liter-Ölfass aus gefrorenem Weißfisch eine Art Schmorgericht. (Das erinnerte mich daran, wie ich einmal Hawaianern zugeschaut hatte, die tonnenweise Taro für ihre Schweine kochten.) Als ich jedem Hund eine Kelle geschmorten Fisch in seinen Blechnapf gab, bemerkte ich, dass ich dabei unwillkürlich die Verse sang, die im Speisesaal des Zen-Klosters bei den Mahlzeiten gesungen werden. Ich hatte dort die Portionen zugeteilt. Es war, als wäre ich zurück im »Ring of Bone Zendo« bei einer der Mahlzeiten —

Geschmorter Fisch wirkt zehnfach
Hilft den Hunden Schlitten ziehen,
Was an Gutem daraus folgt, hat keine Grenzen,
Vollendet ewiges Fröhlichsein!

Die Schlittenhunde sangen zur gatha in einem ungeordneten Chor mit süßem, klagenden Geheul.

Wir gingen zu unseren Gastgebern hinüber, dem Lehrerehepaar Bob und Cora McGuire in ihrem kleinen Haus unterhalb des Steilhangs am Ufer des zugefrorenen Kobuk River. Es muss etwa 18 Grad unter Null gewesen sein, aber die beiden Mädchen der McGuires, Jennifer und Arlene, spielten draußen im schwachen Sonnenschein.

Im Haus lief der mit Heizöl betriebene Kochherd auf niedriger Stufe, der Holzherd war die ganze Zeit in Betrieb. Mit langen Unterhosen und wollenen Halibut-Hemden über dem Pullover war es uns warm genug. Rote Plastikbehälter voll Wasser waren von der Schule den Berg herunter getragen worden. Damit sie nicht einfroren, standen sie in der Küche. Beim Kaffee wurden Geschichten erzählt — Bob war seit vielen Jahren Lehrer. Vor einiger Zeit hatte er dem Norden den Rücken gekehrt, um abgelegene Schulen in der ganzen Welt zu erkunden. Cora ist auch Lehrerin, sie stammt aus dem Volk der Athapaska. Bob und Cora hatten sich an der Universität kennengelernt.

»Wenn wir tatsächlich versuchen würden, die Werte der westlichen Zivilisation zu lehren, würden wir nur mit der Ideologie des Individualismus, mit dem Glauben an die Einzigartigkeit des Menschen, der spezifisch menschlichen Würde, dem unbegrenzten Potenzial des Menschen und dem Ruhm des Erfolges hausieren gehen«, sagte ich, um eine andere Sicht ins Spiel zu bringen. Ist das nicht letztlich die Philosophie der Ölpipeline? (»Jüdische Innerlichkeit — griechischer Narzismus — christliche Dominanz« — so nennt es Doug Peacock, der Erforscher des Grizzlybären.) Das ist es vielleicht, worauf — nach Protestantismus, Kapitalismus und Weltherrschaft — die abendländische Kultur hinausläuft.

Aber die Umstände waren andere, als die griechischen Ideale den Weg zurück in die Geschichte fanden. Aus dem Blickwinkel der lebendigen italienischen Geister des 15. und 16. Jahrhunderts lautete die Botschaft der griechischen Texte, der Mensch sei von freier Intelligenz, mit Vorstellungskraft begabt, körperlich, kühn und schön. »Heidnisch.« »Poetisch.« Vielleicht weniger eine unberechtigte Aufwertung der menschlichen Rasse (außer in den Augen der Kirche), als eine Wiederentdeckung säkularer Kultur und des Menschen als Naturwesen in einer natürlichen Welt. Jedenfalls ist ein angeregtes, tiefgehendes Studium der Antike — das abendländische Denker mehrfach absolviert haben — verwandt mit einer Lehrzeit bei den traditionellen Ältesten. Die Frische der Renaissance glitt in den stickigen, abgestandenen Latein-, Sprach- und Kulturkanon des europäischen Bürgertums hinein. Die Faszination von Persönlichkeit und Möglichkeit ging in Autoritarismus und in Selbstgefälligkeit unter.

Die Lehrer der Kinder — egal ob sie Weiße sind oder hiesige Ureinwohner — sind immer froh darüber, etwas Geschichte, Philosophie oder Literatur vermitteln zu können, wobei es kaum eine Rolle zu spielen scheint, aus welcher Kultur dieser Lehrstoff stammt. Die Lehrer in ländlichen Gebieten, die ich oben im Norden traf, sind stets bereit, Stammesälteste in die Klasse einzuladen, und sie unterstützen tatkräftig die Vermittlung von traditioneller Kultur. Einige Dorfälteste haben gesagt, sie seien zu der Auffassung gelangt, wir säßen alle im selben Boot — die abendländische Kultur mit ihrem billigen, hochentwickelten Kapitalismus und dem im Niedergang befindlichen Sozialismus und auf der anderen Seite die zwielichtigen Überreste der großen paläolithischen Jäger-und-Sammler-Tradition.

Es kann sein, dass die europäischen Humanisten nicht eindeutig auf Seiten der jeweilgen Machteliten standen. Oberflächlich betrachtet dienten sie städtischen Herren, aber ihr »Projekt« — ob sie es nun klar wussten oder nicht — war im Grunde die Verteidigung des Volkstums, des Heimatlichen; denn um klar denken zu können, müssen wir engstirnige Interessen oder tief verfestigte Meinungen meiden; und die dörflichen Werte stehen im Grunde in Opposition zu den speziellen Interessen der Unternehmen oder des Kapitals oder der Händler oder der zentralisierten religiösen Bürokratien und anderer Institutionen dieser Art. Regional sein, am Ort sein, geht mit einer eigenen Voreingenommenheit einher, aber es kann nicht allzu überbetont werden, da es in den nicht anfechtbaren Vorgängen in der natürlichen Welt wurzelt.

Philosophie ist insofern eine im Ort wurzelnde Übung. Sie kommt vom Körper und aus dem Herzen und wird anhand gemeinschaftlicher Erfahrung überprüft. (Die Großmütterweisheit schöpft Verdacht, wenn die Männer zu lange im Langhaus sitzen und reden, während sie eigentlich die Netze flicken müssten oder dergleichen. Sie sind dann auf dem besten Weg, Ärger zu bereiten, höchstwahrscheinlich erfinden sie den Staat.) Wir schließen den Kreis, wenn wir anerkennen, dass man den Dorfältesten Beachtung schenken muss und ebenso den weisen Alten des Abendlandes, die wunderbarerweise mithilfe der eigentlich sehr fragilen Institution der Bibliothek bewahrt werden konnten.

An einem Abend gab ich eine Dichterlesung in der Schule von Kobuk. Es war der Abend, an dem John Cooper zum ersten Mal dort auftauchte. Er hatte, von seiner Hütte am Ambler River im Süden kommend, vierzig Meilen mit seinem Hundeschlitten zurückgelegt, um ein paar Gedichte zu hören. Das Funksprechgerät war ausgeschaltet. Alle Hunde der Welt begannen zu bellen, als der Schlitten mit seiner Hundemeute eintraf. Ich hatte John Anfang der siebziger Jahre an der Colorado State University kennengelernt, wo er Range Management studierte und auf dem Weg war, zu einem Verteidiger der Wildnis zu werden. Die Zuhörerschaft bestand aus einheimischer Bevölkerung und ein paar weißen Lehrern — einige hatten noch nie zuvor eine öffentliche Dichterlesung erlebt. Später am Abend sprachen wir dann über die Sänger und Trommler, die die Tänzer begleiten, und über die Ähnlichkeit ihrer Rolle mit der eines Dichters. Ein Inupiaq-Pärchen, das ebenfalls von außerhalb zur Lesung gekommen war, äußerte sich zum Alter des Mythos. Unsere Vorfahren, sagten sie, haben dieselben Geschichten wie die Griechen, oder wie die Menschen in Indien und die anderen Ureinwohner Amerikas erzählt. *Wir alle hatten eine klassische Kultur.*

Einige Fragen zu den fernöstlichen Zivilisationen kamen auf, und ich lieh einer nachdenklichen Frau, die sowohl in der Kultur der Ureinwohner als auch in der Kirche eine führende Rolle spielte, ein Exemplar von Lǎozǐs »Dàodéjīng«. Zwei Tage später gab sie es mir zurück, und bei einer Tasse Kaffee sagte sie: »Alt. Dieses Buch ist wirklich alt und weise. Es war mir nicht bewusst, dass die Chinesen so weit zurückgehen.« Ich fragte sie nach ihrem Engagement in der Kirche, weil ich wusste, dass ihr auch die Wiederbelebung der Spiritualität der Inupiaq sehr am Herzen lag. »Es ist schön, auch bei einer internationalen Sache mitzumachen und ein Teil davon zu sein. Ich wusste bisher nichts über Indien und China und über deren Denken. Aber weil ich in der Kirche bin, habe ich überall Freunde, und Menschen, die ich treffe, wenn ich nach Seattle fahre.«

Steve und ich reisten dann eines Morgens sehr früh von Shungnak ab. Wir fuhren mit zwei Motorschlitten zur Start- und Landebahn; Raben hüpften um einen Hund herum, der im Schnee schlief, und Frostluft wehte bis zum Old Man Mountain zurück und noch weiter bis in die Einkerbung in den Hügeln, wo der Weg nach Bornite hindurchführt. Am Vorabend hatte in der Schule ein Basketballspiel stattgefunden, und die Mädchen des Dorfs waren gekommen, um die Gastmannschaft abreisen zu sehen. Zwei der Mädchen hängten sich an die Flügel der Maschine der Ambler Airlines, sie weinten und schluchzten laut nach ihren neuen Freunden, wofür sie von den etwas älteren Mädchen zurechtgewiesen wurden, die ihnen erklärten, es sei »uncool«, sich so zu verhalten. An Bord der Maschine war noch eine andere Mannschaft, die zu einem Spiel nach Fairbanks unterwegs war, ein reines Frauenteam, die »Ambler Grizzlyettes«. Solange der Ölpreis in Alaska auf diesem hohen Niveau blieb, konnten die Fluglinien der Buschflieger hier nur mit dem High School-Basketball ihre Kosten decken.

»Prudhoe Bay«, sagte John Cooper. »Ich habe hier früher immer den Sommer über gearbeitet. Die Typen an der Prudhoe Bay arbeiten im ›Sieben-Zwölfer Rhythmus‹, d. h. sieben Tage die Woche und zwölf Stunden täglich. Sie verpulvern alles an Kokain.«

Natur schreibt

Eines der formalen Kriterien humanistischer Gelehrsamkeit ist die intensive Lektüre von Texten. Ein Text ist Information, die über die Zeiten hinweg aufbewahrt wurde. Die geologische Schichtung der Felsen, die Pollenschichten im Moor und die sich von innen nach außen ausdehnenden Jahresringe eines Baumstumpfs, sie alle können als Texte gesehen werden. Die Kalligraphie von Flüssen, die sich vor und zurück durch das Land winden und dort Spuren des alten Flussbetts hinterlassen, auch das ist Text. Die historischen Schichten, die sich in der Sprache ablagern, werden zu einem Text der Sprache selbst. In seinem Buch »Proto-Indo-European Trees« identifiziert Paul Friedrich die »semantisch Primitiven« innerhalb des indo-europäischen Sprachstamms anhand einer Gruppe von Worten, die sich in zwölftausend Jahren nicht wesentlich verändert haben; und dabei handelt es sich um die Namen von Bäumen: besonders Birke, Weide, Erle, Ulme, Esche, Apfel und Buche (bher, wyt, alysos, ulmo, os, abul, bhago). Samensilben, ›bija‹, vom Leben des Westens.

Im alten China haben Wahrsager die Panzer von Schildkröten über dem Feuer erhitzt, bis sie in Stücke sprangen, und aus den Formen der Bruchstücke lasen sie Bedeutung heraus. Bei den Chinesen existiert die Vorstellung, die Schrift habe mit dem Abschreiben und Nachbilden dieser Bruchstücke begonnen. Jedes Schreiben bezieht sich auf natürliche Materialien. Die jetzige Form der chinesischen Schriftzeichen mit ihren Häkchen und rechten Winkeln kam auf, als die Han-Chinesen dazu übergingen, die Zeichen, statt sie mit einem Stift in präparierte Bambusrohre zu ritzen, mit dem Kaninchenhaarpinsel auf saugfähiges Papier aus Maulbeerblattfasern zu zeichnen, mit Tinte, die aus Kiefernholzruß hergestellt wurde. Die Formen der chinesischen Schriftzeichen zeigen den Ablauf, nach dem sich eine Pinselspitze dreht, wenn sie vom Blatt gehoben wird. Das Heben des Pinsels, eines Stichels, einer Feder oder eines Stifts ist wie das Loslassen des Bisses oder das Öffnen und Anheben einer Kralle.

Leichte Flugzeuge, schwankend im Wind wie Papierdrachen. An den langen Tagen des arktischen Frühlings fliegt man zu jeder Zeit, am Tag und nachts. Den Weg südlich von Bettles genommen, hinuntergeglitten und auf Kufen durch den Schnee gerutscht. In Fairbanks besuchte ich Erik Granquist, einen finnischen Paleotaxidermiker, um bei ihm seine gerade beendete

Rekonstruktion des Körpers einer frühen Bisonart zu besichtigen, der vor 36.000 Jahren verendet war. Damals befand sich der Bison noch im Labor der Universität. Es handelte sich um ein eher kleines, sehr schön festes, gedrängtes, ausgestopftes Tier, dessen Haut jetzt einen bläulichen Farbton hat. Eriks vorangegangenes Projekt war die Arbeit an einem Mammut mit wollenem Fell in Polen, das dort entdeckt wurde, wo es vor vielen tausend Jahren in eine Salzlagerstätte gestürzt war.

Er zeigte mir, wie man die Geschichte des Bisons aus dem Pleistozän liest: »Er steht auf seinen vier Beinen, die gerade nach unten zusammengedrückt sind, denn ein Bison kippt nicht wie ein Elch auf die Seite, wenn er getötet wird, er sinkt gerade nach unten. Diese Kratzspuren an der Seite wurden ihm von dem Löwen zugefügt, der ihn von hinten angegriffen hat. Der Löwe unterschied sich nicht von einem heutigen afrikanischen Löwen. Man kann die Spuren der Krallen sehen und die Bissstellen der Reißzähne. Sie entsprechen genau der Breite und Größe des Gebisses eines Löwen von heute. Und es gibt Risse an der Nase und Krallenspuren unter dem Kiefer und auf dem Nacken, die darauf hinweisen, dass ein zweiter Löwe ihn an der Nase gepackt hatte und niederhielt. Weiterhin zeigt die Art und Weise, wie die Haut geöffnet wurde, dass sie von hinten her gefressen haben, sie nahmen sich den Rückenstreifen entlang der Wirbelsäule bis zum Schwanz vor und haben den Kadaver dann liegen lassen. Sie haben weder den Schädel noch den Nacken gefressen, deshalb ist er genau so an Ort und Stelle geblieben, wie er zu Boden gegangen ist, und nur eine Hautpartie längs der Wirbelsäule wurde aufgerissen. Kurz nachdem die Löwen ihn zurückließen, gab es eine Wetterumschwung, und der Kadaver gefror. Es war im Herbst. Im darauf folgenden Frühling (es war auf dem Nordhang) wurde der gefrorene Bison, der noch immer auf seinen vier Beinen stand, vom Schlick, der im oberen Bereich des Hangs geschmolzen war, überspült und auf diese Weise zugedeckt und in den Permafrost getragen und luftdicht versiegelt, und er blieb gefroren, bis er vor ein paar Jahren im Zuge des dortigen hydraulischen Bergbaus herausgewaschen wurde.«

Erik erzählte mir dann, wie er an seinem Geburtstag, am Ende der Präparationsarbeiten, ein winziges Stück von dem Fleisch feierlich verspeist hat, das jahrtausendelang gefroren und dann per Hubschrauber in ein Kühlhaus transportiert worden war. Dieser Bisonkörper — eine Gedichtzeile, die aus einem uralten Manuskript gerettet wurde — kann nun in der University of Alaska in einer Vitrine besichtigt werden, er wird dort »Babe« genannt.

Die westliche Kultur ist noch nicht sehr alt, gemessen an einem die Zeiten transzendierenden Bisonkörper oder an der stets wandernden Kalligraphie eines Flusses, der sich die Niederungen des Yukon hinunterbewegt, oder gemessen an dem kosmopolitischen Charakter der uralten zirkumpolaren Traditionen, die mit dem Volk der Kuuvangmiut zusammenhängen. Der euro-amerikanische Humanismus ist eine Geschichte von Schriftstellern und Gelehrten gewesen, die von ihrem Eintauchen in frühere Literaturen und Geschichten tief bewegt und verändert worden sind. Ihre Schriften haben vor allem nützliche kulturelle — weniger theologische oder biologische — Sichtweisen der Situation des Menschen geliefert. Die Griechen aus der Zeit des Perikles haben die homerischen Überlieferungen verarbeitet, die bis in die Bronzezeit und noch weiter zurückreichen. Die Römer haben durch das Studium Griechenlands ihren Horizont erweitert. Suchende Geister der Renaissance haben die Griechen und Römer in sich aufgenommen. Und gegenwärtig erforscht eine neue Generation von Posthumanisten die kleinen Völker unseres Planeten, lernt dabei, das »Primitive« zu würdigen und findet in ihrer Vorgeschichte immer mehr Reichtümer. Wir bekommen eine schwache Ahnung von der Mächtigkeit unserer letztlich einzigen Wurzel. Die wilde Natur gehört unauflösbar in das Gewebe von Selbst und Kultur. Die Silbe »Post« im Begriff des *Posthumanismus* verdankt sich dem Wort ›human‹. Der Dialog, der in einem nächsten Schritt zu eröffnen sein wird, müsste zwischen allen Lebewesen stattfinden, und zwar in Hinblick auf eine Rhetorik der ökologischen Beziehungen. Es geht hier nicht darum, das Menschliche abzuwerten: Gerade das »rechte Nachdenken über die Menschheit« ist es, was es ausmacht, Mensch zu sein. Es reicht nicht aus, in der Schule gelernt zu haben, dass wir mit allem anderen verwandt sind — wir müssen es auch voll und ganz empfinden. Dann können wir einzigartig »menschlich« sein, ohne jedes besondere Privileg. Wasser ist der Kōan von Wasser, wie Dōgen sagt, und die Menschen sind ihr eigener Kōan. Die Grizzlybären oder die Wale oder die Rhesusaffen oder die Ratten — sie würden es unendlich lieber sehen, wenn die Menschen — insbesondere die Euro-Amerikaner — *sich selbst* voll und ganz kennen lernten, bevor sie sich in Bären- oder Walforschungen stürzten.

Wenn die Menschen sich selbst erkennen, ist der Rest der Natur tatsächlich gegenwärtig. Das ist ein Teil dessen, was die Buddhisten ›Dharma‹ nennen.

LEOPARDENMÜTTER

Das Wort ›Grammatik‹ wird von Sprachwissenschaftlern verwendet und bezeichnet die Beschreibung der Struktur einer Sprache und das System von Regeln, die sie bestimmen. Eine Grammatik ist wie ein Korb, der Sätze in der betreffenden Sprache enthalten kann, die alle einen Sinn ergeben. In früheren Zeiten haben Sprachforscher mitunter geschriebene und gesprochene Sprache verwechselt. Das wird schon am Wort

›Grammatik‹ deutlich: das griechische Wort ›γράμμα‹ (gramma) bedeutet »Buchstabe«, und es enthält die Wurzel ›gerebh‹ bzw. ›grebh‹, im Englischen ›to scratch‹ [kratzen] und ›kerf‹ [Kerbe], ›graph‹ [Schrift], ›to carve‹ [schnitzen]. ›Grammatik‹ kommt von ›gramma technē‹ (gewebte Kratzer / gewebtes Gekritzel). Aber es ist ziemlich klar, dass die primäre Existenz der Sprache (in vielen Sprachen mit dem Wort ›Zunge‹ identisch) im Ereignis liegt, in der Äußerung, der Entäußerung. Sprache ist nicht ein Schnitzwerk — sie ist ein Wirbel des Atems, ein Windhauch in den Kiefern.

Metaphern von der »Natur als Buch« sind nicht nur ungenau, sie sind sogar schädlich. Die Welt mag zwar von Zeichen übersättigt sein, sie ist aber kein fixierter Text mit ganzen Archiven von Kommentaren. Die übermäßige Bindung an das Buch als Modell geht mit der Annahme einher, vor Beginn der Geschichtsschreibung habe sich nichts ereignet, was von wirklichem Interesse gewesen wäre. Systeme des Schreibens gewähren einen Vorteil. Diejenigen, die des Schreibens mächtig waren, haben sich den Schreibunkundigen gegenüber für überlegen gehalten, und Menschen mit einer Heiligen Schrift haben sich über diejenigen gestellt, die volkstümlichen traditionellen Religionen angehörten, unabhängig vom Reichtum ihres Mythos und Zeremoniells.

Von Fairbanks reiste ich in südlicher Richtung weiter nach Anchorage. Eines Abends waren Ron Scollon und ich in der Pioneer Bar in Anchorage: Ich erzählte ihm von meiner Tour zum Kobuk River, und er brachte mich die Linguistik betreffend auf den neuesten Stand. Ron und Suzanne Scollon sind Linguisten. Sie haben jahrelang die athapaskische Sprachfamilie erforscht und Aufsätze veröffentlicht, in denen sie ihre Beobachtungen über die Spracherlernung athapaskischer und kaukasischer Kleinkinder in den subarktischen Dörfern beschreiben.

Und so kam ich im Gespräch mit ihm auf meinen Gedanken zurück, dass Sprache zu unserer biologischen Natur gehört, und dass das Schreiben nur eine Fußspur im Schnee sei. Ich fragte ihn: »Ron, gehört Sprache nicht in gewisser Weise zur Biologie?«

Rons Antwort lief im Wesentlichen auf einen Kurzvortrag folgenden Inhalts hinaus: »Wilhelm von Humboldt — möglicherweise war er hier ein wenig von seinem Bruder Alexander beeinflusst — hat den Anfang mit seiner Speziations-Metapher [d. h. mit der Metapher von der biologischen Artenbildung] gemacht, die er sowohl auf organische Phänomene als auch auf die Sprache anwandte. Seither wurden Sprachen so behandelt, als sei jede eine andere Spezies, und frühere historische Linguisten sprachen von einer Art Darwinschem Wettbewerb der Sprachen. Aber in der Biologie gibt es kein Konvergieren der Arten — es gibt nur ein Divergieren. Sämtliche Sprachen gehören derselben Spezies an und können sich miteinander kreuzen; insofern können sie doch konvergieren. Das Kräftespiel zwischen den Sprachen ist nicht nur von Konkurrenz oder Wettbewerb geprägt, sondern es ist auch familiär und ökologisch. Und es gibt keinerlei evolutionäre Verbesserung, die sich aus der Sprachgeschichte herleiten ließe: Alle Sprachen funktionieren gleich gut, und jede hat ihre eigene Eleganz. Eine ›leistungsstärkste‹ oder ›beste‹ Sprache gibt es nicht. Englisch wurde lediglich aufgrund der Abenteuerlust der Engländer und Amerikaner zur internationalen Sprache. Das Englische ist ein reichhaltiger Misthaufen, der aus halb kompostierten Vokabeln besteht und aufgrund der Niederlage gegen die Normannen noch zusätzlich in Unordnung geraten ist — eine wahrhaft kreolisierte Sprache, die dann das Glück hatte, zur zweiten Weltsprache zu werden. Tatsache ist, dass Veränderungen in der Sprache, Vokalverschiebungen, Konsonantenverschiebungen oder Tendenzen in Richtung einer einfacheren oder komplexeren Grammatik anscheinend in keiner Weise Reaktionen auf irgendwelche Bedürfnisse der Praxis sind.«

»Nun ja, dann treffen die Prinzipien der Evolution hier also nicht zu. Aber was kann man über ökologische Kräfte sagen? Die Menschen sind noch immer eine wilde Spezies (unsere Fortpflanzung wurde bislang nie mit dem Ziel eines bestimmten Ertrags reglementiert) — stimmst Du zu, wenn ich sage, dass auch die Sprache wild ist? Die grundlegenden Strukturen sind nicht domestiziert bzw. kultiviert worden. Sie gehören zur wilden Seite des Geistes.« »Sicher«, antwortete er.

»Wenn aber Sprache nur eine Spezies ist, dann muss es ein paar andere Kreaturen in deiner Geisteswildnis geben, mit denen sie interagiert, denn bei einer Wildnis handelt es sich um ein System. Wenn Sprache der Bison aus der Eiszeit ist — was ist dann der Löwe?«

»Ha! Wenn Sprache ein Pflanzenfresser ist, dann steht sie nicht an der Spitze der Nahrungskette. Man könnte sagen, ›Dichtung‹ sei der Löwe, weil Dichtung auf jeden Fall natürliche Sprache auffrisst und intensiviert. Aber vor dem Hintergrund, dass fast alles Denken von der Sprache eingefärbt ist und Dichtung eine Teilmenge des Sprachgebrauchs ist, trifft das wiederum nicht zu. Ich würde sagen, dass es der unkonditionierte Geist-im-Augenblick ist, der Sprache frisst, verändert, hinter sie kommt. Kunst bzw. kreatives Spiel tut dies, indem sie direkt zur Frische und Einzigartigkeit des Augenblicks kommt, und zur direkten, unmittelbaren Erfahrung.«

Ron stellte mich mit einer Whorfschen[*] Frage auf die Probe: »Gibt es überhaupt irgendeine Erfahrung, die nicht durch Sprache vermittelt wird?« Ich knallte mein großes Bierglas

---

[*] [Benjamin Lee Whorf (1897–1941), amerikanischer Sprachforscher, untersuchte die Sprachen nordamerikanischer Indianer und stellte die Hypothese auf, dass die Sprache und ihre Struktur das Denken und die Weltsicht einer ganzen Kultur prägt, die sog. Sapir-Whorf-Hypothese.]

scheppernd auf den Tisch, und ein paar Kneipengäste schreckten auf und schauten zu uns herüber. An dieser Stelle mussten wir abbrechen und laut loslachen, weil alles immer auf ein ganz gewöhnliches Rätsel hinausläuft. Unser Tisch stand unter einem Karibukopf mit ausladendem, verzweigtem Geweih.

Alle meine intellektuellen Bekannten Alaskas – Ureinwohner wie auch Weiße – haben sich an den Versuchen beteiligt, die eingeborenen Sprachen am Leben zu erhalten. Michael Krauss, James Kari, Gary Holthaus, die Scollons, Katherine Peters, Richard und Nora Dauenhauer, Elsie Mather, Steve Grubis, Lehrer wie die Boenischs und der Ökologe und Anthropologe Richard Nelson – ihnen allen lag das Thema Sprache sehr am Herzen. Krauss, Leiter des Alaska Native Languages Center, ist nicht optimistisch: die Jüngsten, die die eingeborenen Sprachen noch sprechen, werden von Jahr zu Jahr älter. Kobuk ist in dieser Hinsicht einer der stabilsten Orte, aber auch hier, wurde mir gesagt, waren die jüngsten Sprecher ihrer Sprache schon über fünfzehn Jahre alt, und die Kinder auf dem Schulhof sprachen Englisch. Obwohl es für den gesamten Bundesstaat Alaska ein Programm zur Förderung der zweisprachigen Erziehung, sehr gute bilinguale Texte und auch Texte zum Erlernen der eingeborenen Sprache gibt, ist es mit alledem nicht allzu gut bestellt. Die meisten Familien sehen die Zukunft wohl im Englischen, vor allem, was die wirtschaftlichen Erfolgschancen ihrer Kinder angeht, und deshalb bemühen sie sich nicht, zu Hause in ihrer Sprache bzw.»Sprache« zu sprechen. (In Australien hörte ich immer, dass, wenn von lokalen Mundarten die Rede war, in diesem Zusammenhang nur von »Sprache« gesprochen wurde.»Spricht sie ›Sprache‹?«)

Es kann sein, dass es sich um eine vorübergehende Phase handelt. Möglicherweise werden die eingeborenen Sprachen ihre Stärke wiedergewinnen. Es würde der Sache helfen, wenn

Lehrer und Verwaltungsbeamte, die in den Vereinigten Staaten ausgebildet werden, die ja — abgesehen von ein paar Gebieten — massiv einsprachig sind, zur Einsicht gelangten, dass Zweisprachigkeit weder selten noch schwierig ist. Ein Beamter, dem das Spanisch an der High School ein Gräuel war, kann sich nicht vorstellen, dass ein kleines Eskimomädchen problemlos zweisprachig aufwachsen kann. Früher war der kosmopolitische Charakter der vielen weltweit vorhandenen Mosaiksteine kleiner, bioregional verwurzelter Nationen durch eine allgemein verbreitete Vielsprachigkeit garantiert. Ein Ältester der Yu'pik, der vor ein paar Jahren auf der Karibujagd verstarb — er ist beim Überqueren eines Flusses ertrunken — galt als einer der letzten Vertreter der multilingualen älteren Generation. Von ihm war bekannt, dass er Yu'pik, Dena'ina (eine Athapaska-Sprache), Russisch, Englisch und etwas Inupiaq sprach.

Die Rede von einer »Ökologie der Sprache« sollte vielleicht mit der Anerkennung einer allgemeinen Koexistenz von Ebenen, Codices, Slangs, Dialekten, ganzen Sprachen — auch von nebeneinander existierenden Sprachen aus verschiedenen Familien — beginnen, so, wie sie in einem Sprecher vorhanden ist. John Gumperz beschreibt in einer Sprachstudie die gewöhnliche Situation in einem nordindischen Dorf, wo »lokale Dialekte von den meisten Dorfbewohnern als ortsbezogene Umgangssprache verwendet werden. Daneben kann es einige Gruppen von Unberührbaren geben, die ihre eigene Mundart sprechen. Zusätzlich zu den lokalen Umgangssprachen existieren mehrere Jargons. Eine Ausprägung dieser subregionalen Dialekte wird von den Händlern des in der Nähe liegenden Basars gesprochen. Weitere unterschiedliche Formen können von umherziehenden Schaustellern oder von religiösen Asketen gebraucht werden — wandernde Asketen des Krishnakults sprechen vielleicht Braj Bihar, während diejenigen, die Ram huldigen, eher Avadhi sprechen würden. Hindi als Standardsprache wird mit Gebildeten von außerhalb gesprochen. (...) Im Geschäftsverkehr oder im Kontakt zu gebildeten Muslimen wird Urdu verwendet. Darüber hinaus ist in den gebildeten Schichten das Englische geläufig, und einige besitzen zumindest etwas Kenntnis des Sanskrit.«*

Und damit sind wir wieder in den Dörfern. Die lokale Mischung aus Dialekten und Standard-Sprachen ist dem jeweiligen Ort eigen. Sie alle wurzeln in der Natur; aber ihre Äste und Klettergewächse ranken weltweit. (Aber heute Abend sehen die Menschen in der Wildnis Alaskas über Satellit fern, in McGrath, Kobuk oder Kiana, und vielleicht sehen sie dasselbe Programm, das hier gerade im Fernsehgerät der Bar zu sehen ist.)

An diesem Punkt kommen vielleicht die Klassiker zum Zuge. Die Klassik liefert eine Art Norm. Keine statistische Norm eines Behaviorismus, sondern eine Norm, die sich durch ihre nachhaltige, bleibende Kraft und einen lebendigen, bewussten Konsens bewährt hat. Dass sie im Laufe der Geschichte ihre Kraft bewahrt haben, hat zu tun mit dem Maß an Intentionalität, Intensität, Achtsamkeit, mit Offenheit für das Spielerische und mit der Integration früherer Strategien und Normen in das Medium — einschließlich einer kreativen Wiederverwendung oder wiederkehrenden Interpretationen der überkommenen Formen, mit intellektueller Stringenz, mit einer die Zeiten überdauernden, langfristig gültigen menschlichen Relevanz und mit Resonanzen zu tiefen Bildern des Unbewussten. Um diesen Status zu erreichen, muss ein Text oder eine Erzählung in vielen Nationen Aufnahme finden und über

---

* [John Gumperz, Religion and Social Communication in Village North India, in: JOURNAL OF ASIAN STUDIES, 23 (Juni 1964), S. 89–96.]

Jahrtausende und nationale Grenzen hinweg wirken und aufgenommen werden.

Der unmittelbare Zeitrahmen der menschlichen Erfahrung ist das Klima und die Ökologie des Holozän — das ist der »gegenwärtige Moment«, d.h. die zehn- oder elftausend Jahre seit der letzten Eiszeit. Einige Erzählungen der traditionellen Literaturen sind wohl so alt — neben einer großen Menge an späterer Literatur, die aus Elementen komponiert wurde, die den ältesten Traditionen entlehnt sind. Während dieser Zeit waren die menschlichen Populationen relativ klein, und Reisen wurden zu Fuß, auf dem Pferd oder mit Segelschiffen unternommen. Ob in Griechenland, Germanien oder in Han-China — immer gab es Wälder in der Nähe und wilde Tiere, wandernde Wasservögel, Meere voller Fische und Wale, und all das war Teil der Erfahrung jeder tätigen Person. Tiere tauchen als Charaktere der Literatur und als überall anzutreffende Gegenwart in der Vorstellung und in den Archetypen der Religion auf, weil sie einfach *da waren*. Ideen und Bilder von Ödland, von Unwettern, Wildnisgebieten und Bergen werden nicht aus einer Abstraktion geboren, sondern aus dem Erleben, aus der Erfahrung — ›cisalpin‹ [diesseits der Alpen], ›hyperboreal‹ [»jenseits des Nördlichen«, Boreas war der Gott des Nordwinds], ›zirkumpolar‹ [die Verbreitung von Arten innerhalb einer oder mehrerer Klimazonen], transpazifisch oder jenseits der Grenzen des Bekannten. Das ist die Welt, in der die Menschen bis zum späten 19. Jahrhundert lebten. (Wann war die Weltbevölkerung ungefähr halb so groß wie heute? In den 1970er Jahren.)

Die Lebensbedingungen im hohen Norden kommen noch immer der Welterfahrung der Jäger und Sammler nahe, einer Art von Welt, die nicht nur die Wiege, sondern auch das junge Erwachsenenalter der Menschheit gewesen ist. Der Norden hat immer noch ein Wildnissystem, das zu seinem größten Teil intakt ist. Es gibt eine relativ kleine Gruppe von zähen, abgehärteten Individuen, die als Jäger und Sammler leben und gelernt haben, sich mit jener achtsamen Intensität zu bewegen, wie sie für frühe Erfahrungen des Menschen grundlegend war. Es ist nicht die »frontier«, die Grenze zwischen Wildnis und Zivilisation, sondern das aus der Eiszeit Verbliebene in seiner ganzen Pracht von Lachs, Bär, Karibu, Hirsch, Enten und Gänsen, Walen und Walrossen und Elchen. Natürlich wird es das nicht mehr lange geben. Im arktischen Rückzugsgebiet des Wildes wird nach Öl gebohrt und der Tongass Forest in Südostalaska wurde in einem Maß abgeholzt und mit Straßen durchzogen, wie man es sich kaum vorstellen kann.

Der Norden der neuen Welt ist ein Fenster in Europas Vergangenheit. Woher kommt der heilige Lachs der Kelten, woher die Björns und Brauns und Brun(hilde)s, (bhar, »Bär«), der nordeuropäischen Literatur, die Delphine der mediterranen Welt, die Bärentänze der Artemis, die Löwenhaut des Herakles — wenn nicht aus den wilden Systemen, in deren Nähe die Menschen lebten? Das Fortbestehen dieser wunderbaren Geschöpfe in der Literatur und in der Vorstellungswelt zeigt, wie wichtig sie für die Gesundheit unserer Seelen sind.

Ron und ich sprachen dann über China. Wir beide teilten dieses gemeinsame Interesse: Alaska schätzten wir als den offensten und wildesten Ort im Norden — einer der wildesten Teile der Erde überhaupt, die heute noch übrig geblieben sind — und China als die am stärksten literarisch durchdrungene Zivilisation. Beide sind auf dem Globus nicht so sehr weit voneinander entfernt. Und beide scheinen auf eine eigene Weise ihrem jeweiligen Ende entgegenzugehen. Aber China — so destruktiv seine jüngste ökologische Entwicklung auch sein mag — ist eine große Zivilisation, die vielleicht mithilfe des dünnen Fadens einer fortdauernden Traditionslinie der überlebenden

Wildheit vital bleiben wird (wie Miao-Gesänge und Chan-Gedichte); und von Alaska wird möglicherweise etwas überleben, wenn die neu dort angekommenen Euro-Amerikaner sich zu einer postindustriellen Bevölkerung von Liebhabern der Wildnis wandeln — durch die Magie der Gefahren, die von Zeit zu Zeit drohen, durch die rund um die Uhr andauernde Finsternis, durch das Licht, das auch in der Nacht nicht verschwindet, durch die Leere, die Nutzlosigkeit, Gesichtslosigkeit, den gefrierenden Atem, geräucherten Fisch. Die Zeitung in Anchorage berichtete, dass wieder einmal zwei Elche über den Parkplatz eines Einkaufszentrums marschiert sind — die Shopping-Mall direkt gegenüber dem Fichtenwald, der in die Chugach Mountains hinaufführt.

Eine junge Frau, eine Weiße, stellte mir einmal folgende Frage (allerdings in einem ganz anderen Zusammenhang): »Wenn wir so von den Tieren profitieren: Wir essen sie, wir besingen sie in Liedern, wir zeichnen sie, reiten auf ihnen, träumen von ihnen — was bekommen sie von uns zurück?« Eine sehr gute Frage, die direkt auf Anständigkeit und gute Umgangsformen abzielt, und sie aus der Perspektive der Tiere stellt. Die Ainu sagen, dass das Rotwild, der Lachs und der Bär unsere Musik mögen und von unseren Sprachen fasziniert sind. Also singen wir Lieder für die Fische oder das Wild, sprechen Worte zu ihnen, sprechen ein Tischgebet. Und von Zeit zu Zeit tanzen wir für sie. Ein Lied zum Mittagessen: In der tief in der Welt verankerten Ökonomie des Schenkens ist eine kleine Darbietung ein gebräuchliches Zahlungsmittel. Die anderen Lebewesen finden uns vielleicht ein wenig frivol: Wir wechseln ständig unsere Kleidung, wir essen zu viele unterschiedliche Dinge. Ich habe immer das Gefühl, dass die nichtmenschliche Natur der Menschheit wohlwollend gegenübersteht. Sie würde sich nur wünschen, die Menschen würden es umgekehrt ebenso halten und wären nicht so blutrünstig.

Gary Holthaus, viele Jahre in Alaska ansässig und erster Direktor des Alaska Humanities Forum, traf sich mit mir zum Frühstück ins Kellergeschoss des Captain Cook Hotels. Ich hatte am Vortag am Jahrestreffen des Forums teilgenommen und dort über meine Zeit bei den Kuuvangmiut berichtet. (In den siebziger Jahren, als wir zusammen zu dem in Südalaska liegenden Yu'pik-Dorf namens Aleknagik reisten, sah ich ihm einmal zu, wie er seinen Marc Aurel-Band im Gepäck verstaute.) Wir sprachen über einige Themen des Treffens vom vorangegangenen Tag, und waren nicht in der Stimmung, allzu freundlich über das Projekt des Humanismus zu denken. Wir waren uns einig darüber, dass dem Humanismus das wahre Leben des Mythos, der Poesie und der Werte nicht wirklich am Herzen gelegen war. Die griechischen Denker haben mit einem mündlichen Fundus erstaunlich lebendiger Gesänge und Geschichten *begonnen* — mit der homerischen Dichtung und mit Hesiod. Aber ihre humanistischen Studien entwickelten sich dann zu jener seltsam formalistischen, verkrampften Beschäftigung mit Sprache.

Es hatte sich eine Nische aufgetan in den Räumen zwischen Schamane, Priester, Dichter und Mythenkundigem. Diese Nische war die Stadt, der kleine Stadtstaat. Das Denken in der Stadt spiegelte eine Art Wettstreit wider: auf der einen Seite die poetische und mythische Sichtweise der Dörfer, auf der anderen der alltägliche Diskurs und die Berichterstattung, die *Reportage* der Städte. Im Grunde handelte es sich um einen Wettstreit zwischen der Subsistenzwirtschaft und dem Mehrwert — den zentralisierten Kaufleuten. Und so waren die Philosophen — die Sophisten — Instrukteure der reichen jungen Männer, denen sie beibrachten, in der Öffentlichkeit wirkungsvoll zu argumentieren. Sie haben ihre Sache gut gemacht. Sie sind die Gründerväter des gesamten intellektuellen Stammbaums des Abendlandes. Neunzig Prozent dessen, was die sogenannten Humanisten die gesamte Geschichte hindurch getan haben, war, mit der Sprache herumzuspielen: Grammatik, Rhetorik und dann Philologie. Zweieinhalbtausend Jahre lang haben sie nicht nur an das Wort geglaubt, sondern auch an dessen richtiges Format, die richtige äußere Form. Und wenn einige Franzosen heute versuchen, das Wort auseinanderzunehmen, dann liegt es daran, dass sie in derselben Tradition stehen und von derselben Obsession getrieben werden. Doch gab es auch ein paar gute Leute in dieser Tradition: Hypatia mit ihrem mathematisch-intellektuellen Heidentum und Petrarca, der erste moderne Bergsteiger und der erste Dichter, der mit lokalen Sprachen und Mundarten arbeitete — um nur zwei Beispiele zu nennen. »Gutes Sprechen hat nichts mit spezifisch Abendländischem, hoher sozialer Klasse oder mit hohem Bildungsstand zu tun. Ich habe an hunderten von Treffen teilgenommen, und ein Gutteil davon fand im Busch, in der Wildnis statt. Yu'pik, oder Inupiaq oder Gwi'chin — sie sprechen alle frei und kommen auf den Punkt. Und sie haben das nicht von der Cicero-Lektüre in der Schule«, meinte Holthaus.

Thoreau schrieb über »diese unermessliche, wilde, heulende Mutter von uns allen, Natur, überall herumliegend, von solcher Schönheit, und solcher Liebe zu ihren Kindern, wie die Leopardin, und wir — wir werden so früh ihrer Brust entwöhnt, hin zur Gesellschaft.« Ist es möglich, dass eine Gesellschaft als ganze ein besseres Einvernehmen mit der Natur findet, und nicht nur dadurch, dass man ihr — als Sammler oder Jäger — auf der Nahrungssuche gegenübertritt? Thoreau antwortet: »Die Spanier haben einen guten Begriff, um dieses wilde und dunkle Wissen zum Ausdruck zu bringen, gramatica parda, gelb-braune, lohfarbene Grammatik, eine Art von Mutterschlauheit und Weisheit, die sich von eben jener Leopardin herleitet, über die ich gerade gesprochen habe.« Grammatik nicht nur der Sprache, sondern auch der Kultur und der Zivilisation selbst, und sie folgt derselben Ordnung wie dieser kleine, bemooste Bach im Wald, wie jener runde Stein in der Wüste.

In einer seiner Reden sagt Dōgen: »Sich selbst vorwärts zu schleppen und Myriaden von Dingen zu erfahren ist Täuschung. Aber die Myriaden von Dingen, wie sie herankommen und sich selbst erfahren, sind Erwachen.«

Wenn wir dies auf die Sprachtheorie anwenden, so legt der Satz meiner Meinung nach die Aussage nahe, es sei eine Täuschung, wenn abendländische, am Logos ausgerichtete Philosophen die Sprache zu einer ausschließlich menschlichen Gabe machen, die als Ordnerin des chaotischen Universums diene. Der subtile, vielschichtige Kosmos des Universums hat seinen Weg in die symbolische Struktur hinein gefunden, und hat uns Tausende von lohfarbenen Grammatiken der menschlichen Sprache geschenkt.

IV
Gut, wild, heilig

DAS WILDE AUSMERZEN

Ich lebe mit meiner Familie seit den 70er Jahren auf einem Stück Land in den Bergen der Sierra Nevada in Nordkalifornien. Die Bergrücken und Abhänge dort sind zwar irgendwie »wild«, sie sind aber nicht besonders »gut«. Die ursprüngliche Bevölkerung, die Nisenan (oder südliche Maidu) sind während der ersten Dekaden des Goldrauschs fast vollständig vertrieben oder ausgerottet worden. Es scheint so, als wäre niemand mehr da, der uns zeigen könnte, welche Orte früher als »heilig« angesehen wurden. Allerdings glaube ich, wenn wir uns noch etwas Zeit geben und achtsam sind, werden wir in der Lage sein, sie wahrzunehmen und wiederzufinden.

Wildes Land, gutes Land, heiliges Land. Bei der Arbeit daheim auf unserem Hof in den Bergen und bei politischen Zusammenkünften in unserem Städtchen, aber auch draußen, weit entfernt von zu Hause, höre ich diese Worte, wenn ich mich mit den Problemen der indigenen Bevölkerung beschäftige. Beim Nachdenken über diese drei Kategorien ergeben sich vielleicht Einsichten in die Probleme des Wohnens auf dem Land, des subsistenten Lebens, der Erhaltung der Wildnis und des Widerstandes der Dritten und Vierten Welt gegen die Begehrlichkeiten der industriellen Zivilisation.

Unsere Vorstellung vom *guten* Land kommt aus der Landwirtschaft. Die Bedeutung von »gut« — wie in »guter Boden« — beschreibt hier nur die Produktivität des Landes und bezieht sich auf eine schmale Bandbreite von wenigen Kulturpflanzen. Folglich wird in der Landwirtschaft dem Gegenteil von »wild«, nämlich dem Kultivierten, der Vorzug gegeben. Beim Anbau von Feldfrüchten bekämpft man Käfer und Insekten, verscheucht die Vögel und jätet das Unkraut. Das Wilde, das weiterhin hineingeflogen oder -gekrochen kommt oder sich Gänge gräbt, bedeutet schiere Frustration. Dennoch kann man die wilde Natur nicht unproduktiv nennen, und in den zahllosen Mosaiken von Mikro- und Makrogemeinschaften ist keine Pflanze jemals fehl am Platz. Den Jäger- und Sammlervölkern, für die das gesamte Spektrum des Reichtums, das wilde natürliche System die ökonomische Grundlage darstellt, wird ein kultiviertes Stück Land ganz seltsam, geradezu bizarr vorkommen, jedenfalls sicherlich nicht auf den ersten Blick »gut«. Sammler durchkämmen das gesamte Areal und legen täglich große Strecken zurück. Menschen, die Ackerbau betreiben, leben nach einer Landkarte, bestehend aus produktiven Knotenpunkten (den gerodeten Feldern), die durch Linien miteinander verbunden sind (Pfade durch den bedrohlichen Wald) — so beginnt das »Lineare«.

Für die Menschen vor der Zeit des Ackerbaus waren die Orte, die man für heilig hielt und die man besonders achtete und pflegte, selbstverständlich wild. In den frühen agrarischen Zivilisationen wurden rituell kultiviertes Land oder bestimmte Tempelbereiche manchmal als heilig angesehen. Die Fruchtbarkeitsreligionen jener Zeit erfreuten sich nicht unbedingt an der Fruchtbarkeit der gesamten Natur, sondern waren in erster Linie auf die jeweilige eigene Ernte ausgerichtet. Die Idee der Kultivierung wurde begrifflich erweitert — sie beschrieb nun die Erlernung sozialer Umgangsformen, die die Zugehörigkeit zu einer Elite sicherstellen sollten. Mithilfe der Metapher der

»spirituellen Kultivierung« wurde einem heiligen Menschen das Wilde seines Wesens ausgemerzt. Das ist agrarische Theologie. Den Clans von ›bos‹ und ›sus‹ — Rind und Schwein — wurde das Wilde ausgetrieben, was die Tiere, die in der Wildnis intelligent und hellwach sind, zu trägen Maschinen für die Fleischproduktion machte.

Von den ursprünglichen Wäldern haben bestimmte Baumgruppen oder Haine bis in die Zeit der Klassik als »heilige Stätten« überdauert. Die Machthaber in den Metropolen haben sie mit ambivalenten Gefühlen betrachtet. Diese Orte konnten überleben, weil die Menschen, die das Land bearbeiteten, noch immer bis zu einem gewissen Grad den Ruf der alten Zeiten befolgten — das überlieferte Wissen aus der Zeit vor dem Ackerbau wurde noch immer flüsternd weitergegeben. Die Könige Israels begannen, diese heiligen Haine abzuholzen, und die Christen führten dieses Werk zu Ende. Dass »wild« gleichzeitig auch »heilig« bedeuten könnte, kehrte erst durch die Bewegung der Romantik in die abendländische Vorstellungswelt zurück. Diese Wiederentdeckung der wilden Natur im 19. Jahrhundert ist ein komplexes europäisches Phänomen — eine Reaktion auf den formalistischen Rationalismus und den aufgeklärten Despotismus, die das Gefühl, den Instinkt, einen neuen Nationalismus und eine sentimentale Kultur der Volkstümlichkeit ansprach. Nur in sehr alten, um bestimmte Orte zentrierten Kulturen ist noch die Rede von heiligen Hainen und von heiligem Land, wenn von echtem Glauben und wirklicher Praxis gesprochen wird. Teil dessen ist die Tradition der Allmende: »Gutes« Land wird zu Privateigentum; das Wilde und das Heilige steht allen zur Verfügung.

Überall auf der Welt sehen sich die ursprünglichen Bewohner von Wüsten, Dschungeln und Wäldern immer wieder Wellen gnadenloser Übergriffe bis in ihre entferntesten, entlegensten Territorien ausgesetzt. Diese Ländereien hatte man ihnen überlassen — vertraglich geregelt oder aufgrund von Versäumnissen —, weil die herrschende Gesellschaft glaubte, die arktische Tundra, die unfruchtbare Wüste oder die Dschungelwälder seien »nicht gut«, sie seien zu nichts nütze. Überall führen eingeborene Völker unter erschwerten Bedingungen und fast ohne finanzielle Mittel einen Kampf gegen unermesslich reiche Großunternehmen und leisten dabei Widerstand gegen die Abholzung der Wälder, gegen die Suche nach Erdöl und gegen den Uranabbau auf ihrem eigenen Land. Sie führen diesen Kampf nicht nur deshalb fort, weil das Land schon immer ihre Heimat war, sondern auch, weil ihnen einige der Orte heilig sind. Das motiviert sie, mit dem Mut der Verzweiflung zu kämpfen, um der mächtigen Versuchung zu widerstehen, sich kaufen zu lassen — das Geld anzunehmen und die Umsiedlung zu akzeptieren. Doch manchmal sind Versuchung und Verwirrung zu groß, und sie kapitulieren und ziehen fort.

Der traditionelle religiöse Gebrauch bestimmter Orte wirft einige wirklich wichtige und aktuelle politische Fragen auf. Im Frühjahr 1982 war ich zusammen mit Russell Means, dem Aktivisten und frühen Mitglied des American Indian Movement, auf einer Veranstaltung der Universität von Montana, wo er um Unterstützung für das Yellow Thunder Camp der Lakota und anderer Indianer aus den Black Hills warb. Das Thunder Camp befand sich auf traditionellem Stammesland, das damals unter der Verwaltung des Forest Service stand. Die Menschen dort wollten die weitere Ausdehnung des Bergbaus in die Black Hills hinein verhindern. Der betreffende Ort sei nicht nur ein Ort der Ahnen, lautete ihr Argument, sondern auch heilig.

Jerry Brown hat in seiner Amtszeit als Gouverneur von Kalifornien die Native American Heritage Commission ins Leben gerufen, die speziell für die kalifornischen Indianer gedacht war, und einige Älteste wurden damit beauftragt, heilige Orte und Stätten sowie Grabstellen der Ureinwohner zu benennen und zu schützen. Damit sollte möglichen Konflikten zwischen der Urbevölkerung und den privaten Landbesitzern oder den für staatliches Land zuständigen Beamten zuvorgekommen werden. Diese planen Bauprojekte auf dem Grund und Boden, der heute als ihr Privateigentum gilt. Häufig wird dabei um traditionelle Grabstellen gestritten. Die Maßnahme erforderte großes Einfühlungsvermögen, was allerdings den weißen Wählern kaum zu vermitteln war. Durch die Gemeinden der eingeborenen Bevölkerung ging damals eine Woge der Zustimmung und Anerkennung. Obwohl die weißen, christlichen Gründer der Vereinigten Staaten bei der Religionsfreiheit wahrscheinlich nicht an die religiösen Vorstellungen der Indianer gedacht haben, kam es in all den Jahren doch zu einigen Gerichtsentscheidungen, die den Kirchen der amerikanischen Ureinwohner Unterstützung zusprachen. Allerdings widersetzten sich die herrschende Kultur und die Justiz einer Zusammenführung von Religion und Land. Dieser uralte Aspekt einer tiefen religiösen Achtung vor dem Land bleibt für Euro-Amerikaner schlechthin unverständlich. Tatsächlich könnte nämlich folgendes eintreten: Wenn kleine Teile des Landes als heilig angesehen werden, hat das die Folge, dass sie für alle Zeiten unverkäuflich sind und auch nicht der *Steuerpflicht* unterliegen. Und das bedeutet eine wirkliche Bedrohung für die Forderungen einer endlos expandierenden materialistischen Wirtschaft.

WASSERSTELLEN

In einer Gruppe von Jägern und Sammlern wird das gesamte Territorium der Gruppe von allen etwa in der gleichen Weise erfahren. Diese wilden und heiligen Stätten haben viele Bedeutungen und Zwecke. Es gibt Orte, an die sich die Frauen in Abgeschiedenheit zurückziehen, Plätze, wohin die Verstorbenen gebracht werden, und Stellen, zu denen die jungen Männer und Frauen gerufen werden, um dort eine besondere Unterweisung zu erhalten. Solche Orte sind numinos, sie sind aufgeladen mit Bedeutung und Kraft. Das Gedächtnis solcher Orte reicht weit zurück. Nanao Sakaki, John Stokes und ich waren im Herbst 1981 auf Einladung des Aboriginal Arts Board in Australien, um dort Vorträge zu halten und Lesungen und Workshops zu veranstalten, an denen Führungspersönlichkeiten der Aborigines und auch Kinder teilnahmen. Die meiste Zeit waren wir in der zentralaustralischen Wüste im Süden und Westen von Alice Springs unterwegs, und zwar zunächst im Stammesterritorium der Pitjantjara und dann dreihundert Meilen nördlich im Gebiet der Pintubi. Die Aborigines in der Wüste dort in der Mitte Australiens sprechen noch ihre eigenen Sprachen. Ihre Religion ist weitgehend unberührt geblieben, und die meisten jungen Männer durchlaufen mit vierzehn Jahren ihre Initiation, auch diejenigen, die auf die High School in Alice Springs gehen. Sie gehen für ein Jahr von der High School ab; man nimmt sie mit in den Busch, damit sie zu Fuß das Leben im Busch erlernen, sich dort das überlieferte Wissen von der Landschaft, den Pflanzen und den Tieren aneignen und schließlich ihre Initiation durchlaufen.

Wir fuhren in Begleitung eines Ältesten der Pintubi namens Jimmy Tjungurrayi mit dem Lastwagen über eine Staubpiste westlich von Alice Springs. Während wir den staubigen Weg entlangrollten, auf der Ladefläche des Wagens sitzend, begann er plötzlich, sehr schnell auf mich einzureden. Er sprach über einen Berg in der Nähe und erzählte dann eine Geschichte, wie in der Traumzeit einige kleine Kängurus zu dem Berg kamen und dort in eine Auseinandersetzung mit ein paar Eidechsenmädchen gerieten. Er hatte die eine Geschichte kaum zu Ende erzählt, als er schon mit einer neuen Geschichte begann, die sich bei einem weiteren nahegelegenen Berg und dann eine, die sich an noch einer anderen Stelle ereignet hatte. Ich konnte ihm nicht recht folgen. Nach etwa einer halben Stunde begriff ich, dass es sich um Geschichten handelte, die eigentlich *beim Gehen* erzählt wurden, sodass ich gerade in den Genuss einer beschleunigten Version dessen kam, was auf einem Fußmarsch gemächlich über viele Tage hinweg erzählt wird. Mr. Tjungurrayi fühlte sich freundlicherweise genötigt, mir eine große Menge seines Wissens mitzuteilen, einfach aufgrund der Tatsache, dass ich da war.

Führen wir uns einmal die Zeit vor Augen, als man zu Fuß Hunderte von Meilen unterwegs war, und in schnellem Tempo, häufig nachts, nächtelang marschierte und tagsüber im Schatten einer Akazie schlief. Diese Geschichten wurden während des Gehens erzählt. Auf diesen gemeinsam mit einer älteren Person unternommenen Reisen prägte man sich eine Landkarte ein, voll mit überliefertem Wissen und Gesang und mit praktischen Informationen. Und dann, mit sich allein, konnte man diese Lieder singen, um sich in all dies zurückzuversetzen. Und vielleicht konnte man zu einem Ort reisen, an dem man noch nie war, geführt allein von den erlernten Liedern.

Wir schlugen unser Lager bei einer Ilpili genannten Wasserstelle auf, wo wir ein Rendezvous mit einigen Pintubi hatten, die in der Wüste der Umgegend zu Hause waren. Das Ilpili-Wasserloch misst knapp einen Meter im Durchmesser und ist etwa fünfzehn Zentimeter tief, eine kleine feuchte schattige Stelle im Busch, wo es viele Finken gibt. Die Leute kampieren in einer halben Meile Entfernung. In einem Gebiet von Zehntausenden von Quadratmeilen ist dies das einzige Wasserloch, das auch in trockenen Zeiten stets gefüllt ist. Ein Ort, der nach altem Brauch für jedermann zugänglich ist. Bis spät in die Nacht saßen Jimmy und die anderen alten Männer um ein Feuer aus Dornbuschholz, sangen einen Zyklus von Reiseliedern, und wanderten in der Vorstellung und in der Musik durch einen Raum aus Wüste. Sie hielten in ihrem Gesang einen beständigen rhythmischen Takt, indem sie zwei Bumerangs gegeneinander schlugen. Zwischen zwei Liedern hielten sie inne, summten eine Phrase oder zwei, diskutierten ein wenig über den Text und fingen wieder an. Man gab seinem Nebenmann den Vortritt und ließ ihn beginnen. Jimmy erklärte mir, dass es so viele Reiseliederzyklen gab, die sie sich nicht alle in Erinnerung rufen konnten und sie ständig üben müssten.

Jeden Abend würden wir mit der Frage beginnen: »Was wollen wir singen?«, und würden dann zu einer Antwort kommen wie: »Lasst uns den Weg nach Darwin singen.« Und dann würden wir anfangen zu diskutieren, zu singen und den Rhythmus zu schlagen, den ganzen Weg bis nach Darwin. Es war gerade Vollmond: Ein paar Wolken sind am Himmel und treiben im kühlen Licht und im milden Wüstenwind dahin. Ich hatte gemerkt, dass die Alten schwarzen Tee mochten, und ich würde ihnen mehrere Male eine Kanne auf dem Feuer kochen, immer mit sehr viel weißem Zucker, gerade so, wie sie es haben wollten. Die Sänger würden aufhören, wenn ihnen danach wäre. Ich würde Jimmy dann fragen: »Wie weit seid ihr heute Nacht gekommen?« Und er würde antworten: »Nun ja, wir haben es ungefähr drei Viertel bis Darwin geschafft.« Man kann dies als ein Beispiel sehen für die vielen Möglichkeiten, wie in den Gesellschaften ohne schriftliche Überlieferung Landschaft, Mythos und Information miteinander verflochten wurden.

Als wir eines Tages in der Nähe von Ilpili mit dem Wagen unterwegs waren, hielten wir, und Jimmy und die drei anderen älteren Herren stiegen aus. Er sagte. »Wir nehmen Dich jetzt mit zu einem heiligen Ort. Ich schätze Du bist alt genug.« Sie wandten sich an die Jungen und sagten ihnen, sie sollten zurückbleiben. Wir stiegen den felsigen Hügel empor, und die normalerweise sehr lebhaften, laut sprechenden Aborigines-Männer senkten ihre Stimmen. Als wir noch höher kamen, unterhielten sie sich nur noch im Flüsterton, ihr ganzes Verhalten war verändert. Einer sagte, fast unhörbar: »Nun sind wir ganz in die Nähe.« Dann gingen sie auf die Knie und krabbelten auf allen Vieren weiter. Wir krochen die letzten sechzig Meter so, über eine kleine Erhebung zu einer kleineren Senke mit gebrochenen, sonderbar geformten Felsen. Sie flüsterten uns voller Respekt und mit Ehrfurcht zu, was dort war. Anschließend machten wir uns alle auf den Rückweg. Wir krochen den Hügel hinab, erst an einem bestimmten Punkt standen wir auf und gingen aufrecht weiter. Ein Stückchen weiter wurden die Stimmen lauter. Als wir am Lastwagen angelangten, sprachen alle wieder mit lauter Stimme, und der heilige Ort wurde nicht mehr erwähnt.

Sehr kraftvoll. Sehr konzentriert. Später erfuhren wir, dass es tatsächlich ein Ort war, zu dem junge Männer für eine Zeremonie geführt werden.

Ich reiste mit dem leichten Lastwagen über Hunderte von Meilen auf groben Pisten weiter und wanderte in die Berge und das felsige Land hinauf, wo die Straßen aufhörten. Ich wurde zu besonderen Plätzen geführt. Dort gab es einzigartige Felsblöcke, und jedes ihrer Gesichter, jede ihrer Facetten war eine Überraschung. Es gab dort die plötzliche Öffnung einer steilwandigen Schlucht, an einer Stelle, wo zwei Felsen aufeinandertreffen, mit einem kleinen Sandbett zwischen ihnen und ein paar grünen Büschen, und mit laut rufenden Papageien. Wir gelangten über Felswände von einem Plateau hinunter zu einem Wasserloch, das man dort nicht vermutet hätte, wo ein etwa hundert Meter hoher, klingenförmiger Felsen emporragte, auf der Spitze balancierend. Jeder dieser Orte war ungewöhnlich, geradezu fantastisch, und manchmal voller Leben. Oft gab es Bilderzeichen in der Nähe. Man beschrieb sie mir als Orte der Lehre, und bei einigen handelte es sich um »Traumorte« für bestimmte Ahnen eines Totems, die für ein Gebiet von Zehntausenden von Quadratmeilen in den Liedern und Geschichten ihren festen Platz haben.

»Träumen« bzw. »Traumzeit« verweist auf eine Zeit fließender Formen, sich wandelnder Gestalten, des Gesprächs zwischen den Spezies und der Intersexualität, der radikal schöpferischen Wendung, der Umgestaltung ganzer Landschaften. Dies wird häufig als eine »mythische Vergangenheit« aufgefasst — aber es findet in Wirklichkeit in *keiner* Zeit statt. Man könnte genauso gut sagen, es sei *jetzt*. Es handelt sich um die Erscheinungsform des ewigen Moments des Erschaffens, des Schöpfens und des Seins, im Gegensatz zum Modus von Ursache und Wirkung in der Zeit. Zeit ist der Bereich, in dem die Menschen hauptsächlich leben, und in dem sich nach landläufiger Vorstellung Geschichte, Evolution und Fortschritt ereignen. Dōgen hat zu Beginn des Winters 1240 einen schwierigen aber gleichzeitig auch spielerischen Vortrag über die Auflösung dieser beiden Modi gehalten. Er trägt den Titel »Sein–Zeit«[*].

In der australischen Überlieferung ist der Traum-Ort eines Totems erstens für die Angehörigen dieses Totems da, die manchmal dorthin Pilgerfahrten unternehmen. Zweitens ist er heilig, etwa für die Honigtopfameisen, die dort tatsächlich leben — es gibt Hunderttausende von ihnen. Drittens handelt es sich um eine Art platonische Höhle des idealen Honigtopfameisen-Daseins, vielleicht um den Schöpfungsort aller Honigtopfameisen überhaupt. Er verbindet auf mysteriöse Weise das Wesen des Ameise-Seins mit den Archetypen der menschlichen Psyche und baut Brücken zwischen der Menschheit, den Ameisen und der Wüste. Der Ort der Honigtopfameisen ist

---

[*] [Es handelt sich um das Kapitel ›Uji‹ (Sein–Zeit) aus dem ›Shōbōgenzō‹, Dōgens literarischen Hauptwerk.]

in Geschichten, Tänzen und Liedern zu finden, und es handelt sich um einen wirklichen Ort, der auch ein optimaler Lebensraum für ganze Heerscharen von Ameisen ist. Oder ein Traum-Ort des grünen Papageien: Die Geschichten werden von den Spuren der Ahnen berichten, die sich durch die Landschaft ziehen und am Traum-Ort Halt machen, und tatsächlich handelt es sich dort um einen geradezu idealen Ort für Papageien. All dies ist ebenso eine völlig andere Art, das auszudrücken, was die Naturwissenschaften sagen, wie es auch eine weitere Reihe von Metaphern für die Lehre der Huayan zong, der Avatamsaka-Sūtra ist.

Die Heiligkeit schließt auch einen optimalen Lebensraum für eine bestimmte Art unserer Verwandtschaft ein, die dort draußen lebt — Kleinkängurus, rote Kängurus, Buschtruthähne, Eidechsen. Geoffrey Blainey sagt hierzu: »Das Land war ihre Kapelle, und ihre Altäre waren Hügel, Wasserläufe, und ihre religiösen Reliquien waren Tiere, Pflanzen und Vögel. Deshalb waren die Wanderbewegungen der Aborigines — obwohl sie von wirtschaftlichen Bedürfnissen ausgelöst wurden — immer auch Pilgerfahrten.« ›Gut‹ (vielem Leben förderlich), ›Wild‹ (natürlich) und ›Heilig‹ waren eins.

Dieses Leben, so zerbrechlich und geschunden es auch ist, gibt es noch heute. Jetzt wird es bedroht durch japanische Anliegen und andere Projekte des Uranbergbaus, durch riesige Kupferminen und Petroleumbohrungen. Die Frage der Heiligkeit ist inzwischen sehr politisch geworden — so sehr, dass das australische Ministry of Aboriginal Affairs mehrere bilinguale Anthropologen beschäftigt, die mit den Ältesten der verschiedenen Stämme zusammenarbeiten, um zu versuchen, die heiligen Stätten zu identifizieren und kartographisch zu erfassen. Große Hoffnung war in die australische Regierung gesetzt worden, dass sie verantwortungsbewusst handeln und bestimmte Gebiete für gesperrt erklären würde, bevor Explorationsteams sich ihnen auch nur näherten. Angesichts der Tatsache, dass es in der Region um Kimberly, ebenso in Nincoomba, bereits mehrere Konfrontationen im Zusammenhang mit Ölerkundungsarbeiten gegeben hatte, gewannen derartige Bestrebungen besondere Bedeutung. Die lokale Urbevölkerung konnte sich dort mit Menschenketten behaupten, die sich den Bulldozern und Bohrgeräten in den Weg stellten. Die mediale Berichterstattung über diesen Widerstand gewann einen Teil der australischen Öffentlichkeit für die Sache der betroffenen Aborigines. Da in Australien die Bergbaurechte der Grundstückseigentümer »der Krone« vorbehalten sind, könnten sogar Ranches in Privatbesitz dem Bergbau zum Opfer fallen. Heiliges Land zu einer besonderen Kategorie zu machen, ist — schon rein theoretisch — ein Schachzug, der sich recht weit vorwagt. Aber es ist auch eine ziemlich unsichere Angelegenheit. Eine »offiziell registrierte Stätte« in der Nähe von Alice Springs wurde von Bulldozern überrollt, wahrscheinlich aufgrund der Weisung eines Ministers der Regierung, und dies, obwohl das betreffende Stück Land der Bundeszuständigkeit unterlag, die in diesen Fragen eigentlich eine eher wohlwollende Politik verfolgt.

Schreine

Die Ureinwohner Japans, die Ainu, hatten eine besondere Art, über die Heiligkeit und Besonderheit des ganzen Ökosystems zu sprechen. Ihr Wort ›iworu‹ bedeutet »Feld« und schließt Wassereinzugsgebiete, Pflanzen- und Tiergemeinschaften und die spirituelle Kraft mit ein — die Kräfte hinter den Masken und der Panzerung, hayakpe, der verschiedenen Lebewesen. Das iworu des großen Braunbären wäre das Gebirgshabitat — zusammen mit dem System von Tälern und

Niederungen — in dem der Bär dominant ist, und es würde gleichzeitig auch die mythische und spirituelle Welt des Bären umfassen. Das iworu des Lachses wären die unteren Stromgebiete mit allen ihren Nebenflüssen (und den dazugehörenden Pflanzengemeinschaften) und es würde sich ins Meer hinaus erstrecken, in Bereiche des Meeres, von denen man nur vermuten kann, dass die Lachse sich dort herumtreiben. Das Bären-Feld, das Hirsch-Feld, das Lachs-Feld, das Orka-Feld.

In der Welt der Ainu liegen ein paar Häuser in einem Tal an einem kleinen Fluss. Die Hauseingänge zeigen alle nach Osten. In der Mitte jedes Hauses liegt die Feuerstelle. Das Sonnenlicht strömt an jedem Morgen durch die östliche Tür herein und berührt das Feuer, und sie sagen hierzu, dass die Sonnengöttin ihre Schwester, die Feuergöttin, an der Feuerstelle besucht. Man darf die Sonnenstrahlen, die auf ein Feuer scheinen, nicht kreuzen — das würde den Kontakt unterbrechen. Nahrung findet sich oft in der Umgebung, aber einige der Lebewesen kommen vom Inneren des Gebirges herab, und sie steigen auf aus den Tiefen des Meeres. Das Tier, der Fisch oder die Pflanze, die es gestatten, getötet oder gesammelt zu werden, und die dann das Haus betreten, um dort verzehrt zu werden, werden »Besucher« genannt, ›marapto‹.

Der Herr des Meeres ist Orka, der Killerwal; der Herr der inneren Gebirgsbereiche ist der Bär. Der Bär schickt seine Freunde, die Hirsche, hinunter, damit sie den Menschen einen Besuch abstatten. Orka schickt seine Freunde, die Lachse, die Bäche hinauf. Wenn sie ankommen, »wird ihr Panzer gebrochen« — sie werden getötet —, wodurch sie in die Lage versetzt werden, ihre Pelz- oder Schuppenmäntel abzuwerfen und als unsichtbare geistige Wesen hervorzutreten. Dann freuen sie sich daran, den menschlichen Vergnügungen zuzuschauen — Saké und Musik. (Sie lieben Musik.) Die Menschen singen Lieder über sie und essen ihr Fleisch. Nachdem sie sich an ihrem Besuch erfreut haben, kehren sie ins tiefe Meer und in das Innere der Berge zurück und berichten: »Es war schön zu Besuch bei den Menschen.« Die anderen werden so angespornt, selbst einen solchen Besuch abzustatten. Und wenn die Menschen bei der Unterhaltung ihrer Hirsch-, Lachs- oder Wildpflanzen-marapto nicht die Gesetze der Gastfreundschaft verletzen — Musik und gutes Benehmen —, dann werden diese Lebewesen wiedergeboren, und sie werden immer wieder zurückkehren. So kommt es zu einer Art spiritueller Hege der Wildbestände.

Das moderne Japan ist ein ganz anderes Beispiel: ein erfolgreiches Industrieland mit Überbleibseln eines intakten Bewusstseins für heilige Landschaft. Überall auf den japanischen Inseln gibt es Shintō-Schreine. Shintō, »der Weg der Geister«. Kami sind eine formlose »Macht«, die in gewisser Weise in jedem Ding gegenwärtig ist, die aber hinsichtlich Kraft und Präsenz in bestimmten herausragenden Objekten intensiviert ist, etwa in großen, seltsam gedrehten Felsblöcken, in sehr alten Bäumen oder in donnernden, nebligen Wasserfällen. Besondere Erscheinungsformen und Anomalitäten in der Landschaft sind stets Anzeichen vom kami — spirituelle Kraft, Gegenwärtigkeit, geistige Verfassung, Energie. Das gewaltigste der kami-Zentren ist der Berg Fuji. Man nimmt heute an, dass sich der Name ›Fuji‹ von der Feuergöttin herleitet, der einzigen, die über der ›kimun kamui‹, der Berggottheit, dem Bären, steht und ihn schelten und in die Schranken weisen kann. Der gesamte Fuji ist ein Shintō-Schrein, der größte der Nation, er reicht von unterhalb der Baumgrenze bis zum Gipfel. (Viele Ortsnamen, die von den vertriebenen Ainu stammen, sind in Japan noch geläufig.)

Shintō bekam einen schlechten Klang während der dreißiger Jahre und im Zweiten Weltkrieg, weil die Japaner einen künstlichen Staats-Shintō geschaffen hatten, der in den Dienst von Militarismus und Nationalismus gestellt wurde. Dieser Staats-Shintō und der Volks-Shintō wurden im Bewusstsein vieler Euro-Amerikaner durcheinandergebracht. Schon lange vor dem Entstehen eines Staates waren die japanischen Inseln übersät mit kleinen Schreinen — jinja und omiya —, die Teil der neolithischen Dorfkultur waren. Sogar mitten in der voranschreitenden Industrialisierung des gegenwärtigen Systems bleibt das Umland eines Schreins tabu, es darf nicht angetastet werden. Die Haare würden dem Betrachter zu Berge stehen, wenn er mitansähe, wie ein japanischer Immobilienunternehmer einen schönen, alten Kiefernhang mit Planierraupen dem Erdboden gleichmacht, um dort eine neue Stadt zu errichten. Als im Hafen von Kobe die neue Insel geschaffen wurde, um auf diese Weise Kobe zum zweitgrößten Hafen der Welt nach Rotterdam zu machen, wurde eine ganze Hügelkette zehn Meilen südlich der Stadt abgetragen, und in der Bucht wieder aufgeschüttet. Die Erde wurde zwölf Jahre lang mit Schleppkähnen dorthin transportiert — eine nicht enden wollende Reihe von Schleppkähnen nahm die Erde von gigantischen Förderbändern auf, die zwei Hügelketten von der Küste entfernt die Landschaft planierten. Das entstandene flache Gelände wurde zu einem Neubaugebiet. Es ist nicht so, dass im industriellen Japan »nichts heilig« wäre — es ist vielmehr so, dass das Heilige heilig ist — aber sonst ist nichts heilig.

Wir sind dankbar für diese mikroskopisch kleinen Spuren geretteten Landes in Japan, denn für diese heiligen Stätten gilt, dass abseits von Gebäuden und Wegen nichts beschnitten oder abgesägt, nichts gepflegt, gesäubert oder gejätet wird. Keine Jagd, kein Angeln, kein Feuer, kein Löschen von Feuer: Auf diese Weise sind uns, mitten in den Städten, einige wenige Bestände uralten Waldes geblieben. Man kann in ein kleines jinja eintreten und steht einer achthundert Jahre alten Sicheltanne

(Cryptomeria japonica) oder Sugi (jap. 杉), auch Japanische Zeder genannt, gegenüber. Ohne diese Heiligtümer wüssten wir nicht so gut, wie die japanischen Wälder ursprünglich ausgesehen haben könnten. Aber eine solche Bildung kleiner Enklaven ist nicht gesund: Diesem patriarchalischen Modell zufolge wird — wie eine jungfräuliche Priesterin — ein wenig Land gerettet. Das übrige Land wird — wie eine Ehefrau — endlos und übermäßig bearbeitet, viele Flächen werden auf brutale Weise öffentlich umgestaltet — wie ein zügelloses Mädchen, das für promisk erklärt und dafür bestraft wird. Gut, wild und heilig könnten nicht weiter auseinander liegen.

Europa und der Mittlere Osten waren früher mit heiligen Stätten übersät. Man nannte sie »heilige Hainen«. Möglicherweise befanden sich in weit zurückliegender Vergangenheit die heiligsten Stätten ganz Europas unter den Pyrenäen, dort, wo die großartigen Höhlenmalereien sind. Ich vermute, sie waren vor dreißigtausend Jahren Teil eines religiösen Zentrums, wo Tiere unterirdisch »ersonnen« wurden. Vielleicht war es ein Traum-Ort oder der Gedanke, dass die geheimen Herzen der Tiere auf diese Weise unter der Erde verborgen wurden — ein Weg, sie vor dem Aussterben zu bewahren. Aber viele Tierarten sind ausgestorben, einige sogar schon bevor die Zeit der Höhlenmalerei zu Ende war. Viele andere Spezies sind in den letzten zweitausend Jahren verschwunden, sie fielen der Zivilisation zum Opfer. Die Expansion des Abendlandes brachte einen beschleunigten Abbau der Lebensräume mit sich, aber es ist interessant festzustellen, dass derartige politische und ökonomische Prozesse schon auf den Weg gebracht waren, bevor jene Expansion begonnen hatte. Die Ausrottung von Tierarten, die Verarmung und Versklavung der ländlichen Bevölkerung und die Verfolgung von Traditionen, die der Natur huldigten, waren schon lange ein Teil Europas.

Aus den Gesellschaften, die sie hinter sich ließen, hatten die französisch- und englischstämmigen Entdecker Nordamerikas, die frühen Pelztierhändler, keine innere Einstellung mitgebracht, die sie gemahnt hätte, der wilden Natur mit Ehrfurcht gegenüberzutreten. Sie stießen auf vieles, das ihnen Furcht und Schrecken einflößte, und dies hat sehr großen Eindruck auf sie gemacht. Einige haben sich gar den Indianern angeschlossen und sind zu Einwohnern der Neuen Welt geworden. Diese wenigen, meist vergessenen Ausnahmen wurden von den Händlern, freien Unternehmern, und dann später von den Siedlern ins Abseits gedrängt und überrollt. In der amerikanischen Geschichte schlugen sich immer einige — tatsächlich oder in ihrem Lebensstil — auf die Seite der Indianer, und einige begriffen auch schon im 18. Jahrhundert, dass die Welt, wie sie sie dort vorfanden, kleiner werden und schließlich verschwinden würde. Im Fernen Osten und in Europa ist die Vorstellung von einem uralten Wald oder einer ursprünglichen Grassteppe mit all den herrlichen Geschöpfen, die dort lebten, heute bloß eine alte Erzählung aus der neolithischen Zeit. Im Westen der Vereinigten Staaten war dies die Welt unserer Großmütter. Heute ist dieser Verlust für viele Menschen immer wieder Anlass zur Trauer. Für die amerikanische Urbevölkerung bedeutete es den Verlust ihres Landes, ihres traditionellen Lebens und der Ursprünge ihrer Kultur.

Wahre Natur

Als Thoreau an seinem Teich lebte, pflanzte er Gemüse, damit »die Gartenerde ›Bohnen‹ sagt«. Es ist keineswegs verwerflich, das Land nach den eigenen Vorstellungen so zu bearbeiten, dass es Erträge abwirft. Aber wir müssen uns auch fragen: Was kann Mutter Natur am besten, wenn man sie mit ihren langfristigen Strategien alleine lässt? Wie würde die Vegetation eines Orts aussehen, die dort das volle Potenzial ausschöpft. Denn das Land, auch vernachlässigtes und ausgebeutetes, wird das Gleichgewicht zwischen biologischer Produktivität und Stabilität wiederherstellen — wenn es nur der Natur überlassen wird (zi-ran, das Selbst-So). Eine hochentwickelte postindustrielle »zukünftig-primitive« Landwirtschaft wird sich der Frage stellen müssen: Gibt es einen Weg, den wir in die Richtung gehen können, die die Natur einschlägt? Dann entscheide Dich — etwa in New England — für Laubbäume; dort wo ich lebe, nimm eine Mischung aus Kiefern und Eichen, mit Kit-kit-dizze-Büschen* als Bodendeckern. Und es läge — nicht nur langfristig — im Interesse des Menschen, Gartenbau, Landwirtschaft und Forstwirtschaft *mit* der Natur zu betreiben, mit dem Wind statt gegen ihn.

Die Untersuchungen von Wes Jackson legen den Schluss nahe, dass eine vielfältige, auf winterharten Pflanzen beruhende Landwirtschaft verspricht, die zukünftigen, dem Ort gemäß lebenden Gemeinschaften langfristig zu ernähren. Das setzt die Anerkennung der Tatsache voraus, dass der Ursprung von Fruchtbarkeit letztlich »das Wilde« ist. Jemand hat einmal gesagt: »Guter Boden ist gut wegen der Wildnis, die in ihm enthalten ist.« — Wie kann *das* von einem siegreichen König gewährt werden, der seine Kriegsbeute verteilt? — Die Einfalt der »spanischen Landkonzessionen« und des »Grundbesitzes«. Die Macht, die uns gutes Land gibt, ist keine andere als Gaia selbst, das ganze Netzwerk. Möglicherweise war die gesamte zivilisierte Landwirtschaft von Anfang an auf dem falschen Weg, als sie sich auf die Monokultur von einjährigen Pflanzen verlassen hat. Dieses Argument wird von Wes Jack-

---

* [Kit-kit-dizze, indianische Bezeichnung des Mountain Misery Buschs (Chamaebatia foliolosa.]

son in seinem Buch »New Roots for Agriculture« (1980) näher ausgeführt. Ich stimme mit seinen Ansichten überein, und ich weiß, dass damit weitergehende Fragen nach der Zivilisation überhaupt gestellt werden — mit dieser Kritik habe ich mich an anderer Stelle befasst. Es sei hier nur gesagt, dass nicht alle Arten wirtschaftlicher und gesellschaftlicher Organisationsformen, die mit dem Wort »Zivilisation« bezeichnet werden, als von vornherein nützliche Formen akzeptiert werden können. Die Zivilisation auf den Prüfstand zu stellen heißt aber auch nicht, alle Inhalte von Kultivierung abzulehnen.

Das englische Wort ›cultivation‹ (Kultivierung), das sich etymologisch von »til« und »wheel about« (deutsch etwa: beackern, bebauen und herumfahren sowie umdrehen) herleiten lässt, verweist allgemein auf eine Bewegung weg vom natürlichen Prozess. Im Ackerbau wird dies zur »Hemmung der Sukzession«, zur »Etablierung der Monokultur«. Auf das Spirituelle übertragen hat dies Enthaltsamkeit, Gehorsam gegenüber der religiösen Autorität, langes Studium der Schriften bedeutet, oder in bestimmten Traditionen eine dualistische Frömmigkeit (die scharf zwischen »Schöpfung« und »Schöpfer« unterscheidet) und ein alles überragendes Bild der »zentralisierten« Gottheit — ein weit entfernter, einzelner Punkt der Perfektion, auf den man hinsteuert. Eine solche spirituelle Praxis erfordert einen Aufwand, der mitunter eine Art Kampf gegen die Natur ist: Das Menschliche wird dem Tierischen übergeordnet und das Spirituelle dem Menschlichen. Die am weitesten fortentwickelte moderne Spielart hierarchischer Spiritualität ist das Werk von Pierre Teilhard de Chardin, der für die Menschheit eine besondere spirituelle Bestimmung beansprucht, unter dem Vorzeichen eines höheren Bewusstseins. Einige der extremsten Vertreter dieses spirituellen Darwinismus würden freiwillig gerne den Rest des ans irdische gebundenen Tier- und Pflanzenlebens hinter sich lassen, um in einen Bereich jenseits dieses Planeten einzutreten, der die Biologie transzendiert. Dieser anthropozentrischen Ausrichtung einiger Denker des New Age tritt die radikale Kritik der deep ecology-Bewegung entschieden entgegen.

Für das Soziale hat Kultivierung stets bedeutet, dass man Sprache, Wissen und Verhaltensweisen übernimmt, die die Mitgliedschaft in der Klasse der Elite gewährleisten – und dies stets in scharfem Kontrast zu »volkstümlich-bodenständigem« Verhalten. In Wahrheit können die Verhaltensregeln von Dorfbewohnern oder Nomaden (Charles Montagu Doughty, schwarzen Kaffee mit seinen beduinischen Gastgebern in der arabischen Wüste trinkend) genauso ausgefeilt, komplex und bewusst gewählt sein wie diejenigen der Städter.

Und es gibt das Training, das Üben. Die Welt bewegt sich in Komplementärbegriffen wie jung und alt, töricht und weise, reif oder unreif, roh oder gekocht. Auch Tiere erlernen angesichts von Begehren und Verfügbarkeit Selbstdisziplin und Vorsicht. Es gibt ein Lernen und Einüben *mit* dem Wesen der Dinge, wie es genauso eines gegen sie gibt. Im frühen chinesischen Taoismus bedeutete »Training« nicht, die Wildheit aus sich selbst »herauszukultivieren«, sondern mit willkürlicher, irreführender Konditionierung Schluss zu machen. Zhuāngzǐ scheint die Auffassung zu vertreten, dass sämtliche gesellschaftlichen Werte falsch sind, dass sie ein sich selbst dienendes Ego hervorbringen. Der Buddhismus wählt den Mittelweg: Einerseits wird eingeräumt, dass Habgier, Hass und Ignoranz untrennbar zum Ego gehören, dieses Ego aber ein Reflex von Ignoranz und Täuschung ist, die daher rühren, dass wir nicht sehen, wer wir »in Wahrheit« sind. Die organisierte Gesellschaft kann diese Schwäche hervorrufen, sie nähren oder sie ausbeuten, oder sie kann Großzügigkeit, Freundlichkeit und Vertrauen fördern. Es ist vernünftig, sich in einer »Politik der Tugend« zu engagieren. Und es ist eine Frage des individuellen Charakters, ob man ein kleines privates Versprechen ablegt, sich für Mitgefühl und Einsicht einzusetzen, oder ob man diese Möglichkeit außer Acht lässt. Die alltägliche Erneuerung dieses Versprechens erfordert ständige Übung: ein Training, das uns hilft, unsere eigene Natur zu realisieren, und — die Natur. Habgier entlarvt den törichten Menschen, genauso wie das törichte Huhn vor dem stets wachsamen Auge des Habichts im Nahrungssystem, und konfrontiert ihn mit früher Vergänglichkeit. Die Jäger- und Sammlerkulturen vor der Zeit der schriftlichen Überlieferung waren in hohem Maße geschult in der Tugend der scharfsinnigen Beobachtung und des guten Betragens, und haben gut damit gelebt. Wie bereits erwähnt, war Geiz das schlimmste aller Laster. Und heute wissen wir, dass die frühen Ökonomien die Umwelt stärker beeinflusst und verändert haben, als gemeinhin angenommen wird. Die Menschen im mesolithischen Britannien holzten im Themsetal Wälder ab oder brannten sie nieder, um auf diese Weise das Wachstum von Haselnusssträuchern zu fördern. Eine nahezu unsichtbare Ordnung des Nuss- und Obstbaumanbaus wurde im Urwald von Guatemala praktiziert. Eine bestimmte Art der Schulung, eine bestimmte Kultur kann im Wilden gründen.

Es gibt eine allgemeine Übereinstimmung in diesem Punkt: Das selbstsüchtige Ego des Menschen ist ein Problem. Ist es ein Spiegel des Wilden und der Natur? Ich glaube das nicht: Denn die Zivilisation selbst ist Ego, wie es verfällt und in der Form des Staates institutionalisiert wird, im Osten wie im Westen. Nicht die »Natur als Chaos« bedroht uns, sondern die Behauptung des Staates, *er* habe die Ordnung geschaffen. Und es gibt eine geradezu sich selbst beglückwünschende *Ignoranz* der natürlichen Welt gegenüber, die in den Kreisen der euro-amerikanischen Wirtschaftswelt, der Politik und der Religionen verbreitet ist. Natur ist geordnet. Was in der Natur chaotisch erscheint, ist lediglich eine komplexere Art von Ordnung.

Nun kann noch einmal überdacht werden, was heiliges Land sein könnte. Für ein Volk alter Kultur enthält das *gesamte* Land, das man gemeinsam besitzt, numinoses Leben und Geist. An bestimmten Orten wird die Spiritualität als in hoher Dichte vorhanden empfunden — etwa aufgrund einer ausgeprägten Intensität von Tier- oder Pflanzenlebensräumen, oder weil sie Träger von Legenden sind, oder wegen ihrer Verbindungen zur Totem-Abstammung der Menschen, oder aufgrund geomorphologischer Anomalien oder wegen einer Kombination solcher Eigenschaften. Diese Orte sind Türen, durch die man — so könnte man es ausdrücken — leichter zu einer Sichtweise gelangt, die größer ist als das menschliche Denken und weiter reicht als die persönliche Vorstellung.

Die Sorge um die Umwelt und das Schicksal der Erde breitet sich in der ganzen Welt aus. In Asien wird das Engagement für die Umwelt vor allem als eine Bewegung gesehen, die sich mit der menschlichen Gesundheit befasst. Und auch die Untersuchungen des Zustands von Luft und Wasser gehen in diese Richtung. In der westlichen Hemisphäre sehen die Probleme ähnlich aus. Aber wir sind gesegnet mit ein wenig übrig gebliebener Wildnis — ein Erbe, das für die gesamte Menschheit bewahrt werden muss. Wir in der westlichen Hemisphäre haben eine eher geringe Anzahl an Gebäuden, die man Tempel oder Schreine nennen könnte. Die Tempel unserer Hemisphäre werden ein paar der verbliebenen Wildnisgebiete dieses Planeten sein. Wenn wir sie betreten, spüren wir, dass das kami (Maidu) oder das kukini hier noch Kraft besitzen. Diese Gebiete sind die Zufluchtsorte der Berglöwen, der Bergschafe und der Grizzlys — drei nordamerikanische Tierarten, die in der Zeit vor den Weißen überall in den flacheren Gebirgen und in den Ebenen zu finden waren. Die Pracht der Felsen und des Eises im Hochland — und die reichen, schattigen, von Vögeln und Fischen besiedelten Sümpfe des Südens — erinnert uns an die alles überwölbenden wilden Systeme, die uns ernähren und die industrielle Ökonomie absichern. In der außerordentlich reinen Schönheit der Schneefelder und Gletscher in den Bergen entspringen die kleinen Bäche, die die Felder der industriellen Landwirtschaft in Kaliforniens Central Valley bewässern. Die Wanderung in der Wildnis, Schritt für Schritt und Atemzug für Atemzug den Pfad in diese Schneefelder hinauf, ist eine uralte Abfolge von Gebärden, die dem Pilger tiefe, nachhaltige Freude für Körper und Geist bringt. Das gilt natürlich nicht nur für Wanderer. Dasselbe geschieht mit denen, die auf dem Meer segeln, mit dem Kanu in Fjorden oder auf Flüssen unterwegs sind, einen Garten bestellen, eine Knoblauchzehe schälen oder gar auf einem Meditationskissen sitzen. Worauf es ankommt, ist der intime Kontakt mit der wirklichen Welt, dem wirklichen Selbst. *Heilig* verweist auf das, was uns — und damit sind nicht nur Menschen gemeint — aus unserem kleinen Ich heraus und in das ganze Berge-und-Flüsse-Mandala Universum hinein hilft. Inspiration, Begeisterung und Einsicht sind nicht vorbei, wenn man aus der Kirchentür hinaustritt. Die Wildnis als Tempel ist bloß ein Anfang. Man sollte nicht in der Besonderheit der großartigen Erfahrung verweilen und auch nicht hoffen, den politischen Morast hinter sich lassen zu können, um in einen dauerhaften Zustand gehobener Einsicht einzutreten. Am besten sind solche Bergwanderungen und solche Studien, wenn wir danach in die Ebene zurückzukehren und das Land um uns herum, landwirtschaftliche Flächen, Vorstädte, Städte als Teile eines einzigen Territoriums sehen können — in keinem der Fälle vollständig zugrundegerichtet und niemals vollkommen unnatürlich. Das Land kann wiederhergestellt werden, und in überwiegenden Teilen von Menschen in beträchtlicher Anzahl bevölkert werden. Großer Braunbär wandert mit uns, Lachs schwimmt mit uns stromaufwärts, wenn wir über eine Großstadtstraße schlendern.

Um auf meine eigene Situation zurückzukommen: Das Land, auf dem meine Familie und ich in der kalifornischen Sierra Nevada wohnen, ist ökonomisch als »mäßig« zu bezeichnen. Nach einigen Maßnahmen zur Bodenverbesserung, mit viel körperlicher Arbeit und durch die Anlage von Teichen, die das Wasser für die Trockenzeit halten, bringt der Boden etwas Gemüse und ein paar gute Äpfel hervor. Für Wald ist er besser geeignet: All die Jahrtausende hindurch bewährte er sich ausgezeichnet als Standort für Kiefern und Eichen. Ich sollte das anerkennen und ihn wild belassen. Die meisten Flächen werden jetzt von der Forstverwaltung als »wilde Bestände« behandelt — die Kiefern wachsen sehr hoch, und von den Eichen haben einige schon hier gestanden, bevor der erste Euro-Amerikaner einen Fuß auf kalifornischen Boden gesetzt hat. Die Hirsche und all die anderen Tiere ziehen hier durch, mit Ausnahme des Grizzly und des Wolfs, die derzeit in Kalifornien nicht anzutreffen sind. Eines Tages werden wir sie zurückholen.

Diese Höhenzüge des Vorgebirges sind nicht besonders bemerkenswert, keine Postkartenszenerie, aber die Hirsche sind hier so heimisch, dass ich glaube, es könnte sich hier um ein »Feld des Hirsches« handeln. Meine Nachbarn und ich und unsere Kinder haben so viel dadurch gelernt, dass wir uns hier oben im Sierra-Vorgebirge niedergelassen haben — die abgeholzten Flächen werden inzwischen vom Wald wieder zurückgewonnen, das abgebrannte Land erholt sich, nachdem es jahrzehntelang als wertlos angesehen wurde —, was dazu geführt hat, dass uns dieses Land zum Lehrer wurde. Dies ist auf der Erde der Ort, mit dem wir arbeiten, mit dem wir unsere Kämpfe ausfechten, wo wir uns sommers und winters im Freien bewegen. Er hat uns ein wenig von seiner Schönheit gezeigt.

Und heilig? Nun, man könnte ein wenig im Geheimnisvollen schwelgen und behaupten, ja, es gibt neu entdeckte heilige Orte in unserer wieder bewohnten Landschaft. Ich weiß, dass meine Kinder (wie Kinder überall) geheime Orte im Wald haben. Es gibt in der Nähe einen Hügel, den die Menschen wegen des Ausblicks aufsuchen, um im weiten Nachthimmel den Mond zu betrachten, und zum Bodhi-Tag wird hier in der Morgendämmerung auf der Muschel geblasen. Auf den meilenweit ausgebreiteten Geröllfeldern vom früheren Bergbau haben wir Zeremonien abgehalten, um uns für den Kahlschlag an den Bäumen und das Aufwühlen der Erde zu entschuldigen und die Erholung des Landes und das Nachwachsen der Pflanzen fördern zu helfen. Und es gibt einige tiefe Gehölze, in denen Paare getraut wurden.

Schon die Verbundenheit mit dem Ort reicht aus, um die Gemeinschaft hier zum Bleiben zu motivieren: Wieder aufgenommene Projekte der Goldgewinnung und der weiter vorrückende Holzeinschlag üben gehörigen Druck auf uns aus. Die Leute hier sitzen als ehrenamtliche Mitglieder in Ausschüssen, um die Anträge der Bergbauunternehmen zu überprüfen, sie nehmen die Ergebnisse der Umweltverträglichkeitsprüfungen kritisch unter die Lupe, sie stellen sich gegen leichtfertige Behauptungen der beteiligten Unternehmen und wehren sich gegen gewisse Beamte der zuständigen Bezirksbehörden, die die Einwohner an die Unternehmen verkaufen würden und das gesamte Gebiet für irgendein glanzvolles Projekt opfern. Das ist anstrengende, unbezahlte, frustrierende Arbeit — für Leute, die ohnehin schon hart arbeiten müssen, um ihre Familien zu ernähren. Dieselbe Arbeit muss in den forstwirtschaftlichen Angelegenheiten geleistet werden: um etwa die empörende Vorzugsbehandlung offenzulegen, die die Holzindustrie hier im nahegelegenen Nationalforst genossen hat, deren Manager die Öffentlichkeit mit schmeichelnden Worten und fragwürdigen Statistiken ruhigstellen wollten. Jedes dünn besiedelte Gebiet mit »Ressourcen« wird wie ein Land der Dritten

Welt ausgebeutet, und das mitten in den Vereinigten Staaten. Wir verteidigen unseren eigenen Raum und versuchen, die Gemeinschafts- und Allmendeflächen zu beschützen. Wir werden von mehr als bloßem Eigeninteresse geleitet: Die Quelle der unverzagten Geisteshaltung meiner Nachbarn ist wahrhafte, selbstlose Liebe zum Land.

Es eilt nicht, Dinge für heilig zu erklären. Ich finde, wir sollten uns in Geduld üben und dem Land viel Zeit geben, um zu uns oder den zukünftigen Menschen zu sprechen.

Der Schrei eines Goldspechts, das lustige, eindringliche Keckern eines Grauhörnchens, das Aufschlagen einer Eichel auf dem Scheunendach — das sind Zeichen genug.

V
Blaue Berge wandern

Fudō und Kannon

»Berge und Wasser der Gegenwart sind die Verwirklichung der Worte der alten Buddhas. Jedes für sich, an ihrem eigenen Platze im Dharma, entfalten vollkommen all ihre Möglichkeiten. Weil Berge und Wasser schon vor dem Zeitalter der Leere wirkten, sind sie in diesem Augenblick lebendig. Weil sie vor dem Erscheinen von Form bereits das Selbst gewesen sind, verkörpern sie verwirklichte Befreiung.«

Das ist der erste Abschnitt von Dōgens erstaunlicher Abhandlung »Sansui-kyō«, der »Berge und Wasser Sangha«, die er im Herbst des Jahres 1240 schrieb, dreizehn Jahre, nachdem er von seinem Besuch im China der Song-Dynastie zurückgekehrt war. Im Alter von zwölf Jahren hatte er sein Zuhause in Kyōto verlassen, um die ausgetretenen Pfade durch die dunklen Hinoki- und Sugi-Wälder (d.h. zedern- und sequoiaähnliche Wälder) des Hiei-Berges emporzusteigen. Dieser 848 m hohe Berg am nordöstlichen Zipfel des vom Fluss Kamo gebildeten Beckens — es ist das weite Tal, in dem sich heute die große Stadt Kyōto ausbreitet — war das japanische Gebirgs-Hauptquartier der buddhistischen Tendai-Sekte. Dort wurde Dōgen Novize in einem der rot angestrichenen, schattigen hölzernen Tempel auf einem der Bergkämme.

»Die blauen Berge wandern stetig.«

In jener Zeit waren Reisende zu Fuß unterwegs. Der leitende Mönch in dem Daitoku-ji-Tempel der Zenmönche in Kyōto zeigte mir einmal das handgeschriebene Buch der »Jahresaufgaben« aus dem 19. Jahrhundert, das dort aufbewahrt wurde. (Es war später durch einen anderen, ebenfalls handgeschriebenen Band ersetzt worden, der nur einige wenige Ergänzungen für das 20. Jahrhundert enthielt.) Es handelt sich hierbei um die Aufzeichnungen, nach denen sich die führenden Mönche richten, um im Ablauf des Jahres alle Zeremonien, Meditationsseminare und die vorgeschriebenen Kochrezepte einzuhalten. In dem Buch standen die Tempel aufgelistet, die mit dem Haupttempel eng verbunden waren, und zwar sortiert nach der Dauer, die für eine Reise dorthin veranschlagt wurde. Die Liste reichte von einem Tagesmarsch bis zu vier Wochen Reisezeit zu Fuß. Junge Mönche, auch diejenigen aus den weit entfernten Tempeln, unternahmen in der Regel einmal jährlich eine solche Reise zum Haupttempel und wieder zurück.

Nahezu ganz Japan besteht aus steilen Hügeln und Bergen, in die sich schnellfließende, flache Bäche eingegraben haben, deren Bachläufe sich in kleine Täler öffnen, es gibt nur einige wenige Flussebenen in Richtung Meer. Meist sind die Hügel mit kleinen Nadelbäumen und mit Büschen überzogen. Früher waren sie mit dichten Laubwäldern bewachsen, zuweilen auch mit unregelmäßig gewachsenen Kiefern und mit den geraden, hoch aufschießenden Hinoki- und Sugi-Bäumen. Die Spuren eines engen Netzes von markierten Wegen findet man noch heute im ganzen Land. Diese Pfade sind von den Füßen der Mönche, Pilger, Musiker, Händler, Lastenträger und von hindurchmarschierenden Armeen in den Boden gestampft worden.

Wie Kinder eignen wir uns einen Ort und die bildliche Vorstellung von seinen räumlichen Verhältnissen zu Fuß und mithilfe unserer Vorstellungskraft an. Der Ort und die Größenverhältnisse des Raums müssen anhand des Körpers und seiner Fähigkeiten bemessen werden. Eine »Meile« war ursprünglich ein römisches Maß von tausend Schritten. Die Reise mit dem Auto oder mit dem Flugzeug vermittelt uns wenig, was wir in eine Wahrnehmung des Raumes übersetzen könnten. Das Wissen darum, dass man sechs Monate braucht, um Nordamerika — bzw. die Schildkröteninsel — zu Fuß zu durchqueren, und zwar in stetigen aber gemächlichen, täglich zurückzulegenden Etappen, verschafft ein gewisses Verständnis für die Entfernung. Die Chinesen sprechen von den »Vier Erhabenheiten«: Stehen, Liegen, Sitzen und Gehen. Es sind »Erhabenheiten«, weil es sich um Seinsweisen handelt, in denen man ganz man selbst ist, im Körper zu Hause, in seinen grundlegenden Seinsweisen. Ich glaube, viele fänden es ganz wunderbar, wenn sie sich wieder zu Fuß auf Reisen begeben könnten, auf Wegen mit einer kleinen Herberge alle zehn Meilen oder einem sauberen Lagerplatz, und wenn man auf diese Weise eine große, weite Landschaft durchqueren könnte — durch ganz China oder durch ganz Europa reisen. Dies ist die rechte Weise, die Welt wahrzunehmen: mit dem eigenen Körper.

Heilige Berge und Pilgerfahrten dorthin sind in den volkstümlichen Religionen Asiens ein fest verankerter Brauch. Wenn Dōgen von Bergen spricht, ist er sich dieser alten Traditionen sehr wohl bewusst. Es gibt Hunderte von berühmten daoistischen und buddhistischen Berggipfeln in China, und auch in Japan gibt es ähnlich viele Berge, die mit der Shinto-Religion oder dem Buddhismus in Verbindung gebracht werden. Es gibt verschiedene Arten heiliger Berge in Asien: die einfachsten und ältesten sind jene »heiligen Stätten«, die Sitz eines Geistes oder einer Gottheit sind. Dann gibt es »heilige Areale« — sie können viele Dutzende Quadratkilometer groß sein —, die besondere Bedeutung für die Mythologie und Praxis einer Sekte mit eigenen daoistischen oder buddhistischen Gottheiten haben, mit kilometerlangen Pfaden und Dutzenden kleiner Schreine und Tempel. Die Pilger besteigen Berge von über tausend Metern Höhe, schlafen in Gästehäusern auf blanken Holzbrettern, essen Reissuppe mit ein wenig Gemüseeinlage, auf vorgegebenen Routen drehen sie ihre Runden, wobei sie Räucherwerk abbrennen und sich an jedem heiligen Platz verneigen.

Schließlich gibt es ein paar stark formalisierte heilige Areale, die bewusst auf der Grundlage eines symbolischen Diagramms (Mandala) entwickelt oder nach der Vorlage eines heiligen Textes angelegt wurden. Auch sie können recht groß sein. Man nimmt an, dass das Gehen in der vorgegebenen, genau festgelegten Landschaft die Inszenierung bestimmter Bewegungen auf heiligem Gebiet sei. Mit ein paar Freunden wanderte ich einmal auf dem uralten Pilgerweg der Ōmine Yamabushi (d. h. der Bergasketen) in der Präfektur Nara, und zwar von Yoshino nach Kumano. Dabei überquerten wir das traditionelle Zentrum des »Mandala des Diamant-Königreichs« auf dem Gipfel des fast zweitausend Meter hohen Ōmine-Berges. Vier Wandertage später stiegen wir ab zum »Mandala des Königreichs des weiblichen Schoßes«, beim Kumano (»Bärenfeld«)-Schrein tief unten im Tal. Das war zur Regenzeit in der zweiten Junihälfte, viele Blüten und viel Nebel. Auf die ganze Strecke — die sich über Kilometer auf Gebirgskämmen erstreckte — standen verteilt kleine steinerne Schreine, vor denen wir uns aufrichtig verneigten, wenn wir uns ihnen näherten. Dieses Projizieren komplexer Lehrdiagramme auf die Landschaft stammt aus der japanischen Variante des Vajrayana-Buddhismus, der Shingon-Sekte, die hier eine Verbindung mit der schamanistischen Tradition der Gebirgs-Bruderschaft einging.

Die regelmäßige Pilgerreise von Yoshino aus den Ōmine (-Berg) hinauf erlebt gerade eine Blütezeit — Hunderte von farbenprächtigen Yamabushi in mittelalterlicher Gebirgskleidung erklimmen die Felsen und steigen den Gipfel hinauf, manche blasen auf der Meeresmuschel, während andere auf dem Berggipfel im verräucherten Tempel auf dem blanken Fußboden Sūtras singen. Der Brauch lange Strecken zu gehen war in den letzten Jahren so gut wie aufgegeben worden, was dazu geführt hat, dass der Pfad dermaßen überwucherte, dass man ihn kaum noch ausfindig machen konnte. Dieser direkte Weg zum Gipfel, der fast anderthalbtausend Meter hoch führt, erscheint ausgesprochen sinnvoll, und ich vermute, dass dies in paläolithischer und neolithischer Zeit die reguläre Verbindung von der Küste ins Landesinnere war. Nur an diesem Ort habe ich in Japan Hirsche und Affen in freier Wildbahn gesehen.

In Ostasien ist »Gebirge« häufig synonym für Wildnis. Die Agrarstaaten haben vor langer Zeit das Flachland entwässert, bewässert, terrassiert. Der Wald und das wilde Habitat beginnen dort, wo die Landwirtschaft aufhört. Das Tiefland mit seinen Dörfern, Märkten, Städten, Palästen und Weinschänken galt als Ort der Habgier, Lüsternheit, des Wettbewerbs, Kommerz und der Vergiftung — »die schmutzige Welt«. Wer einer solchen Welt entfliehen wollte und auf der Suche nach Reinheit war, fand eine Höhle in den Bergen oder baute sich dort eine Einsiedelei — und er begann mit Übungen, die ihm Erkenntnis oder zumindest ein langes, gesundes Leben brachten. Diese Einsiedeleien wurden mit der Zeit zu Tempelkomplexen ausgebaut und schließlich zu religiösen Sekten. Dōgen sagt: »Die Mächtigen haben die Berge besucht, um den weisen Menschen ihre Referenz zu erweisen oder um die großen Heiligen um ihren Rat zu bitten. (...) Zu solchen Zeiten haben die Mächtigen die Heiligen als Lehrer behandelt, in Missachtung der Niederschrift der gewöhnlichen Welt. Über die weisen Menschen in den Bergen hat die kaiserliche Macht keine Hoheit.«

Insofern stehen die »Berge« nicht nur für eine spirituelle Vertiefung, sondern auch — so hofft man — für eine Unabhängigkeit von der Macht der Zentralregierung. Den Eremiten und Priestern in den Bergen schließen sich auch Menschen an, die dem Gefängnis, den Steuern oder der Einberufung zum Militärdienst entgehen wollen. (Tief in den Höhenzügen im südwestlichen China gibt es überlebende Gebirgsstämme, die Tiger und Hunde verehren und weitgehende Gleichberechtigung zwischen den Geschlechtern praktizieren — aber das ist eine andere Geschichte.) Das Gebirge, die Berge (oder die Wildnis) dienten als Zufluchtsort spiritueller und politischer Freiheit überhaupt.

Berge sind auch Träger mythischer Assoziationen von Vertikalität, Geist, Höhe, Transzendenz, Härte, Widerstand und Maskulinität. Für die Chinesen sind sie Beispiele des »yang«: hart, trocken, männlich, hell. Gewässer sind weiblich: nasses, weiches, dunkles »yin« mit Assoziationen von »flüssig-aberstark«, das Tiefste aufsuchen (und in es eindringen), seelenvoll, lebensspendend, die Gestalt verändernd. Die volkstümliche buddhistische Ikonographie (und diejenige des Vajrayana-Buddhismus) personifiziert »Berge und Wasser« in den rupas — »Bilder« von Fudō Myō-ō (unbeweglicher König der Weisheit) und Kannon Bosatsu (Bodhisattva, die Wellen betrachtend). Fudō sieht ungestüm wild, fast wie eine Comicfigur aus, mit einem blinden Auge und einem Reißzahn, er sitzt auf einer Felsplatte, umgeben von Flammen. Er ist als Bundesgenosse der Asketen in den Bergen bekannt. Kannon (Guānyīn, Bodhisattva Avalokiteshvara) ist graziös nach vorne gebeugt, mit ihrer Lotosblüte und einer Vase mit Wasser darin, eine Figur des leidenschaftlichen Mitgefühls. Die beiden werden als Partner in der Buddha-Arbeit angesehen: Disziplin, Askese und nicht nachlassende Spiritualität, ausbalanciert durch mitfühlende Toleranz und unvoreingenommene Bereitschaft zur Vergebung.

Berge und Wasser sind eine Zweiheit, zusammen ermöglichen sie Ganzheit: Weisheit und Mitgefühl sind die beiden Bestandteile der Verwirklichung. Dōgen zitiert den Meister Wenzi [Tongxuan zhenjing]: »Es ist der Weg des Wassers, zum Himmel aufzusteigen, Regen und Tau zu bilden und auf die Erde hinabzufallen und Ströme und Flüsse zu bilden.‹ / (...) Der Weg des Wassers wird vom Wasser selbst nicht bemerkt, sondern vom Wasser verwirklicht.«

Es gibt die offensichtliche Tatsache des Wasserkreislaufs und die Tatsache, dass Berge und Flüsse sich offenbart gegenseitig formen: Gewässer stürzen aus großen Höhen herab, sie waschen die Formen des Landes aus oder lagern sie ab in ihrem fließenden Abstieg, sie beschweren die Festlandsockel im Meer mit Sedimenten, um dann letztlich die neuen Bodenerhebungen umzustoßen. Das Wortpaar »Berge und Wasser« — im Chinesischen ›shan shui‹ — ist der direkte Begriff für Landschaft. Landschaftsmalerei ist »Berge-und-Wasser-Bilder«. (Ein Gebirgszug wird manchmal ›mai‹ genannt, »Puls« oder »Ader« — so wie das Netz der Adern auf dem Handrücken.) Man muss kein Experte sein, um sehen zu können, dass Landformen ein Spiel der einschneidenden Wasserläufe und der Widerstand leistenden Bergketten sind, und dass Wasser und Berge sich gegenseitig durchdringen, in endlos sich verästelndem rhythmischem Wechsel. Die chinesische Empfindung für Landschaft hat diese Dialektik von Felsen und Wasser stets in sich aufgenommen, das Abwärtsfließen und das felsige Emporragen und die Dynamik des »langsamen Fließens« der Erdformen. Es gibt etliche große chinesische horizontale Rollbilder, die aus vormoderner Zeit überlebt haben und Titel tragen wie »Berge und Flüsse ohne Ende«[*]. Einige davon bewegen sich durch die vier Jahreszeiten und scheinen die ganze Welt abzubilden.

[*] [Vgl. den gleichnamigen Gedichtband Gary Snyder, Mountains and Rivers Without End, Washington, DC: Counterpoint, 1996.)

»Berge und Wasser« ist ein Weg, sich auf die Totalität des Prozesses der Natur zu beziehen. Und als solcher geht er weit über die Dichotomien von Reinheit und Verschmutzung, von natürlich und künstlich hinaus. Das Ganze mit seinen Flüssen und Tälern enthält offensichtlich auch Bauernhöfe, Felder, Dörfer, Städte und die (früher vergleichsweise kleine) staubige Welt der menschlichen Angelegenheiten.

»Die grünen Berge bewegen sich ständig;
eine Steinfrau gebiert nachts ein Kind.«

Dōgen zitiert den Chan-Meister Furong Daokai. Wahrscheinlich hatte Dōgen die Berge Asiens vor Augen, auf deren Pfaden er all die Jahre gewandert war — Gipfel von tausend bis dreitausend Metern Höhe, neblig-blau oder blaugrün, meist von Bäumen bewachsen, vielleicht die steilen, unregelmäßig hingestreuten Berge der südchinesischen Küste, wo er dreizehn Jahre vorher gelebt und praktiziert hatte. Die Baumgrenze liegt in diesen Breitengraden bei dreitausend Metern — es handelt sich nicht um alpine Gebirge. Er war Tausende von Meilen zu Fuß gegangen. (»Der Geist studiert auf barfüßigem Weg.«)

»Wenn Du daran zweifelst, dass die Berge sich bewegen,
so kennst Du nicht Dein eigenes Gehen ...«

Dōgen geht es nicht um »heilige Berge« oder um Pilgerreisen bzw. Wallfahrten oder Verbündete im Geiste oder um Wildnis als eine besondere Qualität. Seine Berge und Wasserläufe sind die Prozesse dieser Erde, die ganze Existenz, Entwicklung, Essenz, Handlung, Abwesenheit; sie wälzen sich dahin, gleichzeitig seiend und nichtseiend. Sie sind, was wir sind, wir sind, was sie sind. Für diejenigen, die direkt in die innere

Natur schauen, ist die Idee vom Heiligen eine Täuschung und ein Hindernis: sie bringt uns davon ab zu sehen, was vor unseren Augen ist — schlichtes So-Sein. Wurzeln, Baumstämme und Zweige sind alle in gleicher Weise zerkratzt. Keine Hierarchie, keine Gleichheit. Nichts Okkultes, nichts Esoterisches, keine begabten Kinder, keiner, der langsam das Ziel erreicht. Nicht wild oder zahm, nicht gebunden oder frei, nicht künstlich oder natürlich. Jedes sein eigenes zerbrechliches Selbst. Trotz der Verbundenheit mit allen, gerade wegen der Verbundenheit in alle Richtungen.

Das, diese So-heit, ist die Natur der Natur der Natur. Das Wilde im Wilden.

Und so wandern die blauen Berge in die Küche und zurück zum Kaufladen, zum Tisch, zum Ofen. Wir sitzen auf der Parkbank und lassen uns vom Regen durchweichen. Die blauen Berge gehen hinüber und werfen eine neue Münze in die Parkuhr, und dann gehen sie ins 7-Eleven Geschäft. Die blauen Berge schreiten aus dem Meer, schultern für eine Weile den Himmel und gleiten zurück ins Wasser.

Unbehaust

Die Buddhisten sagen »unbehaust« wenn sie einen Mönch oder Priester meinen. (Auf Japanisch heißt ›shukke‹ wörtlich: »aus dem Haus«.) Dies bezieht sich auf jemanden, der vermeintlich das Leben eines Hausbesitzers und Familienvaters und die Versuchungen und Pflichten des säkularen Lebens hinter sich gelassen hat. Ein anderer Ausdruck, »die Welt verlassen«, heißt, sich von den Unzulänglichkeiten des menschlichen Verhaltens frei machen — insbesondere von dem, was durch das Stadtleben noch verstärkt wird. Es bedeutet nicht, sich vom natürlichen Leben zu distanzieren. Für einige folgte daraus ein Leben als Bergeinsiedler oder als Mitglied einer religiösen Gemeinschaft. Das »Haus« wurde den »Bergen« bzw. der Reinheit gegenübergestellt. Der im 5. Jahrhundert lebende Dichter Zhiang-yan sagte, ein rechter Einsiedler solle — um die Bandbreite der unbehausten Welt zu erweitern — »die purpurnen Himmel als seine Hütte nehmen, das alles umschließende Meer als seinen Teich, er solle in seiner Nacktheit brüllen vor Lachen, solle seines Weges gehen und mit herabhängenden Haaren singen«. Der aus der frühen Tang-Dynastie stammende Dichter Hanshan wird als sprichwörtliches Beispiel eines Eremiten herangezogen — sein geräumiges Heim reicht bis an den Rand des Universums.

> Vor langer Zeit ließ ich mich nieder am Kalten Berg,
> Jahre und Jahre scheint es her zu sein.
> Frei umherschweifend wandere ich durch Wälder und Bäche
> Und halte inne um zuzusehen, wie Dinge sich selbst betrachten.
> Die Menschen gelangen nicht so hoch in die Berge,
> Weiße Wolken sammeln sich und türmen sich auf.
> Das Gras reicht als Matratze,
> Der blaue Himmel ist eine gute Decke.
> Glücklich, mit einem Stein als Kopfkissen
> Lass' ich Himmel und Erde ihren Wechsel vollziehn.

»Unbehaust« heißt hier, »im gesamten Universum zu Hause sein«. Auf ähnliche Weise können selbstbestimmte Menschen, die die Ganzheit ihres Orts nicht verloren haben, ihren Haushalt und die Berge der Region als derselben Sphäre zugehörig ansehen.

Ich nahm einmal an den Zeremonien am Schrein des Vulkans auf der Insel Suwanose-jima im Ostchinesischen Meer teil. Der Weg durch den Dschungel musste freigeschlagen werden — so selten wurde dieser Ort von Menschen aufgesucht. Zwei von uns, die aus dem Banyan Ashram kamen, begleiteten die drei Ältesten als Helfer mit dorthin. Den Morgen verbrachten wir damit, Unkraut und Äste zurückzuschneiden, den Boden zu fegen und das unbemalte Holz des Altars (etwa so groß wie ein Taubenschlag) zu reinigen, und dann legten wir auf dem Altar einige Opfergaben aus, Süßkartoffeln, Obst und Shōchū, vor dem leeren Raum, der den Berg regelrecht einrahmte. Einer der Alten blickte zum Berg (der erst kürzlich Wolken aus Asche *gerülpst* hatte) und hielt — im Dialekt — eine direkte und beiläufig-mechanische persönliche Ansprache oder sprach ein Gebet. Wir saßen schwitzend auf dem Boden, schnitten mit einem sichelförmigen Messer eine Wassermelone in Stücke und tranken dann von dem starken Shōchū, während die alten Knaben Geschichten von früheren Tagen auf den Inseln erzählten. Hohe, dicke, schimmernd grüne Bäume wölbten sich über uns, voll mit lärmend zirpenden Zikaden. Es war nicht alltäglich. Die häusliche Entsprechung bilden die Fotografien der Ahnen, kleine Opfergaben von Reis und Alkohol, eine Vase mit einigen Zweigen eines immergrünen Gewächses, die in jedem Haushalt zu finden sind. Das Haus wird selbst zu einem kleinen Schrein, mit seiner verrückten winzigen Küche, Bad, Brunnen und den Altären am Eingang.

Und dann das eigentliche »Haus«: Es ist, selbst wenn man es lediglich als ein beliebiges Stück der Welt sieht, das neben anderen existiert, zusammengefügt und nicht dauerhaft — ein armes kleines Ding, selbst »unbehaust« auf seine eigene Weise. Häuser werden zusammengebaut, aus einem Haufen zusammengetragener Kiefernbretter, aus Lehmziegeln, Zedernleisten, Türpfosten aus Flussstein, Fenstern, die man aus verfallenen Hinterhöfen hat mitgehen lassen, Türgriffen vom K-Mart, Fußbodenmatten vom Cost Plus Baumarkt, Küchenfußboden aus Sandstein von einem Gebirgskamm, Fußabtreter von Longs — alles aus der selben Welt gemacht wie du und ich und die Mäuse.

»Grüne Berge sind weder fühlend noch nicht fühlend. Du bist ganz gewiss weder fühlend noch nicht fühlend. Es ist unmöglich, die Bewegung der grünen Berge im jetzigen Augenblick zu bezweifeln.«

Nicht nur die Blüten am Pflaumenbaum und die Wolken am Himmel oder Lehrer und Rōshis, sondern auch Stemmeisen, verbogene Nägel, Schubkarren und quietschende Türen lehren die Wahrheit über die Art und Weise, wie die Dinge sind. Der Zustand wahrer »Unbehaustheit« ist Reife — sich auf nichts verlassen, nur auf das reagieren, was gerade an der Türschwelle auftaucht. Dōgen ermutigt uns mit dem Satz: »Ein Berg übt stets, an jedem Ort.«

Größer als ein Wolf, kleiner als ein Elch

Mein ganzes Leben habe ich in Natur und Wildnis oder in ihrer Nähe verbracht, habe dort gearbeitet, habe sie studiert, auch in den Zeiten, in denen ich in Städten gewohnt habe. Aber vor ein paar Jahren wurde mir plötzlich klar, dass ich, anders als viele der draußen in der Natur Lebenden, die ich dafür immer bewundert habe, nie zu einem wirklich guten Botaniker oder Zoologen bzw. Ornithologen geworden bin. Als ich mir in Erinnerung rief, wohin all meine intellektuelle Energie in den ganzen Jahren geflossen war, kam ich darauf, dass ich meine Mitmenschen zu meinem Untersuchungsgegenstand gemacht hatte — ich war ein Naturforscher meiner eigenen Spezies. Und ich bin mir auch selbst mein eigenes Studienobjekt gewesen. Ich habe große Freude daran, herauszufinden, wie unterschiedlich die Gesellschaften die vielen Aspekte des menschlichen Daseins und die Würdigung ihrer unterschiedlichen Landschaften zelebrieren. Naturwissenschaft, Technologie und der Gebrauch der Natur zu wirtschaftlichen Zwecken müssen kein Gegensatz zu jener feierlichen Würdigung sein. Allerdings ist die Grenze zwischen Gebrauch und Missbrauch, zwischen Vergegenständlichung und Lobpreis sehr schmal.

Diese Grenzlinie liegt in den Details. Einmal nahm ich teil an der Einweihung eines japanischen Tempelbaus, der in Japan abgetragen und dann quer über den Stillen Ozean verfrachtet worden war, um an der amerikanischen Westküste wieder errichtet zu werden. Die Einweihungszeremonie in den Vereinigten Staaten fand nach der Art des Shinto statt, und in einem Teil der Zeremonie wurden Blumen und anderen Pflanzen dargebracht. Die Schwierigkeit lag darin, dass es Pflanzen sein mussten, die bei der traditionellen japanischen Einweihung verwendet werden, und dass sie von Japan hierher geschickt worden waren — diese speziellen Pflanzen waren hier am neuen Standort nicht heimisch. Die Ausführenden des Rituals wahrten die Form sehr gut, aber den Kern der Sache haben sie nicht begriffen. Nachdem alle anderen nach Hause gegangen waren, versuchte ich selbst, eine kurze Einführung abzuhalten: »Japanisches Gebäude aus Hinoki-Holz — triff dich hier mit den Manzanitabüschen und Ponderosa-Kiefern (...), bitte gib auf dich acht in diesem trockenen Klima. Manzanita, dieser Bau ist an feuchtes Klima und an viele Menschen gewöhnt. Bitte nimm ihn hier an diesem Ort, an deinen staubigen Hängen, gut auf.« Menschen sorgen selbst dafür, dass sie ihren eigenen Zugang zum Verständnis der Natur und des Wilden erhalten.

Die Unterschiedlichkeit der Menschen in Stil und Kleidung und die ständigen Wandlungen der Populärkultur sind eine Form symbolischer Artenbildung — als hätten sich die

Menschen dafür entschieden, die Farben und Muster der Vögel nachzuahmen. Insbesondere die Menschen in den hochentwickelten Zivilisationen haben wohldurchdachte Vorstellungen davon, wie sie sich absondern und unterscheiden können, und verfügen über Dutzende von Möglichkeiten, sich für »außerhalb der Natur« stehend zu erklären. Als eine Art Spiel ist das vielleicht harmlos. (Man kann sich vorstellen, wie das »Phylum chordata« erklärt: »Wir sind ein qualitativer Sprung in der Evolution und repräsentieren etwas gänzlich Transzendentes, das die Bühne dessen betritt, was bisher bloße Biologie war.«) Zumindest kann man gerade diesen Ruf nach einer besonderen Bestimmung des Menschen als das Beispiel einer unnötigen Vervielfältigung von Theorien sehen (Ockhams Rasiermesser)*. Und die Resultate — der menschliche Umgang mit der übrigen Natur — sind verderblich gewesen.

Es gibt ein großes Landschafts-Rollbild, das man »Unendliche Landschaften und Wasserläufe« nennt (es wird Lu Yuan aus der Ching Dynastie zugeschrieben; heute befindet es sich in der Freer Gallery of Art, Washington D.C.). Inmitten einer riesigen Landschaft aus Felsen, Bäumen, Hügelketten, Bergen und Wasserläufen sind dort Menschen bei ihrer Arbeit abgebildet. Es gibt Bauern und ihre strohgedeckten Hütten, Priester und Tempelkomplexe, Gelehrte an ihren kleinen Fenstern, Fischer in ihren Booten, reisende Händler mit ihren Traglasten, ältere Frauen und Kinder. Während die buddhistische Tradition in Nordindien und Tibet das Mandala — gemalte oder ge-

---

* [» Occam's Razor« (Ockhams Rasiermesser) ist ein im 19. Jhdt. formuliertes Sparsamkeitsprinzip aus der Wissenschaftstheorie. Steht man vor der Wahl mehrerer Erklärungen, die sich alle auf dasselbe Phänomen beziehen, soll man diejenige bevorzugen, die mit den einfachsten bzw. der geringsten Anzahl an Annahmen auskommt. Es enthält ebenso die Forderung, für jeden Untersuchungsgegenstand nur eine einzige Erklärung anzuerkennen.«]

zeichnete Bildtafeln von den Positionen des Bewusstseins und den Ketten von Ursache-und-Wirkung — als visuelles Hilfsmittel für die Lehre nutzen, wurde, wage ich zu behaupten, in der Tradition des Chan in China (insbesondere des südlichen Song) die Landschaftsmalerei ähnlich eingesetzt. Wenn man ein Rollbild als eine Art chinesisches Mandala nimmt, dann sind die darin vorkommenden Charaktere, die verschieden kleinen Ichs und die Klippen, Bäume, Wasserfälle und Wolken unsere eigenen Verwandlungen und Stationen. (Sumpfig-schilfiges Dickicht an einem Bach — was sagt das aus?) Jeder Typus eines ökologischen Systems ist ein anderes Mandala, eine andere Vorstellung. Und erneut kommt der Begriff der Ainu, ›iworu‹, Feld-der-Lebewesen, in den Sinn.

»Nicht alle Lebewesen sehen Berge und Gewässer auf dieselbe Weise. (...) Einige sehen Wasser als wundersame Blüte; hungrige Geister sehen Wasser als wütendes Feuer oder als Eiter und Blut. Drachen sehen Wasser als Palast oder als Pavillon. (...) Einige Lebewesen sehen Wasser als einen Wald oder als eine Wand. Menschliche Wesen sehen Wasser als Wasser. ... Die Freiheit des Wassers hängt allein vom Wasser ab.«

Es war im Juli, als ich einmal vom Quellgebiet des Koyukuk River in Alaskas Brooks Range flussabwärts wanderte, und ich konnte einen Blick in das Reich der Dall-Schafe werfen. Die grünen, wolkenverhangenen Sommeralmen, in denen ich als ein schwächlicher Besucher auftauchte, waren höchst gastfreundlich, so, wie sie es einem unbehaarten Primaten gegenüber nur sein konnten. Aber die langen, kalten Winter können die Dall-Schafe nicht schrecken, sie ziehen nicht einmal bergab in tiefer gelegene Gebiete. Der Wind bläst den spärlichen lockeren Schnee vor sich her, und das ganze Jahr äsen die Schafe vertrocknete Kräuter und Gräser. Dutzende Sommerschafe standen da, weiß vor Grün, spielend, schlafend, fressend, stoßend, einen Kreis bildend, kauernd, dösend in ihren hohen, ausgepolsterten Betten auf den Felsbänken dort oben an der »Klippe zwischen Leben und Tod«. Dall-Schafe (in der Sprache der Athapaska heißen sie »dibee«) sehen — wie Dōgen es vielleicht sagen würde — Berge »als einen Palast oder als Pavillon«. Aber diese provisorische Formulierung »als Palast oder Pavillon« ist zu hochgegriffen, zu städtisch und zu menschlich, um wirklich zeigen zu können, wie total und einzigartig *heimisch* jede Lebensform in ihrem eigenen, einzigartigen »Buddha-Feld« sein muss.

Grüne Gebirgswände in aufblühender Wolke
weiße Punkte auf fernen Hängen, Konstellationen,
langsam sich verändernd, nicht Sterne, nicht Felsen
»verstreut von Mitternachtsbrisen«
Wolkenfetzen, lavendel-arktisches Licht
auf Wildschafen, gelassen grasend
auf Tundragrün, im Netzwerk des Clans gehalten
und der Verwandtschaft, vom Blöken und von Gerüchen,
zur langsamen Rotation ihrer Ordnung des Lebens
halb im Himmel — feuchter Wind vom
ganzen Nordhang hier hoch, und ein Geschmack von
  Packeis,
der Primuskocher faucht jetzt
hier, eine Tasse Tee trinken.

Und unten im kleinen arktischen Fluss, unterhalb der Abhänge, sind die Äschen mit ihren schillernden Leibern in ihrem eigenen (aus unserer Perspektive) Eisparadies. Noch einmal Dōgen:
»Wenn Drachen und Fische nun Wasser als einen Palast ansehen, ist es so, wie Menschen einen Palast sehen. Wenn ein Außenstehender ihnen sagt: ›Was ihr als Palast seht, ist fließen-

des Wasser‹, dann werden Drachen und Fische erstaunt sein, gerade so wie wir, wenn uns gesagt wird: ›Berge fließen‹.«

Wir können damit beginnen, uns die verschachtelten Hierarchien der nicht-dualistischen Welt vorzustellen, sie zu visualisieren. Die Systemtheorie liefert Gleichungen hierfür, aber nur wenige Metaphern. In der »Berge und Wasser Sangha« finden wir Folgendes:
»Es ist nicht nur, dass es Wasser auf der Welt gibt, sondern es gibt auch eine Welt im Wasser. Nicht nur im Wasser verhält es sich so. Es gibt eine Welt der fühlenden Wesen in den Wolken. Es gibt eine Welt der fühlenden Wesen in der Luft. Es gibt eine Welt der fühlenden Wesen im Feuer. (...) Es gibt eine Welt der fühlenden Wesen in einem einzigen Grashalm [ikkyōsō].«

Es hat den Anschein, als ob die übliche Auffassung der Evolution die Sichtweise von miteinander konkurrierenden Spezies pflegt, die auf dem Planeten Erde eine Art Wettrennen durch die Zeiten veranstalten, und alle befinden sich auf derselben Laufbahn, einige fallen aus, einige werden langsamer und erlahmen, einige befinden sich in aussichtsreicher Position an der Spitze. Wenn man Vordergrund und Hintergrund vertauscht und dies alles von den »Bedingungen« und deren schöpferischen Möglichkeiten her anschaut, kann man diese Vielfalt an Interaktionen durch Hunderte anderer Augen sehen. Man könnte sagen, dass Nahrung Gestalt in die Existenz bringt. Heidelbeeren und Lachs rufen nach dem Bären, die Planktonwolken des Nordpazifik rufen nach dem Lachs und Lachs ruft nach Seehunden und folglich nach den Orkas. Die Existenz des Pottwals wird von den pulsierenden, fluktuierenden Weidegründen aus Tintenfischen erst möglich gemacht, und durch die offenen ökologischen Nischen der Galapagosinseln haben sich aus einer einzigen Linie des Finken eine Vielfalt von Vogelformen entwickelt.

Biologen, die sich mit der Erhaltung der Arten beschäftigen, sprechen von »Indikator-Spezies«: Tiere, bzw. Vögel, die so typisch für ein Naturgebiet und sein System sind, dass ihr Zustand ein Indikator für den Zustand des Ganzen ist. Die alten Koniferenwälder lassen sich anhand des gefleckten Waldkauzes bewerten, und die großen Grassteppen waren früher eng verbunden mit dem »Bison« (und das wird wieder so sein). Deshalb drängte sich mir die Frage auf: Was besagt das Wort »Mensch«? Was bringt unsere Abstammungslinie in ihre Gestalt? Es ist gewiss jenes »Berge und Flüsse ohne Ende«, die Gesamtheit der Erde, auf der wir uns — mehr oder weniger sachkundig — als unserem Zuhause bewegen. Beeren, Eicheln, Grassamen, Äpfel, Yamswurzeln rufen nach geschickten, gewandten Geschöpfen, wie wir es sind, die mit ihnen ihr Fortkommen finden. Größer als ein Wolf, kleiner als ein Elch — Menschen sind keine besonders großen Gestalten in der Landschaft. Aus der Luft betrachtet sind die Werke der Menschheit Schrammen und Gitter und Teiche; und tatsächlich sieht die Erde aus der Distanz größtenteils aus, als sei sie unbebautes Land. (Wir wissen heute, dass die Wirkung unseres Handelns viel weitreichender ist, als es scheint.)

Und was die Großstädte und die kleineren Orte angeht: sie sind (für diejenigen, die sehen können) alte Baumstümpfe, Flussbettkies, Ölsickerstellen, Erdrutsche, angewehtes Erdreich und Brandstellen, Angeschwemmtes nach einer Flut, Korallenkolonien, Nester der Feldwespe, Bienenstöcke, verrottende Baumstämme, Wasserläufe, Felsspalten, Gesteinsschichten in Felswänden, Guanohaufen, Erregung bei der Nahrungsaufnahme, die Suche nach einem schattigen Plätzchen und das Prahlen damit, Ausguckfelsen, Wohnstätten von Backenhörnchen. Und für einige wenige sind diese Orte auch Paläste.

Zersetzt

»Hungrige Geister betrachten Wasser als wütendes Feuer oder Eiter und Blut.«

Das Leben in der Wildnis bedeutet nicht nur in der Sonne sitzen und Beeren essen. Ich sehe es viel eher als eine »Tiefenökologie«, die Zugang zur dunklen Seite der Natur hat — das Gewölle aus zerschlagenen Knochen im Dreck, die Federn im Schnee, die Geschichten von unstillbarem Hunger. Wilde Systeme stehen in einem herausgehobenen Sinn über der Kritik, aber man kann sie auch für irrational, muffig, schimmlig, grausam, parasitär halten. Jim Dodge erzählte mir, wie er mit fasziniertem Schrecken beobachtet hat, wie eine Gruppe Orkas in der Nähe der Beringstraße einen Grauwal systematisch mit Schlägen zu Tode brachten. Leben sind nicht nur interessante, große Wirbeltiere zur Tageszeit; es ist auch nächtlich, anaerob, kannibalisch, mikroskopisch klein, digestiv und fermentativ, es kocht im warmen Dunkel vor sich hin. Leben hält sich recht gut in vier Meilen Meerestiefe, es wartet und erhält sich an einer gefrorenen Felswand, es klammert sich fest und nährt sich bei Wüstentemperaturen von vierzig Grad. Und es gibt eine Welt der Natur auf der Seite des Verfalls, eine Welt von Lebewesen, die im Schatten verrotten und verfaulen. Die Menschen haben schon immer sehr stark die Reinheit betont, Blut, Beschmutzung, Verwesung, Fäulnis haben sie seit jeher abgestoßen. Die andere Seite des »Heiligen« ist der Anblick der Geliebten, wie sie unter der Erde, von Maden übersät, verrottet. Coyote, Orpheus und Izanagi können sich nicht dagegen wehren, hinzuschauen, und so verlieren sie ihre Geliebte. Schande, Trauer, Scham und Verlegenheit sind die anaeroben Gehilfen der dunklen Imagination. Die weniger vertrauten Energien der wilden Welt und ihre Entsprechungen in der Vorstellungswelt haben die Ökologie des Geistes geschaffen.

Hier begegnen wir den besonderen Anforderungen der Götter an ein Habitat. Sie wohnen auf den Berggipfeln (etwa auf dem Olymp), sie besitzen Kammern tief unten in der Erde oder befinden sich unsichtbar um uns herum. (Über eine wichtige Gottheit sagt man, sie habe ihren Sitz vollkommen losgelöst von der Erde gewählt.) Die Yana sagten, dass der Mount Lassen in Nordkalifornien — »Waganupa« in der Sprache der Ishi, ein dreitausend Meter hoher Vulkan — der Wohnsitz unzähliger kukini sei, die im Inneren ein Feuer am Brennen halten. (Der Rauch zieht durch ein Rauchloch ab.) Sie erfreuen sich an ihrem magischen Stockspiel, das sie so lange spielen, bis die Menschen sich erneuern und zu »wirklichen Menschen« werden, mit denen die Geister einmal wieder Umgang pflegen wollen.

Die Welt des Geistes überspringt die Grenzen der Spezies. Sie muss sich nicht um ihre Reproduktion kümmern, sie fürchtet sich nicht vor dem Tod, sie ist nicht praktisch. Aber die Geister scheinen ein zwiespältiges, selektives Interesse an einer Kommunikation zwischen den Welten zu haben. Junge Frauen in purpurroten und weißen Gewändern tanzen, um die Götter herabzurufen, damit sie von ihnen Besitz ergreifen und mit ihren Stimmen sprechen. (D. H. Lawrence hat einmal gesagt: »Trink und zeche mit Bacchus oder iss mit Jesus trocknes Brot, aber setz dich nicht ohne einen der Götter nieder.«[*])

(Die *persönliche* Qualität des Träumens auf dem Berg: Ich war am Tower Lake in der Sierra auf felsigem Grund halb eingeschlafen. Es gibt dort vier horizontal verlaufende Felsenbänder aus cremefarbenem Gestein, die durch die Felswand schimmern, und der Traum sagte mir: »Diese vier Felsenbänder sind Deine Töchter.«)

---

[*] [»Eat and carouse with Bacchus, or munch dry bread with Jesus, but don't sit down without one of the gods.« (D. H. Lawrence, Benjamin Franklin, in: Ders., Studies in Classic American Literature (1923)]

Wo Dōgen und die Tradition des Zen eine Sūtra sängen oder wo sie gingen oder im Sitzen meditierten, würden die älteren volkstümlichen Handwerker der Seele und des Geistes die Flöte spielen, trommeln, tanzen, träumen, einem Gesang lauschen, sich ohne Nahrung auf den Weg machen, sich für die Kommunikation bereithalten mit den Vögeln oder mit den anderen Tieren oder den Felsen. Es gibt die Geschichte vom Kojoten, wie er den gelben Blättern der Pappel zuschaut, die langsam und leicht wirbelnd zu Boden schweben. Es war so schön anzuschauen, dass er die Pappelblätter fragte, ob er es ihnen wohl gleichtun könne. Sie warnten ihn: »Kojote, du bist zu schwer, und du hast einen Körper aus Knochen und Muskeln. Wir sind leicht, wir treiben mit dem Wind — du aber würdest fallen und dich verletzen.« Kojote hörte nicht zu und bestand darauf, eine Pappel zu besteigen; er kletterte bis ganz nach außen ans Ende eines Astes und sprang ab. Er fiel herunter und war tot. Die Moral der Geschichte: Man soll sich nicht allzu schnell darauf versteifen mit etwas »eins werden« zu wollen.
— Aber wie wir gehört haben, rollt Kojote sich auf die andere Seite, richtet seine Rippen, renkt seine Pfoten ein, findet einen Kieselstein mit einem Fleck darauf, den er sich als Auge einsetzt, und geht seines Weges.

Erzählungen sind eine Spur, die wir der Welt zurücklassen. Die Literatur ist solche Hinterlassenschaft — sie ist von derselben Art wie die Mythen der Völker der Wildnis, die nur Geschichten und einiges Steinwerkzeug zurücklassen. Andere Lebewesen haben ihre eigenen Literaturen. Erzählung in der Welt des Wildes — das ist eine Geruchsspur, die von einem Tier für ein anderes gelegt wird, das die Erzählung mit einer instinktiven Kunst der Interpretation versteht. Eine Literatur der Blutflecken, etwas Pisse, ein Hauch Sexualduft, ein Stoß in der Brunftzeit, eine Kratzspur auf einem Schössling — schon ist es vergangen. Und vielleicht gibt es unter diesen anderen Lebewesen eine »Theorie der Erzählung«, möglicherweise grübeln sie über »Intersexualität« oder über die »Kritik der Verwesung« nach.

Ich vermute, dass alle Urvölker wissen, dass ihre Mythen irgendwann einmal geschaffen worden sind, dass sie »gemacht« wurden. Sie nehmen sie nicht wörtlich, halten sie jedoch gleichzeitig sehr in Ehren. Nur wenn sie von der Geschichte überrollt und von fremden Wertvorstellungen korrumpiert werden, fängt ein Volk an zu verkünden, dass seine Mythen »Wort für Wort wahr« sind. Dieses Beharren auf Wörtlichkeit ruft skeptisches Nachfragen und die Kritik auf den Plan. Welch raffiniertes Verwirrspiel um die Rolle der Mythen, wenn man erklärt, auch wenn man sie nicht glauben müsse, seien sie nichtsdestoweniger ästhetische und psychologische Konstrukte, die Ordnung in eine sonst chaotische Welt brächten, und man müsse sich ihnen willentlich anvertrauen. Dōgens Aussage: »Du solltest wissen, dass obschon alle Dinge letztlich befreit und an nichts gebunden sind, verweilen sie doch in dem ihnen eigenen Zustand«, ist hier das richtige Heilmittel. Die »Berge und Wasser Sangha« nennt sich nicht Sangha, um die Behauptung aufzustellen, die »Berge und Flüsse dieses Augenblicks« seien ein Text, ein System von Symbolen, eine referentielle Welt der Spiegel; sie sagt uns vielmehr, dass die Welt in ihrer tatsächlichen Existenz eine vollständige Präsentation, eine Bestimmung ist — und dass sie für nichts steht.

Gehen auf dem Wasser

Es gibt viele Arten des Gehens: vom Durchqueren einer Wüste auf einer gerade verlaufenden Route bis zu einem mühsamen Sich-durch-ein-Dickicht-Schlagen. Der Abstieg auf Felshängen und auf Geröll ist eine ganz eigene Disziplin. Es ist ein unregelmäßiger Tanz des ständig wechselnden, sich verlagernden Schritts auf Steinplatten und Geröllstücken. Der

Atem und das Auge folgen diesem unebenen Rhythmus. Er ist niemals bemessen schreitend oder gleichmäßig wie ein Uhrwerk, sondern passt sich mit kleinen Sprüngen und Schritten zur Seite an — er strebt auf gut sichtbare Stellen zu, wo der Fuß auf einen Felsstein gesetzt wird, flach auf dem Boden, und es geht weiter, im Zickzack und stets wohlüberlegt. Das wachsame Auge schaut voraus, erfasst den Halt für den Fuß im Voraus und verfehlt nie den im Augenblick getanen Schritt. Der Körper-Geist ist so sehr eins mit dieser rauen Welt, dass er diese Bewegungen, sobald er etwas Übung hat, ohne Anstrengung vollzieht. Der Berg hält sich mit dem Berg aufrecht.

1225 war das zweite Jahr, das Dōgen in China zubrachte. In jenem Jahr verließ er das Gebirge und wanderte auf seinem Weg nach Norden zum Kloster Wan-shou auf dem Berg Jing durch Hángzhōu, die Hauptstadt der südlichen Song-Dynastie. Dōgens einzige hinterlassene Beschreibung Chinas, das er dann verließ, sind Aufzeichnungen über Gespräche, die der Meister Rújìng angefertigt hat. Ich wüsste gern, was Dōgen über das Gehen in der Stadt gesagt hätte. Die Stadt Hángzhōu hatte ebene, breite, gerade Straßen, die parallel zu den Kanälen verliefen. Er muss die vielgeschossigen Häuser, die sauberen, mit Kopfsteinen gepflasterten Straßen, die Theater, Märkte und ungezählten Restaurants gesehen haben. Diese Stadt hatte dreitausend öffentliche Bäder. Marco Polo — er nannte sie ›Quinsai‹ — besuchte die Stadt fünfundzwanzig Jahre später, und er vermutete damals, es handele sich um die wahrscheinlich größte (etwa eine Million Menschen) und reichste Stadt der Welt. Auch heute noch erinnern sich die Bürger von Hángzhōu an den ehrgeizigen, himmelsstürmenden Dichter des 11. Jahrhunderts, Su Shi, der in seiner Amtszeit als Gouverneur den Dammweg durch den Westsee baute. Zu der Zeit, als Dōgen seine Wanderung unternahm, befand sich Nordchina unter mongolischer Herrschaft und auch Hángzhōu fiel fünfundfünfzig Jahre später an die Mongolen.

Der Süden Chinas brachte die Landschaftsmalerei, die Kalligraphie, die beiden Schulen des Zen, Soto und Rinzai, sowie die Vision jener großen südlichen Hauptstadt nach Japan. Die Erinnerung an Hángzhōu prägte sowohl Osaka als auch Tokio in ihrer Entwicklung während der Tokugawa-Ära. Diese beiden Positionen, einerseits die strenge, nüchterne Praxis des Zen mit seinen kargen, sauberen Hallen, und andererseits die Möglichkeit eines geselligen städtischen Lebens mit Festivitäten, Theatern und Restaurants, sind zwei wirksame Vermächtnisse Ostasiens an die Welt. Wenn Zen für die fernöstliche Liebe zur Natur steht, dann steht Hángzhōu für das Ideal der Großstadt. Beide sind voller Energie und Leben. Da heutzutage die meisten der großen Städte in Armut, Überbevölkerung und Umweltverschmutzung versinken, haben wir allen Grund, den Traum neu zu beleben. Die Stadt zu vernachlässigen (in unseren Herzen und Köpfen) ist tödlich.

In der »Berge und Wasser Sangha« steht:
»Alle Wasser erscheinen am Fuße der östlichen Berge. Daher reiten alle Berge auf Wolken und wandern durch den Himmel.

Alle Berge sind Wasserkronen und indem sie hinauf- oder hinabsteigen, ist ihre Wanderung ›auf dem Wasser‹. Die Zehenspitzen aller Berge durchkreuzen die Gewässer und bringen sie zum Tanzen.«

Dōgen beendet seine Meditation über Berge und Wasser: »Wenn Du die Berge gründlich untersuchst, so wird dies zur Bemühung inmitten der Berge. / Derartige Berge und Wasser werden von sich aus zu weisen Menschen und Heiligen« — sie werden Verkäufer auf den Bürgersteigen, Nudelköche, Murmeltiere, Raben, Äschen, Karpfen, Klapperschlangen, Moskitos. *Alle* Lebewesen werden von den Bergen und den Wassern »hervorgerufen« — sogar die rasselnde Kette eines Raupenschleppers und der schimmernde Glanz auf den Klappen einer Klarinette.

VI
Uralte Wälder des Westens

»Ihre Altäre sollst du umstürzen und ihre Steinmale
zerbrechen und ihre heiligen Pfähle umhauen;«
(2. Mose 34,13, nach der Übersetzung Martin Luthers)

Nach dem Kahlschlag

In der abgeholzten Landschaft zwischen dem Puget Sound und der nördlichen Spitze des Lake Washington hatten meine Eltern eine kleine Farm, auf der sie Milchwirtschaft betrieben. Die Anhänger des Bioregionalismus nennen diesen nordwestlichen Teil des Staates Washington »Ish«, nach dem Suffix, das in der Sprache der Sal-Indianer »Fluss« bedeutet. Die Flüsse, die dort in den Puget Sound fließen, heißen Snohomish, Skykomish, Samamish, Duwamish und Stillaguamish.

Ich erinnere mich, wie mein Vater dort mit Dynamit Baumstümpfe wegsprengte und die Wurzelreste mit einem Trupp Männer aus dem Boden zog. Auf diese Weise rodete er zwei Morgen Land und zäunte sie ein, um dann auf der Weide drei Guernsey-Rinder zu halten. Er baute eine zweistöckige Scheune mit Boxen für die Kühe im Untergeschoss, im oberen Geschoss hielten wir Hühner. Er pflanzte mit meiner Mutter Obstbäume, sie hielten Gänse und verkauften Milch. Hinter dem Zaun begann der Wald; es war ein nachgewachsener Dschungel aus Erlen und Faulbäumen und einheimischen Brombeerbüschen, die sich über die Baumstümpfe ausbreiteten. Einige dieser Stümpfe waren drei Meter hoch und hatten am Waldboden einen Durchmesser von zweieinhalb bis drei Metern. Oben an den Rändern konnte man noch die Einkerbungen erkennen, die von den Holzfällern dort für die mit Stahlrändern verstärkten Planken angebracht worden waren, die Sprungbretter, auf die sie sich beim Fällen der Bäume stellten. Auf diese Weise gelangten sie über den am Boden mächtig in die Breite gehenden Fuß des Baumes. Zwei oder drei der alten Bäume hatten überlebt, sie waren vergleichsweise klein, und ich kletterte gerne auf ihnen herum, besonders auf einem Westlichen Riesen-Lebensbaum (auf Snohomisch heißt die Zedernsorte ›xelpai'its‹), der in meiner Phantasie zu einer Art Ratgeber wurde. In jenen Jahren durchstreifte ich die nachgewachsenen Wälder aus Zedern, Douglas- und Schierlingstannen hinter der Weide für die Kühe, erforschte das dortige Sumpfgebiet und stieg den langgezogenen Abhang empor um dort oben in den trockenen Fichtenbestand zu gelangen. Der Wald war eher mein Zuhause als mein Elternhaus. Ich hatte dort einen ständigen Lagerplatz, wo ich mir etwas kochen konnte und ab und zu die Nacht verbrachte.

Als ich schon etwas älter war, wanderte ich zu den alten Baumbeständen in den Ausläufern der Cascades und der Olympics, wo der im Schatten gedeihende Stinkende Zehrwurz und das Unterholz der Igel-Aralie mannshoch wachsen und die Moosteppiche etwa 30 Zentimeter stark werden. Dort liegt immer ein intensiver Duft in der Luft, von zerfallenen nassen Organismen — Pilze — und von verrottenden roten Baumstämmen und von den Büschen der sauren, roten Nukahimbeeren. An den Waldrändern gibt es Salal-Dickichte mit ihren vielen milden, samenreichen Beeren, es gibt die gelben Lachshimbeeren und das Gewirr der Weinblattahornbäume. Wenn man dort im Schatten steht und auf die durch Brand und Holzeinschlag kahl gerodete Landschaft hinausschaut, sieht man das Afterkreuzkraut in voller Blüte.

Ein paar Jahre später wanderte ich in die hohen Berge. Die schneebedeckten Gipfel waren von einer bestimmten Stelle nahe bei unserem Gehöft gut zu sehen: besonders Mount Baker und der Glacier Peak im Norden und der Mount Rainier im Süden. In westlicher Richtung, hinter dem Puget Sound, konnte man die Olympics erkennen. Diese überirdisch glänzenden, schwebenden Schneegipfel erschienen mir wie eine Verheißung des reinen Geistes. Mit fünfzehn erlebte ich einen dieser entfernten Berggipfel das erste Mal aus der Nähe, als ich den Mount Saint Helens bestieg. Um drei Uhr frühmorgens standen wir auf und brachen unser Lager ab, um gegen sechs Uhr auf dem Gletschereis zu sein; dann standen wir in dreitausend Metern Höhe auf einem gefrorenen Berghang im rosafarbenen Sonnenaufgang, und die Steigeisen knackten auf dem verharschten Eis — solcherart sind die geheimnisvollen Freuden der Bergsteigerei. Ganz ins Eis und die Felsen und die Kälte und den Raum über dir einzutauchen — das ist eine schaurige, archaische Initiation und Transformation. Über allen Wolken sein, in Gemeinschaft nur weniger anderer hoher Berge, die auch im Sonnenschein stehen, während die Welt der Menschen noch unter ihrer grauen Wolkendecke schläft — das ist ein erster Schritt hin zu Aldo Leopolds »Thinking like a mountain« (Denken wie ein Berg). In den folgenden Jahren habe ich nach und nach die meisten Gipfel des Nordwestens bestiegen: Mount Hood, Mount Baker, Mount Rainier, Mount Adams, Mount Stuart und andere.

Zur selben Zeit begann ich, auch das Flachland stärker wahrzunehmen. Ununterbrochen rollten Lastwagen die Flusstäler von den Cascades hinab, beladen mit großen Baumstämmen. Wenn ich in der Umgebung unseres Gehöfts über die flacheren Hügel bei Lake City wanderte, wurde mir bewusst, dass ich in der Folgezeit eines großen Kahlschlags aufgewachsen war, und dass nur fünfunddreißig oder vierzig Jahre vergangen waren, seit alle diese Hügel abgeholzt worden waren.

Ich weiß heute, dass diese Region die Heimat einiger der größten und schönsten Bäume gewesen war, die die Welt jemals gesehen hatte, ein Wald aus Schierlingstannen und Douglasien, ein Regenwald der gemäßigten Zone, der aus der Zeit vor den Gletschern stammte. Und ich habe den Verdacht, dass ich bis zu einem gewissen Grad von den Geistern jener uralten Bäume angeleitet worden war, die dort in der Nähe ihrer Baumstümpfe ihr Unwesen trieben. Mit siebzehn trat ich der Wilderness Society bei, abonnierte die Zeitschrift Living Wilderness und schrieb Briefe an den Kongress zu Fragen der Forstwirtschaft im Olympic-Nationalpark.

Ich wurde aber auch beeinflusst durch die Arbeit, wie sie von meinen Onkeln geleistet wurde, und von unseren Nachbarn und den Arbeitern des gesamten Nordwestens an der Pazifikküste. Mein Vater stellte mich an das eine Ende einer großen Ablängsäge, die von zwei Männern bedient wurde, ich erhielt die klassische Anweisung »Du darfst nicht auf der Säge *reiten*« — nicht drücken, nur ziehen —, und ich mochte das saubere Zischen und Klingen des Sägeblatts, den Rhythmus, die Kameradschaft, den weißen Holzkringel, der mit den Zähnen austrat, das Ritual des Einstielens, die Spritzer Kerosin auf dem Sägeblatt und in der Kerbe, um die Verkeilung zu lösen. Wir sägten die Baumstämme in Stücke, um sie dann zu Brennholz kleinzuhacken. (Während der »Great Depression« sägten Arbeitslose die hohen, vom ersten großen Holzeinschlag übrig gebliebenen Zedernstümpfe noch einmal weiter unten ab, um sie in große Stücke zu zerlegen und sie dann für den Verkauf als handgespleißtes Zedernholz mit Spaltmessern aufzuspalten.) Wir fällten Bäume, um das Weideland auszuholzen. Wir verbrannten große Berge aus Gebüsch und Gestrüpp.

Menschen lieben es, gemeinsam harte Arbeit zu verrichten und dabei das Gefühl zu haben, dass es sich um wirkliche Arbeit handelt, d. h. um wichtige, produktive Arbeit, die gebraucht wird. Es ist eine fundamentale Angelegenheit, die Fertigkeiten der eigenen Hände und der gut gemachten Werkzeuge zu beherrschen und sich daran zu freuen. Und es ist ein tragisches Dilemma, dass ein Gutteil von der besten Arbeit, die Männer gemeinsam leisten, heutzutage irgendwie fehl am Platz zu sein scheint. Die hochentwickelte Technik des Walfangs mit der Harpune, die mit Muskelkraft auf den Wal geworfen wurde, und all die Arbeitsschritte des Flensens und Zerlegens, wie sie im »Moby Dick« beschrieben werden, müssen heute, wie wir wissen, vor der schrecklichen Vision der Ausrottung der Wale gesehen werden. Sogar der Bauer und der Zimmermann sind in einer unguten Lage: Pestizide, Herbizide, schleichende Subventionierung, dazu staatlich verbilligtes Wasser, billige Materialien, die hässliche Parzellierung des Landes und Wände, die nicht lange halten werden. Wer kann noch stolz auf etwas sein? Und unsere moralische Empörung als Umwelt- und Naturschützer richtet sich (in ihrer Frustriertheit) oft gegen die Holzfäller und die Bauern, während die wirkliche Macht in den Händen von Leuten liegt, die horrende Geldsummen scheffeln, es sind Leute, die — Männer wie auch Frauen — tadellos gekleidet sind, an den besten Universitäten hervorragend ausgebildet wurden, die sich von ausgesuchten, guten Lebensmitteln ernähren und erstklassige Literatur lesen, während sie andererseits jene Gesetzgebung und Investitionen auf den Weg bringen, die dazu führen, dass die Welt zugrunde gerichtet wird. Als ich an der nordwestlichen Pazifikküste zu einem jungen Mann heranwuchs und meine Ratschläge von einem Zedernbaum erhielt, die Geschichte meiner Heimatregion kennenlernte, Berge bestieg, die Kulturen der eingeborenen Bevölkerung studierte und kleine Rituale erfand, die meine geistige Gesundheit erhielten, konnte ich mir oft mit den Holzfällerfertigkeiten helfen, die ich auf jener Baumstumpffarm der Depressionsjahre gelernt hatte.

Bei der Arbeit in den Wäldern

1952 und 1953 arbeitete ich für den Forest Service als Beobachtungsposten in den nördlichen Cascades. Im darauffolgenden Sommer wollte ich neue Berge sehen und bewarb mich deshalb bei einem Nationalforst im Gebiet des Mount Rainier. Ich war schon auf der Packwood Ranger Station und hatte mir schon meinen Sommervorrat an Lebensmitteln für die Zeit als Ausguckwächter gekauft, als der Distrikt (aus Washington D.C.) die Anweisung gab, mich zu feuern. Es war die Zeit der McCarthy Ära, und in Portland fanden die Anhörungen des Velde-Komitees* statt. Die Namen vieler meiner Bekannten wurden im Fernsehen genannt. Das war das Ende meiner Laufbahn als Saisonwaldarbeiter im Dienst der Regierung.

Ich war vollkommen abgebrannt und beschloss deshalb, mich wieder in der Holzindustrie zu bewerben. Ich blieb im Indianerreservat von Warm Springs im Osten der Cascades von Oregon hängen und meldete mich dort bei der Warm Springs Lumber Company zur Arbeit. Hier hatte ich schon im Sommer 1951 Baumstämme entrindet. Ich wurde nun als sogenannter Chokersetter angeheuert [der die Aufgabe hat, das Transportstahlseil an dem gefällten Baumstamm anzubringen]. Das Land besteht dort oben aus einem Hochplateau aus Lavagestein, das südlich des Columbia River im Wassereinzugsgebiet der Deschutes liegt und bis hoch zum Quellgebiet des Warm Springs River reicht. Wir fällten auf den mittleren Hanglagen der Ostseite alte Bestände von Ponderosa-Kiefern, es war ein offener, angenehmer, wohlriechender Wald aus massiven, gerade gewachsenen Bäumen, die auf vulkanischem Untergrund

---

* [Gemeint ist das »House Committee on Un-American Activities« (Komitee für unamerikanische Umtriebe) das 1953–55 unter Vorsitz des Republikaners Harold Himmel Velde stand.]

standen. Der obere Rand dieses Gebiets reichte in die alpinen Landstriche hinein, während der untere Teil, der weiter und weiter in die Wüste hinabreichte, inzwischen nur noch von nordamerikanischem Beifuß bewachsen war. Die Holzgewinnung war mit dem dortigen Stammesrat vertraglich geregelt. Der Erlös sollte der gesamten in der Umgebung lebenden Bevölkerung zugute kommen.

11. August 1954
Heute die Waldarbeit mit dem Stahlseil. Abends Madras, Bier trinken. Im Schatten des Mount Jefferson. Lange, zimtfarbene Stämme. Das ist »Kiefer« und sie gehört den »Indianern« — welch seltsame Verknüpfungen. Dass diese Indianer und diese Bäume, die jahrhundertelang koexistierten, plötzlich Besitzer und In-Besitz-Genommene sind. — Das sind *unsere* Begriffe, soviel ist sicher.

Mit der Arbeit hatte ich kein großes Problem. Anders als die Regenwälder aus dicht wachsenden Douglasien westlich der Cascades, wo man durchaus Argumente für den Kahlschlag finden kann, sind diese trockeneren Kiefernwälder bestens geeignet für den selektiven Holzeinschlag. Die Hänge waren hier sanft geschwungen, und sie machten nicht mehr als vierzig Prozent des Gebiets aus. Man ließ eine bestimmte Anzahl gesunder mittelgroßer Samenbäume stehen. Die D8-Raupen bahnten sich ihren Weg, ohne die stehengebliebenen Bäume zu verletzen.

Die Arbeit des Chokersetters ist Teil des Holzrückens. Zuerst gehen die Holzerkunder in den Wald, schätzen die Festmeter und markieren die Bäume. Dann kommen die wegebahnenden Raupen und Planiermaschinen. Ihnen folgen die sogenannten »gypos«, die »Zigeuner«, Holzfäller, die keinen Stundenlohn bekommen, sondern nach der Menge des produzierten Holzes bezahlt werden, und zuletzt kommt die Mannschaft, die das Rücken der Stämme besorgt. Westlich dieses Gebirges ist das Holzrücken typischerweise ein Arbeitsablauf, bei dem die Baumstämme durch ein System von Tauen transportiert werden, die von einem hohen stehengebliebenen Baum her gespannt sind. In den Kiefernwäldern an der Ostseite geschieht das Rücken der Stämme mithilfe schwerer Raupenschlepper. Die Raupe zieht einen »Bogen-Hänger« hinter sich her, mit einem Stahlseil, das von der Winde am Heck der Raupe zu der Rolle oben auf dem Bogen führt und von dort hinunter, wo das Seil sich in drei massive Ketten teilt, an deren Ende schwere Haken aus Stahl befestigt sind, die Endhaken. Ich gehörte zu einem Zweierteam, das hinter der Raupe arbeitete. Es war eine Zwei-Raupen-Nummer.

Jede Raupe zieht die gefällten und aufgebockten Stämme auf den für die Raupenketten gebahnten Schneisen zur Aufladestelle — wo sie auf die Lastwagen verladen werden. Während sie eine Ladung Stämme wegzieht, prüfen die Chokersetter (die dahinter, oberhalb der Schneisen stehen) die nächste Fuhre. Man sucht die Stämme heraus, die man der Raupe auf die nächste Reise mitgibt, man bestimmt die Reihenfolge, in der man sie an den Haken nimmt, damit sie sich nicht überkreuzen, hochschnellen, querstellen, lebende Bäume flachlegen, an Baumstümpfen hängenbleiben oder andere gefährliche Bewegungen vollführen. Ein Chokersetter muss leicht und drahtig sein. Ich trug die Holzfällerstiefel von White, die unter der Sohle Stahlstifte hatten wie kleine Wieselzähne. Damit hatte ich idealerweise einen sicheren Tritt und konnte auf einem großen Stamm entlang oder gegen sein Gefälle anlaufen und dabei den Stapel im Auge behalten und die physikalischen Verhältnisse der sich bewegenden Massen einschätzen. Die Raupe kam dann die Fahrschneise bergauf zurück, die losen Seile im Schlepptau, und sie schwenkte ein, wo ich ihr das

Zeichen gab. Ich nahm dann zwei oder drei Schlingen von den Endhaken und zog die fünf Meter langen Kabel hinter mir her, während ich mich ins Gebüsch zu den Stämmen begab. Die Raupe fuhr dann zu dem anderen Chokersetter, der auch seine Taue nahm und dasselbe tat wie ich. Wenn die Raupe ihren Bogen machte und sich in die andere Richtung drehte, waren die Chokersetter wieder unten im staubigen, trockenen Waldboden und zogen das Kopfende der Kette unter dem Stamm durch, bugsierten es nach oben, legten es um den ganzen Stamm herum und hakten es in den rutschigen Stahlverschluss, den sie »Glocke« nannten, und der die Schlinge um den Baumstamm zuzog, indem er das Seil straffte. Die Raupe setzte dann in einem Bogen bis dahin zurück, wo ich stand und die Schlingen hochhielt. Ich klinkte das erste »D« — den Ring am freien Ende der Schlinge — über den Endhaken und schickte die Raupe zum nächsten Stamm. Nun konnte sie sich vorarbeiten und dann den Stamm wegzerren, während ich auf die nächste Fuhre sprang und dort die Schlinge in den Endhaken einklinkte. Danach begann die Winde am Heck der Raupe zu arbeiten und die Enden der Stämme vom Boden zu hieven, um sie dann im Bogen zwischen zwei Laufflächenrädern der Raupe einzuhängen.

Stand aufrecht
hielt die Schlinge hoch
Als die Raupe den Bogen mit Schwung in Stellung brachte
und die »Pisstannen« zu Boden fielen,
Und die Glieder schnappten zu auf dem Hut aus Blech,
leuchtendes D von
Pendelnden Endhaken erfasst
klirrend gegen kalten Stahl.
(aus: Myths and Texts, 1960)

Die nächste Frage war: Wie würden sie sich auffächern? Mein Raupenfahrer hieß Little Joe, war gerade neunzehn und frisch verheiratet, kaute Priem und war immer für Scherze zu haben. Ich gab ihm das Zeichen zum Losfahren, lief gleichzeitig auf den Baumstämmen nach hinten, und wenn er gerade anfing, die Stämme wegzuziehen, sprang ich hinten ab. Du darfst nie zwischen einem aufgefächerten Stapel Baumstämme stehen, sagt man. Wenn der Traktor anfährt, schwingen sie nach innen und schnappen zu: »Auf diese Weise verlieren Chokersetter ihre Beine.« Und stelle dich nicht neben einen Baumstamm, wenn die Ladung abgeht. Auch wenn die Ladung ihn nur leicht streift, kann das obere Ende des Baumstamms oder das ganze Ding herunterkommen. Ich sah einen solchen abgestorbenen Baum, den sie »Schulfräulein« nennen (ein Baum mit einer Gabelung im oberen Drittel), auf diese Weise wegbrechen und fallen, und er streifte den Schutzhelm eines Chokersetters, den sie ›Stubby‹ nannten. Ihm passierte aber glücklicherweise nichts.

Der D8 wühlt sich durch Pisstannen
Streift die Samenkiefer
Backenhörnchen flüchten,
Eine schwarze Ameise trägt ein Ei
Ziellos auf zerwühltem Grund.
Wespen schwärmen und kreisen
Über dem zermalmten toten Stamm, ihrem Heim.
Harz sickert von geschälten
Bäumen, die noch stehen,
Zerquetschtes Gebüsch macht seltsame Gerüche.
Murrays-Kiefern sind ganz brüchig.
Zeltplatzdiebe springen hin und her, um zuzuschauen.

Ich lernte Tricks, Platzierungen, Kniffe von den erfahrenen Chokersettern — Methoden, die Schlinge des Stahlseils so anzubringen, dass der Stamm sich über einen anderen hinweg schwang, und sogar unter einem anderen hervorsprang. Abfolgen und Handgriffe, wie man die Schlinge so einhakt, dass, sobald die Raupe anzieht, sich der Haufen Baumstämme ausrichtet und die Taue sich auf mysteriöse Weise zu einer perfekten Ladung auffächern, in der nichts überkreuz zu liegen kommt — obwohl vorher alles auf den ersten Blick wie ein unordentliches Spinnennetz aussah. Mitunter hatten wir einen Baum mit zweieinhalb Metern Durchmesser und viele Anderthalb- und Zweimeterstämme: Das waren die makellosesten Ponderosa-Kiefern, die ich je gesehen habe. Außerdem hatten wir Weißtannen, Douglasien und einige Lärchen. Bald hatte ich mich an das mahlende, quietschende Getöse und Rattern der Raupe gewöhnt, an den Staub und an die intensiven Gerüche des zerfurchten, aufgewühlten Bodens und der Pflanzen. In der Mittagszeit, wenn die Maschinen stillstanden, konnten wir Wildtiere beobachten, die sich staksend ihren Weg durch zerwühlte Waldstücke bahnten. Ein Schwarzbär brach immer wieder unseren verdreckten Lastwagen auf, um an den Proviant zu gelangen, bis ihn einer erlegte — das gesamte Lager verspeiste ihn zum Mittagessen. Keiner hegte Groll gegen den Bären, und bei der Holzfällerarbeit gab es keinerlei Gefühl von Eroberung oder Sieg. Die Männer waren stoisch, erfahren, ein wenig überarbeitet und voller derber (aber lustiger!) Witze und Ausdrücke. Viele lebten im Reservat, das von Angehörigen der Wasco, der Wishram und der Shoshonen bewohnt wurde. Die Holzfirma stellte bei der Vergabe von Jobs bevorzugt ortsansässige Angehörige der amerikanischen Urbevölkerung ein.

Ray Wells, ein langer Nisqually, und ich
jeder legte eine Schlinge

An den Enden der beiden Lärchenstämme an,
In einem Stechapfeldickicht, in einem Sumpf.
Wir warteten, dass die Raupe zurückkam,
»Gestern haben wir ein paar Ponys kastriert
mein Schwiegervater schnitt ins Fell auf den Hoden
Er ist ein Wasco und spricht kein Englisch
Er greift 'ne handvoll Adern und Sehnen und irgendwie
schneidet er die richtigen ab.
Der Hoden springt raus, das Pferd schreit,
Ist aber gut festgebunden.«
Die Raupe kam rasselnd zurück, bergab.
Im Schatten des Getöses
Diesel und Eisenketten
Dachte ich an Ray Wells' Tipi
Draußen in der salbeibewachsenen Niederung
Die kastrierten Ponys
Wie sie verheilten, in der toten weißen Hitze grasend.

Es gab auch alte Weiße, Burschen, die ihr ganzes Leben in der Holzindustrie gearbeitet hatten: Einer von ihnen war bei den Industrial Workers of the World, den ›Wobblies‹, aktiv gewesen, von den späteren Gewerkschaften hielt er nichts. Ich erzählte ihm von meinem Großvater, der für die ›Wobblies‹ auf dem Yesler Square in Seattle öffentliche Reden gehalten hatte, und von meinem Onkel Roy und seiner Frau Anna, die in der Zeit des Ersten Weltkriegs Chefköchin in einem großen Holzfällerlager bei Gray's Harbor gewesen war. Ich berichtete ihm von dem wiedererwachten Interesse am Anarchosyndikalismus in einigen Kreisen in Portland. Er sagte, in den letzten zwanzig Jahren habe niemand mit ihm über ›Wobblies‹-Themen gesprochen, und er wisse es zu schätzen. Seine Arbeit, er war »Knotenmann«, hielt ihn am Ladeplatz, wo die Raupen die Stämme abwarfen und dabei ins Rutschen kamen. Obwohl die Holzrücker die Hauptäste abgesägt hatten, ließen sie manchmal Aststümpfe stehen, die das Verladen und Stapeln erschwerten. Er hackte dann die Stümpfe mit einer doppelschneidigen Axt ab. Ed hatte eine kreisförmige Druckstelle in der Gesäßtasche seiner ausgefransten Jeans: Sie stammte von seinem runden Schleifstein für die Axt. Zwischen den Ladungen schärfte er ständig seine Axt — mit der Schneide hätte er eine hauchdünne Scheibe von seinem »Day's Work« Kautabak abschneiden können, sein dünnes Stück Priem.

Ed McCullough, Holzfäller seit fünfunddreißig Jahren
Mit dem Einzug der Kettensäge reduziert
Aufs Abschlagen der Aststümpfe am Ladeplatz
»Diese Scheiße muss ich mir nicht geben
Nochmal zwanzig Jahre
Ich werd' ihnen erzählen, dass ich in'n Sack haue«
(da war er fünfundsechzig)
1934 wohnten sie in Holzhütten
In der Nähe von Hooverville, im Sullivan's Gulch.
Wenn der Zug nach Portland vorbeifuhr,
Warfen die Männer Kohlen ab.

»Tausend von den Jungens erschossen und zusammengeschlagen
Für'n warmes Bett, für'n guten Lohn,
Vernünftiges Essen, in den Wäldern —«
Keiner wusste, was es bedeutete:
»Soldaten der Unzufriedenheit.«

Einmal kam es vor, dass die Raupe nur einen Stamm zog, und der war nicht wie üblich zehn Meter lang, sondern ungefähr fünf. Obwohl er nur die halbe Länge hatte, schaffte die Raupe es kaum, ihn vorwärtszubewegen. Wir mussten zwei

Schlingen aneinanderbinden, um ganz herumzureichen, und es blieb kaum ein Stück Tau als »Schweineschwanz« übrig. Ich weiß heute, dass der Baum nahe daran war, den Größen-Rekord zu brechen. Die mächtigste Ponderosa-Kiefer der Welt, die in der Nähe des Mount Adams steht – ich fuhr viele Meilen über staubige Pisten dorthin –, ist im Umfang nicht viel größer, als dieser Baum es war.

Wie konnte es anders sein: Man bedauerte, zusehen zu müssen, wie solch ein riesiger, massiver Baum als Nutzholz wegging. Es handelte sich um einen der Alten, ein Lebewesen von großer Präsenz, einen Zeugen der Jahrhunderte. Ich hob einige der gelbbraunen, schön geformten Rindenstücke dieses Stammes auf und legte sie auf den kleinen Altar, den ich mir in meiner Schlafkoje im Camp aufgebaut hatte. Dieses Stück Rinde und die anderen Gaben (eine Goldspechtfeder, ein Stück Schale von einem zerbrochenen Vogelei, etwas Obsidian und ein Postkartenfoto des Bodhisattva der transzendenten Intelligenz, Manjusri) waren nicht »meine« Gaben an den Wald, sondern die Gaben des Waldes an uns alle. Ich nehme an, ich bewahrte dort nur ein ganz kleines Zeichen von alledem auf.

Im Warm Spring Forest war nur alter Baumbestand zu finden. Großartiges Nutzholz, meist frei von Fäulnis. Ich habe keinen Zweifel, dass die vielen Samenbäume und die kleineren Bäume, die wir stehenließen, sich gut entwickelten, und dass der Wald in einem guten Zustand wiedergekommen ist. Ein Forstwirt des Büros für Indianerangelegenheiten und der Stammesrat hatten den Holzeinschlag gemeinsam geplant.

Ist der Wald wirklich in gutem Zustand wieder gewachsen? Ich weiß nicht, ob seitdem im Warm Springs Forest noch einmal Holz geschlagen wurde. Eigentlich hätte das nicht geschehen dürfen, aber...

Von Mitte der dreißiger bis in die späten fünfziger Jahre gab es eine beruhigende, recht tröstliche Beurteilung der Forstverwaltung und der Holzindustrie durch die Naturschützer. Die schweren Kahlschläge, die nun die gesamte pazifische Senke vom Kern River bis nach Sitka in Alaska verwüstet haben, hatten noch nicht begonnen. Damals glaubten die offiziellen Vertreter der Forstwirtschaft noch an den selektiven Holzeinschlag und praktizierten tatsächlich die dauerhafte Nutzung des Waldes. Rückblickend waren dies die letzten Jahre einer rechtschaffenen Forstwirtschaft.

Immergrün

Das raue, trockene Land des amerikanischen Westens hatte einen seltsamen Einfluss auf die amerikanische Politik. Ein paar Menschen hat es verändert und sogar radikalisiert. Zu einem bestimmten Zeitpunkt wurden der Bau und die Gründung privater Siedlungen im Westen untersagt und die noch nicht in Claims eingeteilten Ländereien wurden zu staatlichem Grund und Boden erklärt. In jener Zeit begriffen einige Leute, dass die Zukunft dieser Ländereien einer öffentlichen Diskussion bedurfte. Einige Bürger entwickelten sich von Liebhabern und Erkundern der Wildnis zu politischen Aktivisten.

Taoistische Philosophen lehren uns, dass Erstaunen und zarte Weisung aus dem Nutzlosen stammen. Das geschah mit dem Ödland des amerikanischen Westens — unzugänglich, ungastlich, trocken und abweisend in den Augen der meisten frühen Euro-Amerikaner. Das nutzlose Land wurde für einige Männer und Frauen des 19. und des frühen 20. Jahrhunderts zum »Ort der Träume« (John Wesley Powell in Fragen des Wasserhaushalts und des staatlichen Grundbesitzes; Mary Austin in Angelegenheiten der eingeborenen Amerikaner, der Wüsten und der Frauen) — sie gingen in den weiten Raum und die Einsamkeit und kamen von ihrer Suche nicht nur zurück, um die Politik und die Postulate der expandierenden Vereinigten Staaten einer Kritik zu unterziehen, sondern auch, um im Namen der Wildnis und des Allmende- und Gemeinschaftslandes die Segel zu setzen, die sich heute mit Wind füllen. Ein Gutteil des neu zu öffentlichem Grund und Boden erklärten Landes hatte durchaus potenziellen Nutzen für den Holzeinschlag, als Weidegrund und für den Bergbau. Allerdings waren, was die Nutzung für die Holz- und Viehwirtschaft angeht, die besten Gebiete bereits in privater Hand. Das Land, das der öffentlichen Hand zufiel (oder gelegentlich auch den Status eines Indianerreservats erhielt), war — nach den damaligen Kriterien — nutzloser, vernachlässigbarer Grund und Boden. Die Bombenabwurfgebiete und Atomtestgelände des Großen Becken Kaliforniens befinden sich ebenfalls in öffentlicher Hand und wurden dem Militär vom Bureau for Land Management überlassen.

Insofern galten die ersten Wälder, die damals als Schutzgebiete vorgesehen waren, nicht primär als Nutzholzland. Die Interessen der Holzindustrie im Nordwesten der Pazifikküste richteten sich in den frühen Jahren auf dichte Koniferenwälder in geringen Höhenlagen, wie es sie in der Gegend gegeben hatte, in der ich aufwuchs, oder auf Wälder in Meeres- oder Flussnähe. Während dieses leicht zugängliche Land nach dem Kahlschlag in privaten Besitz überging, behielten die großen Unternehmen die entlegeneren Gebiete als kommerziellen Nutzwald. Große Teile des Waldes auf der Olympic-Halbinsel sind in privater Hand. Nur durch Zufall und glückliche Umstände gelangte ein Waldbestand in geringer Höhenlage wie der Hoh River Forest im Olympic-Nationalpark oder die Jedediah Redwood-Wälder in Kalifornien letztlich in den Besitz der öffentlichen Hand. Aufgrund dieser Inseln überlebenden Waldes können wir heute noch sehen, wie der urzeitliche Wald der Westküste in seiner dichtesten, konzentriertesten Auspragung einmal ausgesehen hat. Mit einer vielsagenden Bezeichnung wurde er einstmals zum »jungfräulichen Wald« erklärt. Dann wurde er »Altbestand« oder in bestimmten Fällen auch »Klimax« genannt. Heute setzt sich die Bezeichnung »uralter Wald« durch.

Auf dem regenreichen Gebirgshang am Pazifik gab es früher Millionen Hektar große Bestände, die sich über Jahrtausende, möglicherweise über einen Zeitraum von einer Million Jahren entwickelt hatten. Solche Wälder sind die reichsten Beispiele für den ökologischen Prozess, sie enthalten neben riesigen Mengen an toter und absterbender Materie auch frisches Grün und bewahren die Entwicklungspfade der Energien in beide Richtungen — Wachstum und Zersetzung. Ein sehr alter Wald wird viele große, wahrlich sehr alte Bäume enthalten, einige mit schroffen, zerbrochenen, moosig-»schmutzigen« Kronen mit viel akkumuliertem organischem Material, die meisten werden löchrig sein und im Inneren schon jede Menge verrottende Stellen aufweisen. Es wird stehengebliebene Baumstümpfe geben und tonnenweise am Boden liegende Stämme. Diese Merkmale machen den uralten Wald, wenn sie auch für den Holzfachmann und Forstwirt nicht erfreulich sind (er nennt das »überreif«), zu mehr als einem bloßen Holzbestand: Es handelt sich um einen Palast für Organismen, um einen Himmel der vielen Lebewesen, um einem Tempel, in dem das Leben das Puzzlespiel seiner eigenen Zusammensetzung in der Tiefe erkundet. Die lebendige Geschäftigkeit geht direkt auf den »Grund« und in ihn ein — in den Abfall, den Humus des Waldbodens. Dort gibt es Termiten, Larven, Tausendfüßler, Milben, Sprungschwänze, Pillenkäfer und fein durch den Erdboden versponnene Fäden von Pilzen. »Es gibt 5500 Individuen (Regen- und Fadenwürmer nicht mitgerechnet) in jedem Quadratfuß des Bodens bis in eine Tiefe von einem halbem Meter. Nicht weniger als siebzig Arten wurden in einem Stück reicher Walderde ermittelt, das nicht einmal einen Quadratfuß maß. Die gesamte Population von Boden und Waldstreu zusammen kommt wahrscheinlich an die zehntausend Lebewesen pro Quadratfuß heran«, so Gordon Robinson in einer Studie von 1987. Die in diesem Wald vorherrschenden Koniferen — die Douglasie, der Westliche Riesen-Lebensbaum, die Westliche Schierlingstanne, die Edeltanne, die Sitka-Fichte, die Küsteneibensequoie — sind alle langlebig und wachsen in gigantische Höhen. Häufig sind sie die am längsten lebenden ihrer Art. In den alten Wäldern der westlichen Hanglagen sind die höchsten Anteile an Biomasse pro Hektar — an gesamter lebender Materie — zu finden, die es auf der Welt gibt; Werte, die höchstens noch von einigen australischen Eukalyptuswäldern erreicht werden. Ein altgewachsener Wald in gemäßigten Breiten bringt es, wie auch die tropischen Wälder, auf durchschnittlich 378 Tonnen pro Hektar. Die Wälder am Westhang der Cascades in Oregon erzielten im Durchschnitt 1070 Tonnen pro Hektar. An der Spitze stehen die Wälder der Küsteneibensequoien mit 4524 Tonnen pro Hektar.

Forstökologen und Paläoökologen spekulieren darüber, wie ein solcher Wald entstehen konnte. Es scheint so gewesen zu sein, dass vor etwa zwanzig Millionen Jahren der Wald an der amerikanischen Westküste aus Hartholzlaubbäumen bestand — Esche, Ahorn, Buche, Eiche, Ulme, Ginkgo — und dass Nadelbäume nur an den höchstgelegenen Standorten vorkamen. Vor zwölf bis achtzehn Millionen Jahren begannen die Koniferen dann größere Gebiete zu erobern und verbanden sich in der Folgezeit untereinander entlang der höhergelegenen Gebiete. Vor anderthalb Millionen Jahren, im frühen Pleistozän, hatten sich die Koniferen dann vollständig durchgesetzt, und die Wälder waren im Wesentlichen so, wie sie heute aussehen. Wälder

der Art, wie sie ursprünglich vorherrschend waren, die Hartholzwälder, überleben heute in den östlichen Gebieten der Vereinigten Staaten, und sie bildeten auch in China und Japan die ursprüngliche Vegetation (vor dem Ackerbau und den ersten Holzeinschlägen). Wenn man heute den Great Smoky Mountains-Nationalpark besucht, bekommt man eine Vorstellung davon, wie die Bergwälder um die alte chinesische Hauptstadt Xian, das früher als Ch'ang-an bekannt war, im 9. Jahrhundert ausgesehen haben könnten.

In den anderen Wäldern der gemäßigten Klimazone in anderen Teilen der Welt treten Koniferen nur sekundär, nur gelegentlich auf. Der Erfolg der Nadelbäume an der nordamerikanischen Westküste ist offenbar von einem Zusammentreffen mehrerer Bedingungen begünstigt: relativ kühle und trockene Sommer (die für Laubbäume nicht besonders günstig sind) in Kombination mit milden feuchten Wintern (in denen die Koniferen die Photosynthese fortführen) und fast vollständigem Ausbleiben von Taifunen. Das enorme Ausmaß des Stammes erlaubt ihnen, Feuchtigkeit und Nährstoffe für Dürrejahre zu speichern. Diese Wälder wachsen, solange sie jung sind, kontinuierlich weiter und sind — von einem holzwirtschaftlichen Standpunkt aus betrachtet — sehr ertragreich. Die hier vertretenen besonderen Arten wachsen weiter und fahren fort, Biomasse zu akkumulieren, auch noch lange nachdem die Bäume anderer Klimazonen ihren Gleichgewichtszustand erreicht haben.

Man findet hier das nördliche Flughörnchen (das von Trüffeln lebt) und seinen Erzfeind, den gefleckten nordamerikanischen Waldkauz. Hier leben das Douglashörnchen (auch Chickaree genannt) und sein Intimfeind, der Baummarder, der schneller klettern kann als ein Eichhörnchen. Der Schwarzbär in seinem gemächlichen Trott ist ständig auf der Suche nach Maden und Raupen in den toten Baumstämmen. Diese und zahllose andere Tiere bewohnen die tiefen, schattigen, beständig gleichbleibenden hohen Hallen dieser Haine der riesigen Bäume — weniger Wind, weniger Temperaturschwankungen, immer die gleiche Feuchtigkeit. Dort gibt es Waldmäuse, die in den Wipfeln der Bäume zu Hause sind, die oben im Baldachin des Waldes in sechzig Metern Höhe seit Hunderten von Generationen leben und von denen einige nie auf den Erdboden hinunter gelangen. In gewisser Weise wird alles vom Gewebe der Mycelia zusammen gehalten, von den Pilzfäden, die als Medium zwischen den Wurzelspitzen und den Bodenchemikalien wirken und die Nährstoffe einbringen. Diese Verbindung ist so alt wie die Wurzelpflanze. Die Gesamtheit des Waldes wird von diesem unterirdischen Netzwerk am Leben erhalten.

Die Wälder an der amerikanischen Nordwestküste des Pazifiks sind in der gemäßigten Klimazone die letzten übriggebliebenen Wälder. In Platos »Kritias« heißt es: »Damals aber, als Attika noch unversehrt war, hatte es Berge mit hoher Erddecke gegeben. (...) Auch Holz hatte es reichlich auf den Bergen, wovon noch jetzt deutliche Spuren vorhanden sind; denn von den Bergen bieten heute (...) manche nur noch den Bienen Nahrung, und ist es noch gar nicht lange her, dass das Dachgebälk großer Häuser noch wohlerhalten stand, das man aus den Bäumen der Berge hergestellt hatte. Daneben gab es auch noch viele hohe veredelte Fruchtbäume. (...) Ferner erfreute sich das Land dank Zeus eines jährlichen Regengusses, der ihm nicht wie jetzt durch Abfluss über den kahlen Boden weg verloren ging.«[*] Die Geschichte der Wälder am Mittelmeer, die uns eine Warnung sein sollte, ist wohlbekannt. Ihre maßgebliche Zerstörung fand in den letzten Jahrhunderten statt, aber sie hatte

---

[*] [Zit. nach Platon, Sämtliche Dialoge, übersetzt und erläutert von Otto Apelt, Leipzig ²1922, Bd. IV, S. 196.]

schon früher begonnen, in der Zeit der Klassik, und zwar besonders in den niederen Höhenlagen. In der neolithischen Zeit war das gesamte Mittelmeergebiet wohl mit 200 Millionen Hektar Wald überzogen. Nur die Wälder in höheren Lagen haben überlebt, doch auch sie belegen heute nur ungefähr dreißig Prozent dieser Bergregionen — etwa 18 Millionen Hektar. Einige hundert Millionen Hektar Land, die früher dicht mit Pinien, Eichen, Eschen, Lorbeer und Myrrhe bewachsen waren, weisen heute nur noch wenige Spuren an Vegetation auf. Es gibt im Mittelmeergebiet ein hochentwickeltes Vokabular für postforstliche bzw. nichtforstliche Pflanzengemeinschaften, das differenzierter ist als das, was wir in Kalifornien kennen (wo alles Gestrüppland »Chaparral« genannt wird). »Maquis« ist der Begriff für Eichen-, Oliven-, Myrrhen- und Wacholdergestrüpp. Eine Gemeinschaft aus niedrigen gewachsten trockenresistenten Gebüschen heißt »garrigue«. »Batha« ist offener, blanker Felsen und erodierender Boden mit verstreutem niedrigem Buschwerk und einjährigen Pflanzen.

Die Menschen, die heute dort leben, haben oft keine Ahnung, dass ihre rauen felsigen Hügel früher einmal reich an Wild und Wäldern waren. Die verschärfte Zerstörung war eine Funktion *dieses Typus* der Agrarwirtschaft. Die kleinen selbstgenügsamen Bauernhöfe und ihre Gemeinschafts- und Allmendegrundstücke wurden von den riesigen, mit Sklavenarbeit betriebenen Latifundien verdrängt, die in Abwesenheit des Eigentümers bewirtschaftet wurden und auf zentrale Märkte hin angelegt waren. Das Wild, das überlebt hatte, konnte nun von den neuen Besitzern bis zum letzten Tier gejagt werden, der Wald wurde für große Geldsummen verkauft, und die Produktion von Feldfrüchten wurde entsprechend ihrem jeweiligen Marktwert ausgebaut. Jack Vincent Thirgood schrieb darüber: »Die Küstenstädte des Mittelmeerraums waren stark in einen intensiven, die ganze Region umfassenden Handel eingebunden, in dem es um billige Erzeugnisse aus Manufakturen, um ein verstärktes Marktgeschehen und um fabrikähnliche Produktionsweisen ging. (...) Diese Entwicklungen der geplanten Kolonisierung, der Wirtschaftsplanung, der Weltwährungen und der Medien des Austauschs hatten drastische Auswirkungen auf die natürliche Vegetation der Region, von Spanien bis nach Indien.«[*]

»Chinas Hartholzwälder verschwanden nach und nach mit der Ausbreitung des Ackerbaus, sie waren schon vor fünfunddreißig mal hundert Jahren zum größten Teil abgeholzt«, kommentierte der chinesische Philosoph Mengzi im 4. Jahrhundert v.Chr. die Risiken des Kahlschlags. Die Zusammensetzung des japanischen Waldes hat sich durch jahrhundertelang kontinuierlich praktizierten Holzeinschlag verändert. Die japanischen Sägewerke sind heute auf Stämme von etwa zwanzig Zentimetern Dicke eingestellt. Die ursprünglichen Hartholz-Laubwälder finden sich nur noch in den abgelegensten Gebirgsregionen. Den hoch gepriesenen, aromatisch duftenden Hinoki-Baum (die japanische Hinoki-Zypresse), der für den Bau von Schreinen und Tempeln unentbehrlich ist, findet man heute nur noch so selten, dass Stämme, die groß genug für die Restaurierung traditioneller Holzbaustrukturen sind, von der nordamerikanischen Westküste eingeführt werden müssen. Hier heißt dieser Baum Lawsons Scheinzypresse und ist nur in Südoregon und in den Siskiyou Mountains in Nordkalifornien anzutreffen. Sie wurde viele Jahre lang bei der Herstellung von Pfeilschäften verwendet. Heutzutage kann sich das kein Amerikaner mehr leisten. Kein anderes Weichholz auf der Erde erzielt solche Preise, wie sie japanische Käufer für diese Holzart zu zahlen bereit sind.

[*] [Jack Vincent Thirgood, Man and the Mediterranean forest. A history of resource depletion, London / New York: Academic Press, 1981.]

Der gewerbliche Holzeinschlag an der amerikanischen Westküste begann in den 1870er Jahren. Jahrzehntelang hatte sich alles unterhalb einer Höhe von 1200 Metern abgespielt. Es war die Ära der Zweimannsäge, der doppelten, mit der Axt geschlagenen Fallkerbe, der Bohlen zum Abspringen, der Kerosinflasche, an der ein Haken angebracht war, mit dem sie in die Rinde gehängt wurde. Holzfäller, die noch mit den Händen arbeiteten, ließen die gefällten Stämme in die Salzwasserbuchten des Puget Sound fallen und flößten sie dann zu den Sägewerken. Dort kamen kleine transportable Dampfmaschinen und Zugochsen ins Spiel, die die großen Stämme über Holzrutschen aus quergelegten Bohlen bergab zogen, oder es wurden riesige Holzräder eingesetzt, die die Enden der Stämme hoch hielten, wenn die Bäume am dünnen Ende weggeschleppt wurden. Schmalspur-Lokomotiven lösten später die Zugochsen ab und Dieselmotoren die transportablen Dampfmaschinen. Die unteren Höhenlagen der Westküste wurden auf diese Weise praktisch vollständig kahlgeschlagen.

Chris Maser sagt: »Jeder Fortschritt in der Technologie des Holzeinschlags und die aufkommende Verarbeitung und Nutzung von Holzfasern haben die Ausbeutung der Wälder gefördert: so hat sich die jährliche Gesamtmenge an geschlagenem Nutzholz von 1935 bis 1980 von Jahr zu Jahr um jeweils 4,7% erhöht. In den 1970er Jahren waren 65% des Holzeinschlags über einer Höhenlage von 1200 Metern angesiedelt, und weil der durchschnittliche Baum, der geschlagen wurde, zunehmend jünger und kleiner wurde, war in den letzten vierzig Jahren die Ausweitung der jährlich abgeholzten Fläche fünfmal größer als der Zuwachs des Gesamtertrages an Holz.«[*]

In diesen Jahren wurde die Eisenbahn durch den Lastwagen ersetzt, und die Transportseilbahnen wurden in vielen Fäl-

---

[*] [Chris Maser, The redesigned forest, San Pedro, Ca.: Miles, 1988.]

len von den beweglicheren Kettenfahrzeugen verdrängt, die man Raupen nennt. Ab den späten vierziger Jahren hängte man die elegante, musikalische »Royal Chinook«-Zweimannsäge – bis dahin zum Fällen der Bäume eingesetzt –, an den Wänden der Scheunen an den Nagel, sie wurde von der benzinbetriebenen Motorsäge, dem nach und nach bevorzugten Werkzeug der Holzfäller, abgelöst. Gegen Ende des Zweiten Weltkriegs hatten es die großen Holzfirmen (mit wenigen bemerkenswerten Ausnahmen) so weit kommen lassen, dass in ihren eigenen Wäldern wegen des übermäßigen Holzeinschlags und schweren Fehlern des Managements nichts mehr zu holen war. Sie wandten sich daher in der Hoffnung, sich sanieren zu können, den Wäldern in öffentlichem Besitz zu, d.h. den Wäldern, die den Menschen gehörten. Soviel zur Rechtschaffenheit der privaten Waldbesitzer – ihre Geschichte ist unsäglich –, aber es gibt immer noch schlecht informierte Privatisierungsromantiker, die sich für einen Verkauf des staatlichen Landbesitzes an den jeweils höchsten Bieter aussprechen.

San Franciscos 2 mal 4 Zoll starke Balken
waren die Wälder um Seattle:
Jemand tötete, jemand erbaute – ein Haus,
einen Wald, zugrundegerichtet oder emporgehoben
Ganz Amerika an den Haken gehängt
& verbrannt von Männern, die sich selbst dafür priesen.

Vor dem Zweiten Weltkrieg agierte der US Forest Service in der Rolle einer wahren Umweltschutzbehörde und sprach sich gegen die vorangegangene Ära des Kahlschlags aus. Man forderte von den Vertragspartnern, selektiven Holzeinschlag zu praktizieren, der an strengen Kriterien gemessen wurde. Der zulässige Einschlag war wesentlich kleiner. Er wuchs dann von 8,3 Millionen Festmeter im Jahr 1950 bis zu 31,9 Millionen

1970. Nach 1961 näherte sich die neue Führung des US Forest Service den Interessen der Holzindustrie an, und das ältere, eher an der Bewahrung der Wälder orientierte Personal wurde in den sechziger und siebziger Jahren in mehreren Wellen entlassen. Während der achtziger Jahre nahm sich der US Forest Service ein enormes Straßenbauprogramm vor. Die Forstwirte sahen sich selbst als »Ingenieure für Holzfasern« und dachten entsprechend, um sich zu »professionalisieren« und die Wirklichkeit des Waldes zu leugnen. Einige bekennen freimütig, sie sähen keinen Unterschied zwischen einer monokulturellen Baumpflanzung von gleichaltrigen Setzlingen und einem wild gewachsenen Wald. (So in etwa drückte es der Forstwirt des Tahoe National Forest, Phil Aune, in einer öffentlichen Anhörung über den Betriebsplan des Jahres 1986 aus.) Die Presseabteilung spricht noch immer in der Rhetorik der dreißiger Jahre von Erhaltung des Waldes, als ob der US Forest Service nie all die fragwürdigen Kahlschläge und Ausverkäufe von alten, gewachsenen Beständen zugelassen hätte, und dies unter finanziellen Verlusten.

Das gesetzliche Mandat des US Forest Service lässt keinen Zweifel daran, dass er verpflichtet ist, die Waldflächen *als Wälder* zu verwalten, was bedeutet, dass das Nutzholz nur einer der Werte ist, die zu berücksichtigen sind. Natürlich müssen die Wälder auch so verwaltet werden, dass sie nachhaltig fortbestehen können. Aber der Kongress, das Landwirtschaftsministerium und die Wirtschaft arbeiten zusammen, um Wege zu finden, wie diese Beschränkungen umgangen werden können. Die Begriffe *erneuerbar* und *nachhaltig* werden bewusst falsch eingesetzt; nur weil sich bestimmte Organismen immer wieder erneuert haben, bedeutet das nicht, dass sie dies in alle Zukunft weiter tun werden, insbesondere, wenn sie missbraucht und misshandelt werden. Und *für immer* — womit die Zeitdauer umschrieben wird, die der Wald weiter gedeihen soll — wird ersetzt durch *etwa einhundertfünfzig Jahre lang.* Trotz der überwältigenden Beweise für schwere Misswirtschaft, die Umweltschutzgruppen gegen die Bürokratie des US Forest Service vorgebracht haben, wird dort die deutliche öffentliche Forderung nach einem Kurswechsel arrogant und hartnäckig überhört. Dies zur Ikone »Management«, die die wirtschaftliche Schnelllebigkeit kritiklos akzeptiert, die für die moderne Welt bezeichnend ist (der Turnus des Holzeinschlags soll schneller und schneller werden), anstatt langsamen Zyklen Raum zu geben.

Wir fordern langsamere Zyklen, wirklichen Schutz für die Uferstreifen der Wasserläufe, weniger Straßen, die Einstellung des Holzeinschlags an Steilhängen und höchstens ein gelegentliches Fällen von Bäumen, die als Schutzstreifen gegen Wind und Erosion fungieren, sowie eine kluge, sorgfältig bedachte Erlaubnis des Kahlschlags an geeigneten Stellen. Wir fordern die Wiedereinführung des selektiven Holzeinschlags, der dem Wald danach für Bäume jeglichen Alters Raum gibt, und wir verlangen ernsthaften Einsatz von Herz und Verstand für einen wirksamen Artenschutz. (Der gefleckte nordamerikanische Waldkauz, der Fischmarder und der Baummarder sind nur ein Teil des ganzen Bildes.) Es darf in den übriggebliebenen alten Wäldern *absolut keinen Holzeinschlag* mehr geben. Zusätzlich brauchen wir die Einrichtung von Habitat-Korridoren, um zu verhindern, dass die alten, gewachsenen Baumbestände zu verarmten biologischen Inseln werden.

Viele Mitarbeiter des US Forest Service würden jetzt zustimmen, dass solche Maßnahmen für die Gewährleistung einer echten Nachhaltigkeit unerlässlich sind. Sie sind aber fest in dem dichten Netz einer Politik der Ausbeutung eingespannt, das ihnen vom Kongress und der Industrie aufgezwängt wird. Mithilfe einer sinnvollen Forstpolitik könnte sich Nordamerika eine Holzindustrie erhalten und in einer halbwegs angemessenen Größe auch wild gewachsene Wälder für die nächsten zehntausend Jahre bewahren. Das ist etwa genauso lange, wie die Dorfkultur am Wei-Fluss in China in kontinuierlicher Siedlung existiert — eine Zeitspanne, die für menschliches Planen und Erwägen nicht zu lang ist. Die tiefen Wälder verändern sich immerzu. Die alten Wälder des Westens sind noch immer um uns. Die Häuser von San Francisco, von Eureka, Corvallis, Portland, Seattle und Longview sind alle aus jenen alten Stämmen gebaut: die 2 x 4 Zoll starken Balken und die Außenwände stammen aus den Holzeinschlägen der 1910er und 1920er Jahre. Wenn man in einer alten Wohnung in San Francisco die Farbe von der Wand kratzt, stößt man auf Bretter aus Rotholz der besten Qualität, das aus den Küstenwäldern stammt. Im Alltag leben wir noch im Schutz von uralten Bäumen. Unsere Urenkel werden wahrscheinlich im Schutz der Flussbettgehäufe leben. Dann werden die Wälder der Vergangenheit wirklich endgültig fort sein.

Draußen im Wald lebt ein Baum ungefähr genau so viele Jahre, wie ein umgestürzter Baum braucht, um sich wieder vollständig in Waldboden zurückzuverwandeln. Wenn Gesellschaften lernen könnten, in einer entsprechenden Geschwindigkeit zu leben, gäbe es keinen Mangel, kein Aussterben. Die Wasserläufe wären klar und der Lachs würde stets zu seinen Laichplätzen zurückkehren.

Ein jungfräulicher
Wald
ist uralt; vielbrüstig
standfest; im
Höhepunkt.

EXKURS: SAILOR MEADOW, SIERRA NEVADA

Es war Mitte Oktober, und wir wanderten zur Sailor Meadow hinauf (etwa 1700 Metern ü. d. M.), um dort einen alten Baumbestand anzuschauen, der auf einem breiten, terrassenförmigen Flussufer über dem nördlichen Flussarm des American River in der nördlichen Sierra Nevada gelegen ist. Zuerst stiegen wir, Chinquapin- und Manzanitabüsche* durchschreitend, einen Gebirgskamm hinunter und blickten nach Norden zu der gewaltigen Kuppel des Snow Mountain und den Felsvorsprüngen oberhalb des Royal George. Der nur undeutlich sichtbare Pfad verlief sich allmählich, wir verließen ihn, um zu den steinigen Hügeln an der nördlichen Kante jener abschüssigen Mulde zu gelangen. Wir rasteten unter einer Zeder, die dort ganz oben auf den Felsen wuchs, und aßen zu Mittag.

Danach hielten wir uns in südwestlicher Richtung, gingen über Bodenwellen steiniger, bewaldeter Geländeformationen hinweg und dann über sanfter geschwungene Hügelketten und gelangten in eine Welt von immer größer werdenden Bäumen. Über mehrere Stunden lang befanden wir uns nun in der Gesellschaft dieser Ältesten.

Die Zuckerkiefern dominierten. Es gibt dort prachtvolle, symmetrisch ausgewachsene Bäume von fünfundvierzig Metern Höhe, die sich aufrecht halten und deren Äste schön angeordnet sind. Aber *hinter* und *über* ihnen tauchen schemenhaft die *uralten Bäume* auf: riesig, verwachsen, abgerissen und unregelmäßig. Ihre Rinde ist von stärkerem Rot und die Schuppen sind breiter verstreut, sie haben weniger Äste, und diese Äste, die überlebt haben, sind von gewaltigem Umfang und stark gewunden. Jeder dieser Bäume ist einzigartig und dabei seltsam und irgendwie verschroben. Ausgewachsene kaliforni-

---

* [Manzanita = Arctostaphylos, (echte) Bärentraube.]

sche Flusszedern. Ein paar große Rottannen. Eine merkwürdig gewachsene Douglasie. Einige starke Jeffrey-Kiefern. (Einige Zedern haben unten am Stamm Brandmale wie Katzengesichter, die von lange zurückliegenden Waldbränden stammen, und alle befinden sich an der Nordwestseite. Keiner der anderen Bäume weist diese Brandmale auf.)

Und viele Baumstümpfe, in allen Zuständen: Einige sind erst vor kurzer Zeit abgestorben, an den Zweigen hängen noch rote oder braune Nadeln; einige sind schon länger tot, und Rindenplatten hängen vom Stamm herab (in dem Fledermäuse hausen); einige rein weiß und sanft verstorben, beinahe ohne Äste, aber hin und wieder mit einem hübschen runden Loch, das ein Specht hinterlassen hat; und schließlich die uralten Toten, ganz weich und verrottet, aber noch aufrecht.

Viele sind umgefallen. Es gibt Baumstümpfe, die erst kürzlich gefallen sind (und dabei häufig andere Bäume mitgerissen haben), und auch welche, die schon lange Zeit auf dem Boden liegen. Die noch festen liegenden Stämme muss man überklettern, manchmal kann man sie sogar in ihrer ganzen Länge abschreiten, und es gibt Stämme, die zerbröseln, wenn man sie übersteigt. Andere, ältere, sind weich geworden und beginnen zu schrumpfen und zu zerfallen; von ihnen bleibt nur das harzige Kernholz zurück und einige Äste, die nicht verrotten und wie zurückgelassene Zeichen liegenbleiben. Und es gibt lange, sanfte Bodenerhebungen, Spuren eines längst verstorbenen Stammes. Die gerade Linie von Pilzen, die entlang einer gleichmäßig geformten Bodenwelle sprießen, ist dann das letzte Zeichen, das letzte Geisterbild eines Baumes, der vor Jahrhunderten »gestorben« ist.

Ein ganzer Teppich neuer Bäume kommt dazu — in allen Größen, von zwanzig Zentimetern Höhe bis zu sechs Metern —, die hier auf dem Grund des Waldes auf die großen toten Stämme warten, darauf, dass sie kippen und etwas mehr Raum oben im Baldachin freigeben. Sonnig, leicht windig, warm, offen, hell ist es — aber die großen Bäume sind alle um uns. Die Stämme füllen den Himmel, und sie reflektieren ein warmes, goldenes Licht. Das ganze Blätterdach zeigt diesen sehnigen, kraftvollen Anblick der uralten Bäume. Ihre Nadeln bilden kleine, gegen den Himmel scharf abgegrenzte Muster — am schönsten und klarsten die Rottanne.

Die Wälder der Sierra Nevada stammen, wie diejenigen an der Westküste weiter im Norden, aus der Zeit, als die früheren Hartholz-Laubwälder zu verschwinden begannen, bevor der Siegeszug der Koniferen einsetzte. Und es handelt sich ebenfalls um eine Millionen Jahre alte Baum*familie*, jene spezielle Zusammensetzung des lokalen Waldes, wie er mit den Temperaturschwankungen der Eiszeit einmal in höheren Lagen und dann weiter unten anzutreffen war und abwechselnd an den Süd- und Nordhängen vorkam, und dabei doch die verschiedenen Pflanzengemeinschaften zusammenhielt, auch in den Zeiten, als die Grenzen ihrer Klimazonen die Jahrhunderte hindurch bergauf und bergab wanderten. Sie überstanden Brände, passten sich an die trocknen Sommer an, überdauerten die Jahre mit tödlichem Käferbefall — stets wurde das Gewebe neu gesponnen. Eicheln dienten den Hirschen als Nahrung, Bärentraube den Rotkehlchen und Waschbären. Die Menzies-Erdbeerbäume ernähren die Schuppenhalstauben, Stachelschweine nagen an junger Zedernrinde, Rehböcke bürsten ihre Geweihsprossen im Weidengebüsch.

Der Wald der Sierra setzt sich in mittleren Höhenlagen aus Zuckerkiefer, Ponderosa-Kiefer, Duftzeder, Douglasie, und in etwas höheren Lagen aus Jeffrey-Kiefer, Weißtanne und Rottanne zusammen. Sämtliche Bäume sind sehr langlebig. Die Zuckerkiefer und die Ponderosa-Kiefer sind von allen Kiefern die größten. Färbereiche, Steineiche, Steinfruchteiche und

Menzies-Erdbeerbaum sind die allgemein verbreiteten Hartholzsorten.

Der Wald der Sierra ist während der Hälfte des Jahres sonnig-schattig und trocken. Lockerer Waldhumus, trockene, staubige Sprödigkeit des Waldbodens, gelockte knisternd-trockene Menzies-Erdbeerbaumblätter, kleine Stücke gefallener Manzanitablätter, der Boden voller knackender Kiefernnadeln, die Luft leicht harzig-aromatisch, und überall zarte Reste von Spinnweben. Sommerwald: Das ist intensives Spiel der Sonne, und die Vegetation dabei in dauerhafter Beständigkeit — sie gibt kein Wasser ab, welkt nicht, überlastet sich nicht, hält nur still. Das Gebüsch mit kleinen, aromatischen, gewachsten, harten Blättern. Die Farbe der Büsche ist oft blaugrau.

Der Wald hat sich über die Jahrtausende an Waldbrände angepasst und ist, sobald das höhere Unterholz abgebrannt oder abgestorben ist, außerordentlich feuerresistent. Die frühen Einwanderer haben beschrieben, wie sie bei der Abfahrt auf den westlichen Hängen der Gebirgszüge mit ihren Planwagen parkähnliche Wälder mit sehr hohen Bäumen durchquerten. Auf den ersten, frühen Holzeinschlag folgten Waldbrände von großer Zerstörungskraft. Und dann kam die Feuerbekämpfung durch die Forstverwaltungen, die zu dem gebüschreichen Unterholz führte, das heute in der Sierra so verbreitet ist. Der Wald der Sailor Meadow ist ein weitläufiger, offener, feuersicherer Wald aus der Vergangenheit.

Am Südende der kleinen Weidegründe, nach denen das Gebiet benannt ist, jenseits eines Dickichts aus Espen, steht inmitten eines prächtig gedeihenden Tannenhains ein bemerkenswerter toter Baum. Es handelt sich um eine Kiefer, die einmal über sechzig Meter hoch war. Nun ist um das untere Ende des Stammes herum das Saft-Holz abgebröckelt, der massige Stamm wird nur noch von einer Säule aus hartem Kernholz gehalten, das selbst auch morsch, ausgefranst und siech ist. Und dieses riesige verrottende Ding neigt sich auch noch zur Seite! Jeden Augenblick droht es umzufallen.

Wie seltsam das wäre — zu sterben und dann noch ein oder zwei Jahrhunderte lang auf der Stelle stehen zu bleiben. Den »aufrecht stehenden Tod« zu genießen. Wenn Menschen dies möglich wäre, würden wir Nachrichten hören wie: »Henry David Thoreau ist nun endgültig umgekippt.« Die menschliche Gesellschaft gleicht, wenn sie gesund ist, einem uralten Wald. Die Kleinen stehen im Schatten und im Schutz der Großen, sie wurzeln gar in ihren gestorbenen alten Körpern. Jedes Lebensalter, und alle wachsen und sterben zugleich. Das, was einige Forstwirte fordern, eine »Verwaltung der altersgleichen Bäume« — Baumanpflanzungen mit Bäumen ein und derselben Größe, die zusammen heranwachsen —, es klingt wie rationalistisch-utopischer Totalitarismus. Wir würden nicht auf den Gedanken kommen, unsere Kinder in reglementierten Institutionen ohne die Möglichkeit elterlicher Besuche aufwachsen zu lassen, unter Bedingungen, in denen das Denken der Kinder von einem Korps professioneller Erzieher geformt würde, die sich strikt an einen offiziell vorgeschriebenen Leitfaden hielten (der wiederum von Menschen geschrieben wurde, die nie Kinder groß gezogen haben). Warum soll man dies den Wäldern antun?

»Alle Altersgruppen, und ohne Verwaltung«. Das ist die natürliche Gemeinschaft der Menschen oder einer anderen Art. Die Industrie preist die jüngeren und die mittelalten Bäume, die sich ihre Symmetrie bewahren, deren Äste die gleiche Länge und den gleichen Winkel zum Stamm aufweisen. Aber lasst auch den richtig alten Bäumen ihren Raum, die alle Schicklichkeit haben fahren lassen, die beginnen, ihre Glieder in extravaganten Gesten von sich zu werfen, als würden sie tanzen, und die sich angesichts ihrer Sterblichkeit in Sorglosigkeit ergehen, die sich für alles bereithalten, was die Welt und das Wetter ihnen noch bescheren kann. Ich blicke zu ihnen auf: Sie sind wie die chinesischen Unsterblichen, sie sind wie Hanshan und Shide — so lange gelebt zu haben gibt ihnen die Erlaubnis, sich exzentrisch zu geben, der Dichter und Maler unter den Bäumen zu sein, lachend, zerlumpt und furchtlos. Sie helfen mir, mich auf das Alter zu freuen.

In den Tannenhainen riecht es nach Pilzen, und wir finden sie entlang der verrottenden Baumstämme an deren unterem Ende. Eine Gruppe der Eleganten Rohrlinge, ein Schleierling, und auf dem offenen Waldboden viele Täublinge und Steinpilze, die von unten hochstoßen und die trockenen Nadeln emporheben. Einige ausgehobene Höhlen und Löcher, wo Hirsche und Rehe sie ausgegraben haben. Hirsche lieben Pilze.

Wir versuchten, geradewegs den südlichen Teil der Wiesen zu durchqueren, aber unter den trocken aussehenden, zu Boden gefallenen Pflanzenresten und Gräsern war es nass und matschig — deshalb mussten wir um das Südende herumgehen, durch Gebüsche aus Espen, wo wir auf weitere Pilze stießen, die wir mitnahmen. Vom Süden her zogen Wolken auf, und es begann, trockene Kiefernnadeln zu regnen, die vom Wind durch die Lüfte getrieben wurden. Da es schon später Nachmittag war, wechselten wir die Richtung und wanderten eine Stunde lang auf Wildwechseln querfeldein über steile Hänge, bis wir auf den zugewachsenen Weg stießen, der uns zu einer verlassenen Mine führte und von dort zu unserem Lastwagen.

Wir Hinterwäldler

Dieser kleine Bericht über die großen Wälder der Westküste kann als ein Beispiel gelten für das, was auch andernorts auf dem Planeten vor sich ging. Alle natürlichen Gemeinschaften der Welt waren, auf ihre Art, »uralt«, und jede natürliche

Gemeinschaft umfasst, wie eine Familie, Kinder, Jugendliche, Erwachsene und die Alten. Vom Rand des Waldes, der kürzlich noch gebrannt hat, mit seinem Afterkreuzkraut und seinen Brombeeren, zu den feuchten, dunklen, älteren Waldstücken — in dieser Reichweite ist alles intakt. Die alten Bestände mit ihren altersgrauen Bäumen (oder die halb verrotteten Kandelaberkakteen in der Wüste von Sonora oder die gut gewachsenen, alten, dickstämmigen Bärentrauben in den Hügeln des Vorgebirges der Sierra) sind in ihren Gemeinschaften die Großeltern und die Bewahrer des Wissens. Eine Gemeinschaft braucht seine Alten, um fortzubestehen. So, wie man auch keine Kultur allein mit Kindergartenkindern aufbauen kann, kann kein Wald sein eigenes natürliches Potenzial ohne die Samenvorräte, ohne die Fäden der Wurzelpilze, die Vogelstimmen und die magischen Ablagerungen winziger Rückstände und Abfallstoffe realisieren, die das Geschenk der Alten an die Jungen sind. Chris Maser sagt: »Wir brauchen uralte Wälder für das Überleben uralter Wälder.«

Als die einfachen einscharigen Pflüge der ersten Farmer im mittleren Westen »die Graswurzeln durchtrennten — ein Geräusch, das einen an das Öffnen und Schließen eines Reißverschlusses erinnerte, eröffnete sich eine neue Lebensart, die gleichzeitig, wahrscheinlich für alle Zeiten, eine lange Reihe von Ökosystemen abschloss, die sich dreißig Millionen Jahre zurückverfolgen lässt.« schrieb Wes Jackson. Aber die ältesten ununterbrochenen Ökosysteme der Erde sind die feuchten tropischen Wälder, deren Alter in Südostasien auf einhundert Millionen Jahre geschätzt wird.

   Dünne, bogenförmig gewölbte, wie Stützpfeiler geformte
     Stämme
   der weißgerindeten, hohen, gerade gewachsenen Bäume,
   mit den Geweihfarnen, die hoch oben aus den Ästen
   und Astgabeln wachsen. Bäume, die Seesternbaum heißen,

Coachwoodbaum, Zierapfel, Australischer Riesenlebens-
baum (Namen, die aus Europa kommen)
— und Roter Carrabeen, Gelber Carrabeen, Riesenbrenn-
nesselbäume,
tiefblaue Lichtungen, die sich nach vorn neigen.

Licht vom grünen Gewölbe der Blätter weit oben
Das Wasser trinken, das durch die Wurzeln
Des Waldes rinnt, das Bächlein Terania, von Pangaia
heranfließend,
Das Gondwanaland hinab,
Steiniger Boden, Schatten des Himmelsgrundes.

Vor langer Zeit, steintief
Wurzeln vom Himmel herab
Reinigen das Wasser, das durch die Wurzeln fließt
Der Bäume, die hoch in den Schatten reichen
Vogelrufe wecken uns auf
Peitschenknallvogelruf lacht uns wach —

Booyongbaum, Carrabeen, Seesternbaum, Blackbutt-
Eukalyptus, Rotangpalme

(Eukalyptusbäume trocknen das Land, dünne Nachfolge-
pflanzen im Boden
Auf der Suche nach aufgewühlter Erde siebzig Millionen
Jahre lang —)

Diese älteren Volksstämme der Bäume jedoch
Reisen immer nur in Gruppen
Halten Ausschau von den Felsen
Auf dem Bergrücken oben über den Wipfeln der Bäume,
Sitzen aufrecht im Unterstand des staubigen Felsgesimses,
Wo wir all jene Leben lebten.

QUEENSLAND, 1981

Eine Vielzahl an Firmen ist an der Entwaldung der Tropen beteiligt. Einige davon begannen mit der Abholzung Michigans oder der nordwestlichen Pazifikregionen — Georgia Pacific und Scott Paper sind nun auf den Philippinen in Südostasien tätig oder in Lateinamerika, und zwar mit denselben helllackierten Raupenschleppern und denselben kreischenden Kettensägen. Im Sommer 1987 stand — als ein Teil der chaotischen »Umwandlung« des Amazonasgebiets für andere Nutzungen — das brasilianische Westterritorium Rondonia in Flammen: ein Wald von der Größe Oregons brannte. Zuweilen hört man die harmlose Äußerung, heute sei jeder Mensch ein Stadtbewohner. Es mag sein, dass dies einmal so sein wird, aber noch besteht derzeit die größte Einzelpopulation der Welt aus Bauern aller Hautfarben, die in den wärmeren Klimazonen ihre Felder bestellen. Bis vor gar nicht langer Zeit waren diese Gebiete mit Bäumen bewachsen, und die tief in den Wäldern siedelnden Kulturen verfügten über vielfältige und erfolgreiche Techniken, dort zu leben. In jenen Zeiten mit geringerer Bevölkerungsdichte bedeutete der Ackerbau durch Brandrodung in langen Rotationszyklen, verbunden mit Jäger- und Sammlertätigkeit, keinerlei ökologische Gefahr. Heutzutage haben wir es mit Holzeinschlägen im großen Stil zu tun, kombiniert mit industrieller Landwirtschaft und massiven, riesigen Staudammprojekten, und sie bedrohen jeden Winkel der Erde.

In Brasilien lässt sich eine komplexe Reihe von widersprüchlichen Entwicklungen beobachten. Auf der einen Seite steht die nationale Regierung mit ihren Plänen einer wirtschaftlichen Entwicklung des Landes, wofür sie sich mit multinationalen Konzernen, reichen Viehzüchtern und der verarmten, angepassten Bauernschaft zusammengetan hat. Auf der anderen Seite steht der Widerstand gegen die Entwaldung des

Landes, der von privaten und öffentlichen Waldbesitzern und Wissenschaftlern getragen wird, die sich mit kleinen Holzfirmen, mit den seit Langem am Rande des Urwaldes wirtschaftenden Kleinbauern, mit Umweltschutzorganisationen sowie den im Urwald lebenden Völkern verbündet haben. Die Regierungen der sogenannten Dritten Welt leugnen in der Regel Rechtsansprüche von Ureinwohnern und die Rechtsgültigkeit einer Besitzgeschichte der staatlichen Wälder, wie etwa das System des adat bei den Penan im malaysischen Sawarak — ein differenziertes, ausgefeiltes Allmendesystem. Dem Volk der Penan bleibt nichts anderes übrig, als sich im eigenen Land vor die Lastwagen der Holzfirmen auf die Straße zu legen, um gegen die Abholzung zu protestieren, und sich dann wie Verbrecher ins Gefängnis werfen zu lassen.

In der Dritten Welt verfolgt die Politik hinsichtlich der Wildnisgebiete allzu oft jene Linie, die Indien im Jahr 1938 einführte, als es die Waldgebiete in Assam, die im Besitz von lokalen Stämmen waren, für die Besiedelung von außen freigab. Die Begründung lautete damals, »eingeborene Völker wären allein — ohne die Hilfe von außen hinzukommender Siedler — nicht in der Lage, die riesigen Ressourcen des brachliegenden Landes ihrer Provinz innerhalb einer vernünftigen Zeitspanne zu erschließen«*, wie John Richards und Richard Tucker schreiben. Allzu viele Menschen, die in den Regierungen und in den Universitäten der Welt das Sagen haben, scheinen von Vorurteilen gegenüber der natürlichen Welt geleitet zu werden — genauso gegenüber der Vergangenheit und der Geschichte. Es scheint, als lebten die Amerikaner in einem von der örtlichen Industrie- und Handelskammer vertretenen Schöpfungsglauben, der sich mit einem göttlich präsentierten

---

* [John F. Richards / Richard P. Tucker, World deforestation in the twentieth century, Durham, NC: Duke University Press, 1988.]

Einkaufszentrum voll und ganz zufriedengibt. Die Integrität und der Charakter unserer eigenen Vorfahren wird abgetan mit Aussagen wie: »Ich könnte so nicht leben«, und das von Leuten, die kaum wissen, wie sie *überhaupt* leben sollen. Ein alter Wald wird als eine Art die Reife überschrittener Müll, wie Abfall angesehen — ähnlich, wie mit peinlichen alten Menschen umgegangen wird.

Forstwirtschaft.
»Wie viele Menschen
wurden geerntet
in Vietnam?«

Kahlschlag.
»Ein paar waren Kinder,
ein paar überreif.«

Die Gesellschaften, die nach alten Sitten und Gebräuchen leben, haben einige bemerkenswerte Fertigkeiten aufzuweisen. Für die Jäger und Sammler — die ursprünglichen Waldbotaniker und -zoologen — hält der Urwald reiche Vorräte an Fasern, Giften, Arznei, Rausch- und Entgiftungsmitteln, Behältern, wasserdichten Materialien, Nahrung, Farbstoff, Klebstoff, Räucherwerk, Unterhaltung, Kameradschaft, Inspiration und daneben auch Stacheln und Stiche, Bisse und Schläge bereit. Diese ursprünglichen Gesellschaften sind wie die uralten Wälder der Menschheitsgeschichte, sie verfügen über eine ähnliche Vielfalt und Tiefe (und sind gleichzeitig »uralt« und »jungfräulich«). Die *Weisheit* der wilden Natur geht mit dem Verschwinden der alten ortsansässigen menschlichen Kulturen verloren. Jede davon hat ihren eigenen Nährboden an Sitte und Brauchtum, an Mythen und Wissen, und das geht nun sehr schnell verloren — eine Tragödie, die uns alle betrifft.

Brasilien treibt diesen zerstörerischen Prozess voran und fördert ihn durch konkrete Anreize. Wenn auch eine Mäßigung versprochen wurde — die Politik vor Ort fördert die Großunternehmen, siedelt Ureinwohner um, ohne gleichzeitig etwas für die armen Massen zu unternehmen. Amerika fügt mit der Subventionierung heimischer Überproduktion den Bauern in der sogenannten Dritten Welt erheblichen Schaden zu. Kapitalismus und das große Regierungsgeschäft erscheint oft wie ein Hilfsprogramm für die Reichen, das den Holzkonzernen Ausnahmeregelungen und Gesetzesbrüche erlaubt, und mit der Abholzung der Wälder im Gegenzug der Allgemeinheit hohe finanzielle Verluste einbringt. Der größte Einzelimporteur von tropischem Hartholz ist Japan (Mazda, Mitsubishi), der zweitgrößte sind die USA.

Wir müssen der kapitalistischen Ökonomie einbläuen, dass sie sich zumindest kapitalistisch verhält und dafür sorgt, dass die Holzkonzerne, die das Nutzholz aus öffentlichem Besitz kaufen, dafür einen fairen Preis bezahlen. Wir müssen nüchtern und realistisch darauf hinweisen, dass die Bäume mehr Wert und Nutzen für die Welt haben, wenn sie stehenbleiben, als wenn sie abgeholzt werden, und zwar wegen der vielen verschiedenen Folgen der Entwaldung, wie zum Beispiel Überschwemmungen und Flutkatastrophen in Bangladesh und Thailand, die Vernichtung von Millionen Tier- und Pflanzenarten und die globale Erwärmung. Und letztlich sprechen wir, wenn wir über ökologische Unversehrtheit und Nachhaltigkeit sprechen, nicht nur von Kulturen der Waldbewohner oder von gefährdeten Tierarten wie Lemuren oder Wühlmäusen. Wir schauen auch auf die Zukunft unserer städtisch-industriellen Gesellschaft. Vor nicht allzu langer Zeit waren die Wälder unsere Tiefe, eine sonnengesprenkelte Unterwelt, eine unerschöpfliche, zeitlose Quelle. Nun verschwinden sie. Wir alle gehören zu der gefährdeten Spezies der Hinterwäldler.

VII
Auf dem Pfad, aus der Spur

ARBEIT ANSTELLE DES ORTS

Jeder Ort besitzt eine eigene Art. Etwas anderes ist die von uns verrichtete Arbeit, unsere Berufung, und der Weg, den wir im Leben gehen. Die Zugehörigkeit zu einem Ort bedeutet auch Zugehörigkeit zu einer zusammen arbeitenden Gemeinschaft. Mitglied in einer Gemeinschaft zu sein — sei es eine Handwerkergilde, eine Gewerkschaft, ein religiöser Orden oder eine Handelsvereinigung —, bedeutet gleichzeitig zu einem Netzwerk zu gehören. Solche Netzwerke verlaufen quer durch Gemeinschaften und breiten sich auf eigene Weise räumlich aus, ähnlich dem Vogelzug von Wildgänsen und Falken.

Die Metaphern von Pfad und Spur stammen aus den Tagen, als man noch zu Fuß oder per Pferd reiste und mit viel Gepäck, als die ganze Welt des Menschen noch ein Netzwerk aus Pfaden und Wegen war. Es gab diese Wege überall: Sie waren leicht zugänglich, ausgetreten, klar, bisweilen mit Markierungssteinen versehen, die die Entfernungen in li, werst oder yojana angaben. In den bewaldeten Bergen nördlich von Kyōto stieß ich auf bemooste Messpunkte aus Stein, versteckt unter tiefem Bambusgras, das dort den Boden dicht bedeckte. Sie markierten — das erfuhr ich allerdings erst später — die Route der Heringshändler, auf der sie den Fisch auf ihrem Rücken vom Japanischen Meer zur alten Hauptstadt transportierten.

Es gibt berühmte Wege, wie den John Muir-Trail auf dem Gebirgskamm der High Sierra, den Natchez-Pfad oder die Seidenstraße.

Einem Pfad kann man folgen, er bringt einen irgendwo hin. — »Linear.« Was steht einem solchen Pfad entgegen? »Kein Pfad.« Vom Pfad ab, aus der Spur. Was ist *abseits* des Pfades? In gewisser Weise liegt alles *andere* abseits des Pfades. Die unbarmherzige Komplexität der Welt befindet sich abseits des Wegrandes. Für Jäger und Hirten waren solche Wege nicht immer von Nutzen. Gerade Jäger und Sammler würden auf einen solchen Fußpfad nicht lange gehen. Wildgräser, Kamesienknollen, Wachteln, Färberweid lassen sich erst abseits des Weges finden. Die ganze Fülle der Dinge, die unsere Bedürfnisse befriedigen, befindet sich dort draußen. Wir müssen das Feld durchwandern, um es kennenzulernen und abzuspeichern — es wälzt und windet sich, erodiert, schneidet tief ins Gelände, faltet und furcht sich (wie ein Gehirn) —, um die Landkarte im Gedächtnis zu behalten. Das ist die gebräuchliche ökonomische Visualisierungs- und Meditationsübung der Inupiaq und der Athapaska in Alaska. Dem Jäger und Sammler zeigt der durch das Gelände gebahnte Weg nichts Neues — und so kann es passieren, dass er mit leeren Händen nach Hause kommt.

In der Vorstellungswelt der ältesten agrarischen Zivilisation, in China, wird dem Pfad oder der Straße ein besonderer Stellenwert zugeschrieben. Seit den Anfängen der chinesischen Zivilisation sind natürliche wie auch technische Prozesse in sprachlichen Wendungen von Pfad und Spur beschrieben worden. Solche Verbindungen finden sich ganz ausdrücklich in jenem rätselhaften chinesischen Text, der alles frühere Wissen in sich versammelt zu haben und es für den weiteren Verlauf der Geschichte neu aufzustellen scheint: das »Daodejing«, der »Klassiker des Weges und der Kraft«. Das Wort ›dao‹ selbst bedeutet ›Weg‹, ›Straße‹, ›Pfad‹ bzw. ›führen‹ und ›folgen‹.

In philosophischem Sinne bezeichnet es Wesen und Pfad der Wahrheit. (Die Terminologie des Daoismus wurde von frühen buddhistisch-chinesischen Übersetzern übernommen. Ein Buddhist oder ein Daoist zu sein, hieß, ein »Mensch des Pfades« zu sein.) Eine breitere Auslegung der Bedeutung des Dao umfasst die Ausübung einer Kunst oder eines Handwerks. Im Japanischen wird ›dao‹ wie ›dō‹ ausgesprochen — wie in kadō »der Weg der Blumen«, bushidō »der Weg des Kriegers« oder in sadō »Teezeremonie«.

In den traditionellen Künsten und im Handwerk ist es immer gebräuchlich gewesen, Wissen und Fertigkeiten an Schüler und Lehrlinge weiterzugeben. Jungen oder Mädchen begannen etwa im Alter von vierzehn Jahren ihre Lehrzeit, bei einem Töpfer, in einer Tischlerei, Weberei oder Färberei, bei einem traditionellen Apotheker oder Pharmakologen, bei einem Koch oder in einer Schmiede. Die Jugendlichen verließen das Elternhaus und schliefen im Geräteschuppen des Lehrherrn und für drei Jahre oblag ihnen nur eine einzige Aufgabe, etwa das Anmischen des Tons oder das Schärfen des Stechbeitels für den Tischler. Das war meist nicht besonders abwechslungsreich. Der Lehrling musste sich den Eigenheiten und manchmal sogar Gemeinheiten des Lehrers unterwerfen und durfte sich nicht beklagen. Nach allgemeiner Auffassung lief die Lehrzeit darauf hinaus, dass der Lehrherr Geduld und Seelenstärke des Schülers endlos lange auf die Probe stellte. Man konnte nicht daran denken, wegzulaufen oder nach Hause zurückzugehen, man hatte alles hinzunehmen, musste in die Tiefe gehen und durfte keine anderen Interessen verfolgen. Für den Lehrling gab es keine andere Möglichkeit der Ausbildung. Danach wurde er in einige der fachspezifischen besonderen Handgriffe, in die Regeln und Wertmaßstäbe des Handwerks und in die Geheimnisse und Tricks der jeweiligen Werkstatt eingeführt. Und schon zu Beginn erfuhr der Lehrling, was es heißt,

»eins zu sein mit der Arbeit«. Er hoffte, nicht nur das Mechanische, die äußeren Abläufe der Arbeit zu erlernen, sondern auch von der Kraft, der mana des Lehrers einiges in sich aufzunehmen — eine Kraft, die über alles Verstehen und alle handwerklichen Fertigkeiten hinausgeht.

In dem von Zhuāngzǐ (ca. 365–290 v. Chr.) verfassten gleichnamigen Werk, einem geistreichen, radikal daoistischen Text, der knapp ein Jahrhundert nach dem »Daodejing« entstand, finden sich zahlreiche Abschnitte, in denen handwerkliche Kunstfertigkeiten beschrieben werden:

»Der Fürst Wen Hui hatte einen Koch, der für ihn einen Ochsen zerteilte. Er legte Hand an, drückte mit der Schulter, setzte den Fuß auf, stemmte das Knie an: ritsch! ratsch! – trennte sich die Haut, und zischend fuhr das Messer durch die Fleischstücke. Alles ging wie im Takt eines Tanzliedes und er traf immer genau die Gelenke. (...) ›Ich folge den natürlichen Linien, dringe ein in die großen Spalten und fahre entlang der großen Höhlungen. Ich verlasse mich auf die (anatomischen) Gesetze. Getreulich folge ich den noch so kleinen Zwischenräumen zwischen Muskeln und Sehnen, von den großen Gelenken ganz zu schweigen. (...) Die Gelenke besitzen Zwischenräume; des Messers Schneide keine Dicke. Was aber keine Dicke hat, dringt in Zwischenräume ein – ungehindert, spielerisch leicht, so dass für die Klinge Platz genug bleibt. Ich besitze mein Messer nun schon neunzehn Jahre lang und habe schon mehrere tausend Rinder zerlegt, und doch ist seine Schneide wie frisch geschliffen.‹ (...) Der Fürst Wen Hui sprach: ›Vortrefflich! Ich habe die Worte eines Kochs gehört und habe die Pflege des Lebens gelernt.‹«[*]

---

[*] [Zit. nach: Dschuang Dsï, Das wahre Buch vom südlichen Blütenland, Buch III, 2. Der Koch, aus dem Chinesischen von Richard Wilhelm, Düsseldorf/Köln: Diederichs, 1972, S. 54f.]

Diese Geschichten schlagen nicht nur den Bogen vom Spirituellen zum Praktischen, sie beschämen uns auch mit der Vorstellung, wie vollendet und kultiviert man würde, sobald man sein ganzes Leben einer bestimmten Arbeit widmete. Die abendländische Auffassung von den Künsten — etwa seit dem Aufstieg des Bürgertums, wenn man so will — läuft darauf hinaus, den Aspekt von Vollkommenheit und Vollendung herunterzuspielen und jeden dazu anzuspornen, ständig etwas Neues zu tun. Das belastet die Arbeiter einer jeden Generation mit einer erheblichen Bürde — einer doppelten Bürde, da sie meinen, sie müssten die Arbeit der vorangegangenen Generation hinter sich lassen um selbst etwas angeblich Besseres, etwas ganz Anderes tun. Die Beherrschung der Werkzeuge sowie die wiederholenden Übungen und das Training werden vernachlässigt. Eine traditionell ausgerichtete Gesellschaft fasst Kreativität als etwas auf, das dem Zufall folgt und nicht vorhersehbar ist, eine Gabe, die nur wenigen Menschen zuteil wird. Sie kann nicht in den Lehrplan eingeschrieben werden. In kleinen Mengen ist sie besser. Wir sollten dankbar sein, wenn sie des Weges kommt, aber nicht mit ihr rechnen. Erscheint sie dann tatsächlich, ist sie das, was zählt. Für einen Lehrling, dem man — etwa bei der Herstellung von traditioneller Töpferware — acht oder zehn Jahre lang gesagt hat »Mach es so, wie es schon immer gemacht wurde«, bedarf es eines gewaltigen Anstoßes, um etwas auf eine neue Weise zu versuchen. Und was passiert dann? Die Alten in dieser Tradition schauen zu ihm und sagen: »Ha! Du hast etwas Neues getan! Gut gemacht!«

Wenn die Handwerksmeister die mittleren vierziger Jahre erreichen, beginnen sie, selbst Lehrlinge anzunehmen und ihr Können weiterzugeben. Es kann sein, dass sie auch ein paar andere Interessen verfolgen (ein wenig Kalligraphie am Rande), oder sich auf eine Pilgerreise begeben, um ihren Horizont zu erweitern. Und wenn es einen nächsten Schritt gibt (genaugenommen wäre es gar nicht nötig, denn die Fertigkeit eines vollendeten Handwerkers und die makellose Arbeit, die das Beste der Tradition zum Ausdruck bringt, ist gewiss genug für ein ganzes Leben), dann geht es darum, »über die Übung hinaus zu gelangen«, zur höchsten Blüte, die sich nicht nur durch Bemühen einstellt. Es gibt diesen Punkt, den zu überwinden keine Schulung, kein Üben und keine Praxis helfen. Zeami Motokiyo, der überragende Dramatiker, Theoretiker und Schauspieler des Nō-Theaters im 14. Jahrhundert, bezeichnete diesen Moment als »Überraschung«. Diese Überraschung liegt in der Entdeckung, dass man kein Selbst braucht, wenn man mit der Arbeit eins ist und sich in disziplinierter Leichtigkeit und Anmut vorwärtsbewegt. Man weiß, was es heißt, ein sich drehender Tonklumpen zu *sein*, oder eine Locke reinen, weißen Holzes, die sich vor einem Stechbeitel emporhebt, oder eine der vielen Hände von Kannon, dem Bodhisattva der mitfühlenden Leidenschaft. An diesem Punkt kann man frei sein, in der Arbeit und von der Arbeit.

Unabhängig davon, wie gering seine soziale Stellung sein mag — der tüchtige, geübte Arbeiter besitzt Würde und Stolz; seine oder ihre Fertigkeiten werden gebraucht und geachtet. Das soll in keiner Weise als Rechtfertigung des Feudalismus verstanden werden; es handelt sich lediglich um eine Beschreibung, wie die Dinge früher funktioniert haben. Der fernöstliche Mythos von steter Übung und Handwerkskunst erreichte schließlich jeden Winkel der japanischen Kultur — von der Nudelsuppenküche (siehe die 1985 gedrehte Filmkomödie »Tampopo«, wörtlich »Pusteblume«, von Jūzō Itami) über die Geschäftswelt bis hin zu den Künsten der Hochkultur. Der Zen-Buddhismus trug zu dieser Ausbreitung bei.

Zen ist das lebendigste Beispiel der Ausrichtung auf »Selbsthilfe« (jiriki) des Mahayana-Buddhismus. Das gemeinschaftliche Leben und die Ausübung erscheinen vielmehr als Programm einer traditionellen Lehrlingsausbildung. Das Kunsthandwerk hat das Training des Zen lange Zeit als Modell einer harten, sauberen, würdigen Schulung bewundert. Ich möchte meine Erfahrungen aus den sechziger Jahren beschreiben, die ich als koji (Laienschüler) im Daitoku-ji-Kloster, einem Tempel der Rinzai-shū in Kyōto, gemacht habe. Wir saßen täglich mindestens fünf Stunden mit überkreuzten Beinen und meditierten. In den Pausen verrichteten alle von uns körperliche Arbeit — Gartenarbeit, Einwecken von Gemüse, Holzhacken, Reinigung der Waschräume, Küchendienst. Und es gab Gespräche unter vier Augen mit dem Lehrer Oda Sessō Rōshi — mindestens zweimal täglich. Dort wurde von uns erwartet, dass wir das Verständnis, das unmittelbare Erfassen des kōan zeigten, das uns übertragen worden war.

Von uns wurde erwartet, dass wir bestimmte Sūtras im Gedächtnis behielten und eine Reihe kleiner Rituale durchführten. Das alltägliche Leben vollzog sich im Rahmen einer Etikette und mit einem Vokabular, das wahrhaft archaisch war. Ein fester, strenger Zeitplan von Meditation und Arbeit lag in wöchentlichen, monatlichen und jährlichen Zyklen von Zeremonien und Beobachtungen eingebettet, die bis in die chinesische Song-Dynastie und teilweise sogar eindeutig bis in die Zeit des Buddha Shakyamuni in Indien zurückreichte. Der Schlaf war kurz, die Verpflegung dürftig, die Zimmer leer und ungeheizt — aber das war in den sechziger Jahren auch im Leben der Arbeiter und Bauern Realität.

Die Novizen wurden angewiesen, ihre Vergangenheit hinter sich zu lassen und sich auf einen Punkt, eine Sache zu fokussieren, gelassen und gewöhnlich zu werden — in allen Belangen außer im Vorsatz, jene enge Pforte der Konzentration auf ihr kōan zu durchschreiten. »Hone o oru« (ほねを おる), so heißt die Redensart: »Brich Dir Deine Knochen«, ein Satz, der (in Japan) auch unter Arbeitern und in den traditionellen

Kampfsporthallen, bei den modernen Sportarten und beim Bergsteigen gebräuchlich ist.

Wir arbeiteten auch mit Laien zusammen, die das Kloster unterstützten, oft waren es Bauern, mit denen wir einen geradezu geselligen Umgang pflegten. Wir standen etwa mit Ortsansässigen hinten im Garten und diskutierten über alles Mögliche, vom Saatgut über Baseball bis hin zu Beerdigungen. Es gab allwöchentliche Bittgänge durch die Straßen der Stadt und über Landstraßen, während derer wir Gesänge anstimmten und uns schnellen Schritts fortbewegten, das Gesicht unter einem großen Strohhut verborgen (mit Persimonensaft braun eingefärbt und wasserdicht gemacht). Im Herbst unternahm die Gemeinschaft besondere Bettelfahrten in ländliche Gegenden, die drei oder vier Hügelketten entfernt lagen, um dort Rettich oder Reis zu sammeln.

Aber bei aller Regelmäßigkeit konnte der klösterliche Ablauf für besondere Ereignisse durchbrochen werden: einmal fuhren wir alle mit dem Zug zu einer Zusammenkunft mehrerer hundert Mönche in einem kleinen aber erlesenen ländlichen Tempel, wo das fünfhundertjährige Gründungsjubiläum jenes kleinen Tempels gefeiert wurde. Unsere Gruppe wurde zur Küchenarbeit eingeteilt: dort arbeiteten wir mehrere Tage lang, Seite an Seite mit den Bauersfrauen der Gegend schnitten wir Gemüse, kochten, wuschen ab und deckten den Tisch. Als das große Festessen serviert wurde, übernahmen wir das Auftragen und Abräumen der Speisen. Nachdem in jener Nacht die vielen hundert Gäste nach Hause gegangen waren, veranstaltete das Küchenpersonal sein eigenes Bankett und seine eigene Party, und alte Bauern vollführten mit ihren Ehefrauen verrückte, lustige Tänze und Gesänge und tanzten mit den Zen-Mönchen.

FREIHEIT BEI DER ARBEIT

Während eines der langen Meditationskurse, die sesshin genannt wurden, sprach der Rōshi über den Lehrsatz: »*Der vollkommene Weg ist ohne jede Schwierigkeit. Gebt euch große Mühe.*« Das ist das grundlegende Paradoxon des Weges. Man kann sich aufgefordert fühlen, seine eigenen Knochen in der Intensität der Bemühungen nicht zu schonen — doch im selben Augenblick muss man sich daran erinnern, dass der Weg selbst keine Hindernisse aufweist, und davon ausgehen, das allein die Anstrengung schon in die Irre führen kann. Bloßes Bemühen kann das Lernen, die Kräfte und die Durchführung überladen. Angeborene Fähigkeiten mögen durch Disziplin gefördert werden, aber ausschließlich Disziplin wird niemandem in den Bereich des »freien und leichten Vorwärtsschreitens« (ein Begriff des Zhuāngzǐ) verhelfen. Man muss sehr darauf achten, dass man nicht dem eigenen Hang zu Selbstdisziplin und harter Arbeit zum Opfer fällt. Es mag sein, dass auch geringere Talente im Geschäftlichen oder im Handwerklichen durchaus zum Erfolg führen; doch dann finden wir vielleicht nie heraus, wie es mit den leichteren, spielerischen Fähigkeiten hätte verlaufen können. »Wir studieren das Selbst, um es zu vergessen«, sagte Dōgen. »Wenn du das Selbst vergisst, wirst du eins mit den zehntausend Dingen.« Zehntausend Dinge umfassen die ganze Welt der Phänomene. Wenn wir dafür offen sind, kann uns diese Welt in Besitz nehmen.

Dennoch sind wir immer noch gehalten, uns mit dem seltsamen Phänomen des komplexen menschlichen Selbst auseinanderzusetzen, das zwar benötigt wird, aber zur Maßlosigkeit neigt, und das sich dem Einlassen der Welt widersetzt. Die Meditationspraxis verhilft uns dazu, es zu bürsten, es weich zu machen und zu gerben. Der Sinn des kōan-Motivs besteht darin, dem Schüler einen Ziegelstein in die Hand zu geben, mit dem er an das Tor pochen kann, um hindurch und auf die andere Seite dieser ersten Barriere zu gelangen. Viele weitere koans wirken dann stärker in Richtung eines nicht dualistischen Sehens und Seins: sie setzen den Schüler in die Lage (so will es die Tradition), sich schließlich achtsam, anmutig, dankbar und kenntnisreich im Alltag zu bewegen — und die Dichotomie von »natürlich« und »durchgearbeitet« zu überwinden. In gewisser Weise handelt es sich um eine »Kunst des Lebens«.

Das »Daodejing« deutet auf höchst scharfsinnige Weise, was der »Weg« sein könnte. Der Weg, dem man folgen kann (der ›gewegt‹ werden kann), ist kein beständiger Weg. (道可道, 非常道, dào kě dào, fēi cháng dào). »Ein Dao, das man erklären könnte, wäre nicht das zeitlose Dao.« Erstes Kapitel, erste Zeile. Die Wirklichkeit der Dinge läßt sich nicht in einem derart linearen Bild wie dem der Straße einfangen. Das Ziel der Übung kann nur erreicht werden, wenn der »dem Weg Folgende« vergessen wurde. Der Weg birgt keine Schwierigkeiten — er türmt keine Hindernisse vor uns auf, er ist nach allen Richtungen offen. Wir gelangen jedoch auf unseren eigenen Weg — deshalb sagt der alte Lehrer: »Gebt Euch große Mühe.«

Es gibt Lehrer, die sagen: »Versuche nicht, dir verbissen etwas zu beweisen, das ist Zeitverschwendung: Das Ego und der Intellekt werden dir dabei in die Quere kommen. Verabschiede dich von solch phantastischem Streben.« Sie würden dir in dieser Sekunde sagen: *Sei* einfach dieser Geist, der *dieses* Wort liest und es mühelos erkennt — und du wirst die Große Sache begriffen haben. Solcherart waren die Anweisungen von Ramana Maharshi, Jiddu Krishnamurti und von Bankei Eitaku, dem Zenmeister. Das war Allan Watts' Variante des Zen. Eine ganze Schule des Buddhismus bezieht diese Position: Jōdo-Shinshū (Wahre Schule des Reinen Landes), von dem der elegante, alte Morimoto Rōshi (der Osaka-Dialekt sprach) sagte: »Das ist die einzige Schule, die den Zen schelten kann.« Sie kann ihn dafür schelten, so sagte er, dass er sich zu sehr bemüht, für etwas Besonderes hält und stolz ist. Vor der Nacktheit dieser Lehre und vor ihrer letztgültigen Richtigkeit muss man Respekt haben. Die Wahre Schule des Reinen Landes ist der reinste. Er widersetzt sich entschieden jeglichem Programm der Selbstverbesserung und bekennt sich einzig und allein zu ›tariki‹, der ›anderen Kraft‹. Das »Andere«, das möglicherweise hilft, wird als Vertrauen in den transzendenten Buddha Amitabha (jap. Amida) beschrieben. ›Amida‹ bedeutet ›Leere‹ — der Geist ohne Begriffe, Konzepte und Absichten, der Buddha-Geist. Mit anderen Worten: »Hör auf zu versuchen, dich zu verbessern; lass das wahre Selbst dein Selbst sein.« Für besonders Motivierte ist diese Lehre ziemlich frustrierend, weil dem unglückseligen Sucher keine echten Anweisungen an die Hand gegeben werden.

Und dann gab es immer zahllose unerkannte Boddhisattvas, die keines förmlichen spirituellen Trainings und keiner philosophischen Nachforschungen bedurften. Sie werden in der Verwirrung, im Leiden, in der Ungerechtigkeit, den Versprechungen und Widersprüchlichkeiten des Lebens herangebildet, gehärtet und geformt. Das sind die großherzigen, selbstlosen, tapferen, leidenschaftlich mitfühlenden, im Hintergrund bleibenden gewöhnlichen Menschen, die das menschliche Geschlecht eigentlich zusammen halten.

Es gibt Wege, die beschritten werden können, und es gibt einen Weg, bei dem das nicht geht — das ist kein Weg, sondern die Wildnis. Es gibt ein »Gehen«, aber niemanden der geht, es gibt kein Ziel des Weges, sondern nur das ganze Feld. Mit zweiundzwanzig stolperte ich zunächst, ein paar Schritte abseits des Weges in den Bergen der nordwestlichen Pazifikküste, als ich dort oben als Waldbrand-Wächter in den Cascades arbeitete. Damals fasste ich den Entschluss, in Japan Zen zu studieren. Mit dreißig erinnerte ich mich dessen, als ich in der Bücherei eines Zen-Tempels den Gang entlangblickte; es half mir zu begreifen, dass ich nicht das Leben eines Mönchs führen sollte. Ich zog aus dem Kloster in eine nahegelegene Wohnung und nahm als Laie an der Meditation, an den Zeremonien und der landwirtschaftlichen Arbeit teil.

1969 kehrte ich mit meiner damaligen Frau und meinem erstgeborenen Sohn nach Nordamerika zurück, wo wir uns recht bald in der Sierra Nevada ansiedelten. Neben unserer land- und forstwirtschaftlichen sowie politischen Arbeit haben meine Nachbarn und ich immer versucht, eine gewisse formale buddhistische Praxis aufrecht zu erhalten. Wir taten das bewusst unklösterlich-weltlich und nicht-professionell. Die Welt des japanischen Zen ist in den letzten Jahrhunderten so sehr zu einer Sache der Experten und Fachkundigen geworden, dass der Zen in hohem Maße seine Fähigkeit und Möglichkeit eingebüßt hat, sich in Erstaunen versetzen zu lassen. Die mit Leib und Seele engagierten, aufrichtigen Zen-Priester in Japan werden allerdings immer ihre Rolle als Spezialisten zu behaupten versuchen, indem sie darauf hinweisen, dass normale Menschen die feineren und tieferen Punkte der Lehre nicht berühren werden, weil sie dafür nicht genügend Zeit aufbringen können. Das muss aber nicht für die Zen-Laien zutreffen, die ihre buddhistische Praxis genauso entschlossen und engagiert verfolgen können, wie etwa ein Arbeiter, Handwerker oder Künstler seiner Arbeit nachgeht.

Die Struktur der ursprünglichen buddhistischen Orden war von der Stammesorganisation im Volk der Shakya (»die Eiche«) geprägt, einer kleinen Republik, die starke Ähnlichkeit mit dem Bund der Irokesen aufweist: Es gab dort sogar demokratische Regeln bei den Wahlen. Gautama der Buddha war ein geborener Shakya – daher sein Name Shakyamuni (»Weiser der Shakya«). Das buddhistische sangha hat sich insofern aus der politischen Gestalt einer aus dem Neolithikum stammenden Gemeinschaft herausgebildet. Unsere Vorstellungen von der richtigen Praxis, Übung und Hingabe müssen sich deshalb nicht unbedingt an den Klöstern und der Schulung der Berufenen orientieren, sondern können auch auf die ursprünglichen, ersten Gemeinschaften Bezug nehmen, auf deren Traditionen in der Arbeit und im Gemeinschaftsleben. Und es gibt zusätzliche Erkenntnisse, die sich nur aus der nicht-klösterlichen Erfahrung ergeben können, aus der Arbeit, der Familie, dem Verlust, der Liebe und dem Scheitern. Und es gibt all die ökologisch-ökonomischen Verbindungen der Menschen mit anderen Lebewesen, die man nicht auf Dauer ignorieren kann und die uns zu einem gründlichen Nachdenken über das Pflanzen und Ernten, über die Aufzucht und das Schlachten anhalten. Wir alle sind Lehrlinge desselben Meisters, mit dem sich auch sämtliche religiösen Institutionen ursprünglich befasst haben: der Wirklichkeit.

Einsicht in die Wirklichkeit meint: Erwirb dir ein Gefühl für unmittelbare Politik und Geschichte; verschaffe dir Kontrolle über deine eigene Zeit; bewältige die vierundzwanzig Stunden. Mach es gut, ohne Selbstmitleid. Die Kinder gruppenweise in die vorhandenen Autos zu bekommen und sie die Straße hinunter zum Bus zu transportieren, ist genauso schwierig wie an einem kalten Morgen in der Buddha-Halle Sūtras zu singen. Der eine Schritt ist nicht besser als der andere, beide können recht ermüdend sein, und beide besitzen die rechtschaffene Eigenschaft der Wiederholung. Die Wiederholung, das Ritual und deren gute Resultate kommen in vielerlei Erscheinungsformen daher. Filterwechsel, Naseputzen, Versammlungen besuchen, ums Haus herumliegende Dinge auflesen, Abwaschen, den Ölstand kontrollieren — verfalle nur nicht auf den Gedanken, derartiges halte dich von den wichtigeren Dingen ab. Solche Pflichten sind nicht bloß eine

Reihe von Schwierigkeiten, denen man aus dem Wege zu gehen hofft, um zum »Üben«, zur »Praxis« zu gelangen, die uns dann auf unseren »Pfad« hilft — genau das *ist* unser Weg. Und es kann selbst Erfüllung sein — denn wer würde Erleuchtung als Gegensatz zur Nicht-Erleuchtung auffassen, wenn beide ihre eigene vollständige Wirklichkeit, ihre eigene vollständige Täuschung sind. Dōgen liebte den Ausspruch: »Die Praxis *ist* der Weg.« Das ist leichter zu verstehen, wenn man berücksichtigt, dass der »vollkommene Weg« nicht zu irgendeinem Ziel führt, das sich leicht definieren ließe, da es am Ende eines ständigen Fortschreitens liegt. Bergsteiger erstürmen den Gipfel um des herrlichen Ausblicks willen und wegen der Kameradschaft, des Zusammenhalts und der lebhaften Mühsal — aber vor allem, weil es *dich dorthin bringt*, wo sich das Unbekannte ereignet, wo du der Überraschung begegnest.

Der wahrhaft erfahrene Mensch, der wirklich Geläuterte *findet Freude am Gewöhnlichen, am Alltäglichen*. Ein solcher Mensch wird die unspektakuläre Arbeit in Haus und Hof oder im Büro als Herausforderung und Spiel begreifen — nicht anders als die Metaphern, die das Bergsteigen bereithält. Ich bin der Ansicht, das wahrhaft Spielerische, das *Spiel* liegt darin, den Pfad vollständig zu verlassen — weg von jeder Spur einer auf ein praktisches oder spirituelles Ziel gerichteten Regelmäßigkeit (von Mensch und Tier). Man tritt hinaus auf den »Pfad, dem keiner folgen kann«, der überallhin und nirgendwohin führt, in ein grenzenloses Gebilde aus Möglichkeiten und geschmackvollen Variationen, die millionenfach um dasselbe Leitmotiv kreisen, wobei aber jeder einzelne Punkt unverwechselbar ist. Jeder Felsbrocken auf einer Geröllhalde im Gebirge ist einzigartig, es gibt keine zwei Tannennadeln, die sich exakt gleichen. Wie kann dann ein Teil zentraler, wichtiger sein als irgendein anderer? Den meterhoch aus Zweigen, Steinen und Blättern aufgehäuften Nesthügel einer nordamerikanischen Waldratte wird man nur erreichen, wenn man sich durch das Dickicht aus Manzanitagebüsch hindurcharbeitet. Streng dich an, gib dir Mühe!

Im Haus, am häuslichen Herd und auf den umliegenden Wegen, finden wir Behaglichkeit und einigen Komfort. Dort finden wir auch die Eintönigkeit und Langeweile der alltäglichen Pflichten, die Schalheit und Abgenutztheit der sich wiederholenden, banalen Dinge des Lebens. Die Regel der Unbeständigkeit besagt jedoch, dass sich nichts endlos wiederholt. Die Flüchtigkeit all unserer Handlungen führt uns in eine Art Wildnis der Zeit. Wir leben im Gewebe anorganischer und biologischer Prozesse, die alles am Leben erhalten und nähren, wie herabstürzende unterirdische Wasserläufe oder glitzernde Spinnengewebe im Licht des Himmels. Leben und Materie im gemeinsamen Spiel, frostig und rau, behaart und wohlschmeckend. All dies gehört einer größeren Ordnung an als sämtliche kleine Enklaven vorläufiger Geordnetheit, die wir Wege nennen. Es *ist* der Weg.

Unsere Fertigkeiten und unsere Erzeugnisse sind nur die winzige Widerspiegelung jener wilden Welt, die von Haus aus lose sortiert ist. Nichts gleicht dem Verlassen der Straße, um ein neues Areal im großen Wassereinzugsgebiet aufzusuchen. Nicht um der Neuheit willen, sondern im Sinne einer Heimkehr, nach Hause in unser gesamtes großes Terrain. »Aus der Spur« — das ist eine andere Bezeichnung für den *Weg*, und abseits des Weges außerhalb der Spur schlendern ist die Übung des Wilden. Dort verrichten wir — paradoxerweise — unsere beste Arbeit. Dennoch brauchen wir Wege und Pfade, und wir werden sie uns immer erhalten. Man muss zunächst auf dem Pfad bleiben, bevor es möglich wird, sich in eine andere Richtung zu wenden und ins Wilde zu gehen.

VIII
Die Frau, die einen Bären heiratete

DIE ERZÄHLUNG

Es war einmal ein kleines Mädchen, ungefähr zehn Jahre alt. Sie ging jeden Sommer Beeren sammeln. Jeden Sommer ging sie mit ihrer Familie und sie pflückten Beeren und trockneten sie. Manchmal sahen sie Bärenkot am Weg. Mädchen mussten hier vorsichtig sein, sie sollten nicht darübersteigen. Männer konnten darübersteigen, aber junge Mädchen sollten seitlich vorbeigehen. Doch sie sprang gern über den Bärenkot, stieß ihn weg. Sie folgte ihrer Mutter nicht. Sie entdeckte den Bärenkot immer wieder, stieß ihn mit dem Fuß weg, sprang darüber. Überall um sich herum beobachtete sie ihn immer wieder. Seit sie ein Kind war, tat sie das.

Sie wuchs heran. Es war Sommer, die Familie bereitete sich darauf vor, im Wald zu leben, um Beeren zu sammeln und Fisch zu trocknen. Den ganzen Tag war sie mit ihrer Mutter, ihren Schwestern und Tanten unterwegs, um Beeren zu pflücken. Gegen Ende des Tages entdeckte sie Bärenkot. Sie bezeichnete ihn mit allen möglichen Wörtern, stieß mit der Fußspitze daran, sprang darüber. Die Frauen wollten gerade aufbrechen und nahmen ihre Körbe voller Beeren. Die junge Frau fand einige besonders schöne Beeren und pflückte sie, während die anderen vorausgingen. Als sie sie wieder einholen wollte, rutschte sie aus und verschüttete ein paar Beeren. Sie bückte sich, um sie am Boden einzusammeln. Die anderen gingen weiter.

Da stand ein Mann, gut gekleidet, sein Gesicht war rot bemalt. Er stand im Schatten. Sie hatte ihn noch nie zuvor gesehen. Er sagte: »Ich weiß, wo viele große Beeren sind, bessere als diese. Ich helfe dir, deinen Korb zu füllen. Ich werde dich heimbringen.« Es wurde dunkel. Aber er sagte: »Da gibt es noch eine andere gute Stelle« — und bald war es ganz dunkel. Er sagte: »Es ist zu spät, um heimzugehen. Lass uns ein Essen zubereiten.« Und er kochte auf einem Feuer, es sah zumindest aus wie ein Feuer. Sie aßen etwas Erdhörnchen. Und dann bereiteten sie ein Bett in den Blättern. Als sie sich zum Schlafen legten, sagte er: »Hebe deinen Kopf nicht am Morgen und sieh mich nicht an, auch wenn du vor mir aufwachst.«

Am nächsten Morgen, als sie erwachten, sagte der junge Mann zu ihr: »Wir gehen weiter. Wir werden kalte Erdhörnchen essen, kein Feuer machen. Lass uns viele Beeren sammeln.« Die junge Frau sprach davon, nach Hause zu gehen, sie erzählte von ihrem Vater, von ihrer Mutter, und er sagte: »Mach dir keine Sorgen. Ich werde mit dir heimgehen.« Dann schlug er seine Hand gerade auf ihren Scheitel und beschrieb mit den Fingern einen Halbkreis rund um den Kopf der Frau, in der Weise, wie sich die Sonne bewegt. Darauf vergaß sie und sprach nicht mehr davon, zurückkehren zu wollen.

Dann vergaß sie alles über ihre Rückkehr. Sie ging weiter mit ihm und pflückte Beeren. Jedes Mal, wenn sie ein Lager aufschlugen, glaubte sie, es sei ein Monat vergangen, aber tatsächlich war es nur ein Tag. Sie wanderten von Berg zu Berg. Schließlich erkannte sie eine Gegend wieder. Sie sah aus wie der Ort, zu dem sie immer mit ihrer Familie gewandert war, um Fleisch zu trocknen. Der Mann hielt dort an der Baumgrenze, schlug sie auf den Kopf und zeichnete einen Kreis in der Art des Sonnenwegs und einen weiteren am Boden, wo sie saß. Er sagte: »Warte hier. Ich gehe Erdhörnchen jagen. Wir haben kein Fleisch. Warte, bis ich zurückkomme.« Dann kam er mit den Erdhörnchen zurück. Am Abend bereiteten sie ein Lager und kochten.

Am nächsten Morgen standen sie auf und wanderten weiter. Sie wusste nun, wie es war. Der Herbst kündigte sich an, es war kalt. Sie wusste, dass er ein Bär war. Er sagte: »Es ist Zeit, ein Haus zu bauen«, und begann, eine Höhle zu graben. Sie wusste nun ganz sicher, dass er ein Bär war. Er war schon ziemlich weit mit seiner Höhle und dann sagte er: »Sammle einige Fichtenzweige und Unterholz«. Sie brach Zweige von den Baumwipfeln und brachte ihm ein Bündel. Er beobachtete sie und sagte: »Diese Äste sind nicht gut. Du hast Spuren hinterlassen und die Menschen werden sie bemerken. Sie werden wissen, dass wir hier waren. Wir können nicht hier bleiben.« Also gingen sie.

Sie gingen zum oberen Ende des Tals. Sie kannte dieses Tal. Hierher wanderten für gewöhnlich ihre Brüder, um Bären zu jagen und zu essen. Sie kamen mit ihren Hunden im April zur Bärenjagd. Dann schickten sie die Hunde in die Bärenhöhlen, und die Bären kamen heraus. Hierher kamen ihre Brüder für gewöhnlich. Sie wusste das.

Ihr Mann grub eine neue Höhle und schickte sie Zweige sammeln. Er sagte: »Suche Zweige, die am Boden liegen, und reiß keine von den Bäumen ab. Keiner wird sehen, woher du sie genommen hast, der Boden wird mit Schnee bedeckt sein.« Sie brach die Zweige in Bodennähe, aber sie verbog auch einige Äste, die hoch oben waren. Sie ließ sie nach unten hängen, sodass ihre Brüder es sehen würden. Auch rieb sie Sand über ihren Körper — über den Körper, über ihre Arme und Beine. Und dann rieb sie sich an den Bäumen, damit die Hunde ihren Geruch finden würden. Als sie damit fertig war, ging sie mit ihrem Zweigbündel zur Höhle.

Solange der Mann an der Höhle grub, sah er aus wie ein Bär. Das war das einzige Mal. Sonst sah er wie ein menschliches Wesen aus. Die Frau wusste nicht, wie sie ohne ihn überleben sollte, deshalb blieb sie bei ihm, solange er gut zu ihr war.

»Das ist besser«, sagte er, trug die Zweige in die Höhle und breitete sie dort aus. Der Grizzly-Bär geht spät in die Höhle; er ist gern im Schnee unterwegs. So verbrachte er die Tage damit, Erdhörnchen für den Winter zu jagen. Sie sah ihn nie bei der Jagd. Sie saß in der späten Herbstsonne und blickte in das Tal hinunter. Er wollte nicht von ihr dabei beobachtet werden, wie er als Grizzly-Bär Erdhörnchen ausgrub. Fast täglich jagte er Erdhörnchen und sie sammelten Beeren. Er war fast wie ein Mensch zu ihr.

Es war später Herbst geworden. Er sagte: »Nun, ich denke, wir gehen jetzt nach Hause. Wir haben genug Nahrung und Beeren. Wir gehen hinunter.« So gingen sie in die Höhle, blieben dort und schliefen. Einmal im Monat wachten sie auf, aßen und legten sich dann wieder hin. Jeder Monat schien wie ein neuer Morgen, wie ein weiterer Tag. Sie gingen eigentlich nie nach draußen.

Bald bemerkte die Frau, dass sie schwanger war. Und dann, mitten im Winter, brachte sie in der Höhle zwei Kinder zur Welt — ein Mädchen und einen Jungen. Sie gebar sie zu der Zeit, wenn auch Bären ihre Jungen bekommen.

Ihr Mann sang in der Nacht und sie erwachte, um ihn zu hören. Der Bär wurde wie ein Schamane, seit er mit der Frau zusammenlebte. Das Lied fiel ihm plötzlich ein — wie einem Schamanen. Er sang es zweimal. Sie hörte es das erste Mal. Beim zweiten Mal machte er ein Geräusch, »Wuf! Wuf!«, und sie wachte auf.

»Du bist meine Frau, und ich werde bald fortgehen. Es sieht so aus, als ob deine Brüder bald hierherkommen werden, noch bevor der Schnee schmilzt. Du sollst wissen, dass ich etwas Schlimmes tun werde. Ich werde mit ihnen kämpfen!«

»Tu das nicht! Sie sind deine Schwager! Wenn du mich wirklich liebst, wirst du auch sie lieben. Töte sie nicht! Lass dich von ihnen töten! Wenn du mich wirklich liebst, kämpfe nicht! Du hast mich gut behandelt. Warum hast du mit mir gelebt, wenn du sie nun töten wirst?«»Nun gut«, sagte er,»ich werde nicht kämpfen, aber du sollst wissen, was passieren wird«. Seine großen Reißzähne sahen wie Schwerter aus.»Mit denen werde ich kämpfen«, sagte er. Sie flehte ihn weiter an. »Tu nichts. Ich habe immer noch meine Kinder, wenn sie dich töten.« Nun war sie sich ganz sicher, dass er ein Bär war.

Sie gingen wieder schlafen. Als sie erneut erwachte, sang er sein Lied.»Es stimmt«, sagte er,»sie kommen näher. Wenn sie mich töten, möchte ich von dir folgendes: Nimm meinen Kopf und meinen Schwanz. Dort, wo sie mich töten, da errichtest du ein großes Feuer, verbrennst meinen Kopf und den Schwanz, und singst dieses Lied, solange mein Kopf brennt. Singe es so lange, bis alles verkohlt ist!« Und wieder sang er das Lied.

Dann aßen sie etwas und gingen wieder schlafen. Ein weiterer Monat ging vorüber. In diesem Monat schliefen sie nicht gut. Er wachte immer wieder auf.»Es kommt bald«, sagte er. »Ich kann nicht gut schlafen. Bald kommt der blanke Boden durch. Sieh einmal hinaus, ob der Schnee vor der Hütte geschmolzen ist.« Sie sah hinaus, und da war Matsch und Sand. Sie nahm etwas davon in die Hand, formte eine Kugel und rieb sie an sich. Die Kugel war voll mit ihrem Geruch. Sie rollte die Kugel den Hügel hinunter — dann könnten die Hunde sie riechen. Sie kam zurück und sagte zu ihm:»Der blanke Boden ist schon an mehreren Stellen zu sehen«. Er fragte sie, warum sie die Markierung mit der Kugel gelegt habe.»Warum? Warum? Warum? Sie werden uns leicht finden!«

Sie schliefen einen weiteren halben Monat, dann wachten sie auf. Er sang wieder.»Das ist das letzte Lied«, sagte er.»Du wirst mich nicht mehr hören. Jetzt werden jeden Moment die

Hunde an der Tür sein. Sie sind nah. Aber ich werde kämpfen! Ich werde etwas Schlimmes anrichten!« Seine Frau sagte: »Du weißt, dass es meine Brüder sind! Tu es nicht! Wer wird auf meine Kinder aufpassen, wenn du sie tötest? Du musst an die Kinder denken. Meine Brüder werden mir helfen. Wenn meine Brüder dich jagen, lass sie in Ruhe!« Sie gingen wieder für eine kurze Weile ins Bett. Am nächsten Morgen sagte er: »Nun, es ist nah! Es ist nah! Wach auf!«

Als sie aufstanden, hörten sie ein Geräusch. »Die Hunde bellen. Ich verschwinde. Wo sind meine Messer? Ich will sie!« Er holte seine Messer. Sie sah, wie er sich seine Zähne einsetzte. Er war ein großer Grizzly-Bär.

»Bitte, kämpfe nicht. Warum bist du so weit gegangen, wenn du mich wolltest? Denk nur an die Kinder. Verletze meine Brüder nicht!« Er sagte zu ihr: »Du wirst mich nicht mehr sehen!«, und ging. Er knurrte am Eingang und schleuderte etwas in die Höhle zurück. Es war ein Schoßhund, ein kleiner Bären-Hund. Als er den Hund hereinwarf, packte sie ihn und schob ihn in die Zweige unter dem Nest. Sie versteckte den Hund, um ihn zu behalten. Sie saß auf den Zweigen, hielt den Hund so fest, dass er nicht mehr herauskonnte. Sie wollte ihn aus irgendeinem Grund behalten.

Lange Zeit war nichts zu hören. Sie verließ die Höhle. Unten hörte sie ihre Brüder. Sie hatten den Bären bereits getötet. Sie war verstört und setzte sich nieder. Sie fand einen Pfeil und hob ihn auf. Dann band sie dem kleinen Hund eine Schnur um den Hals. Sie befestigte den Pfeil an dieser Schnur, womit er zu seinen Herren lief. Ihre Brüder zogen dem Bären gerade das Fell ab. Sie kannten den Hund. Sie bemerkten den Pfeil und nahmen ihn ab.

»Das ist komisch«, sagten sie. »In einer Bärenhöhle ist niemand, der einen Pfeil so befestigen würde!« Sie sprachen darüber und beschlossen, den jüngsten Bruder zur Höhle hinauf-

zuschicken. Ein jüngerer Bruder durfte mit seiner Schwester sprechen, aber ein älterer Bruder konnte das nicht tun. Die älteren Brüder sagten zu dem jungen: »Vor einem Jahr haben wir unsere Schwester verloren. Etwas könnte passiert sein. Ein Bär könnte sie fortgeschafft haben. Du bist der Jüngste, fürchte dich nicht. Dort oben ist niemand außer ihr. Du gehst jetzt und siehst nach, ob sie dort ist. Finde das heraus!«
Er ging. Sie saß dort und weinte. Der Junge kam hinauf. Sie weinte, als sie ihn sah. Sie sagte: »Ihr Brüder habt euren Schwager getötet! Ich war den ganzen letzten Sommer mit ihm zusammen. Ihr habt ihn getötet, aber sag bitte den anderen, dass sie den Kopf und den Schwanz für mich aufheben sollen. Lasst das dort für mich. Wenn ihr heimkommt, sagt der Mutter, dass sie für mich ein Kleid nähen soll, dass ich nach Hause kommen kann. Näht ein Kleid für das Mädchen, und eine Hose, ein Hemd für den Buben, und Mokassins. Und sagt ihr, dass sie kommen und mich besuchen soll.« Er ging wieder hinunter und berichtete seinen Brüdern: »Es ist unsere Schwester. Sie will, dass wir Kopf und Schwanz des Bären verschonen und aufheben.«

Das machten sie und gingen daraufhin nach Hause. Sie erstatteten ihrer Mutter Bericht. Sie begann zu nähen. Das Kleid, die Mokassins, die Kleidungsstücke für die Kinder. Am nächsten Tag ging sie hinauf. Die Mutter kam zu der Höhle und zog den kleinen Kindern die Kleidungsstücke an. Dann gingen sie dorthin, wo der Bär getötet worden war. Die Brüder hatten ein großes Feuer hinterlassen. Die Schwester verbrannte den Kopf und den Schwanz und sang dann das Lied, bis alles zu Asche verbrannt war.

Dann gingen sie zu ihrem Haus zurück, aber sie betrat es nicht gleich. Sie war den Geruch von Menschen nicht mehr gewöhnt. Sie sagte: »Die Brüder sollen mir ein Lager bauen. Ich kann jetzt noch nicht ins Haus. Es wird eine Weile dauern.«

Sie blieb dort lange Zeit. Vor dem Herbst kam sie schließlich und blieb bei ihrer Mutter. Die Kinder wuchsen im Winter kräftig.

Im nächsten Frühling wollten ihre Brüder, dass sie eine Bärin spielen sollte. Sie hatten eine Bärin mit zwei Jungen, eines männlich, eines weiblich, erlegt. Sie verlangten, dass ihre Schwester das Fell anzog und eine Bärin spielte. Sie stellten kleine Pfeile her. Sie bedrängten sie, mit ihnen zu spielen, und sie wollten auch, dass ihre zwei kleinen Kinder mitspielten. Aber sie wollte nicht. Sie sagte ihrer Mutter: »Ich kann das nicht tun! Wenn ich da mitspiele, dann werde ich eine Bärin. Ich muss vorsichtig sein. Ich habe bereits Haare auf meinen Armen und Beinen — ziemlich lange Haare.« Wäre sie mit ihrem Mann einen weiteren Sommer oben in den Bergen geblieben, dann wäre sie endgültig zur Bärin geworden. »Wenn ich das Bärenfell anziehe, dann werde ich eine Bärin«, sagte sie.

Aber die Brüder hörten nicht auf, sie zum Spielen zu überreden. Eines Tages schlichen sie zu ihr und warfen ihr und ihren Kindern die Bärenfelle über. Da ging sie auf einmal auf allen vieren! Sie schüttelte sich genauso wie ein Bär — es war passiert! Sie war ein Grizzly-Bär. Sie konnte nichts dagegen tun. Sie musste sich gegen die Pfeile verteidigen. Sie tötete alle, auch ihre Mutter. Aber sie tötete den jüngsten Bruder nicht, ihn nicht. Sie konnte nichts dagegen tun. Tränen rannen über ihr Gesicht.

Dann verließ sie das Haus. Sie hatte ihre beiden Jungen bei sich. Sie zogen den Hang hinauf und kehrten in die Berge zurück.

Ein Grizzly-Bär ist zur Hälfte menschlich. Die Leute essen heutzutage ja das Fleisch von schwarzen Bären, aber sie essen noch immer kein Fleisch von Grizzly-Bären, weil Grizzlys eben halbe Menschen sind.

Zu dieser Erzählung

Lachsbeeren, Krähenbeeren, Nagoon-Beeren, Wolkenbeeren, Hochholz-Preiselbeeren, Unterholz-Preiselbeeren, Fingerhutbeeren, Seifenbeeren, Himbeeren, Brombeeren, Manzanita-Beeren, rote Heidelbeeren, blaue Heidelbeeren ...
Lachsbeeren reifen früh, die meisten anderen gegen Ende des Sommers. Der Glanz der Beeren, ihr Aroma, ihr feiner scharfer Geschmack, ihre Süße, die sich über eine sehr lange Zeit erhalten haben. Für wen sind sie? Die Beeren laden Vögel und Bären zum Essen. Sie sind ein Geschenk, das eine Gegenleistung enthält, denn nun werden die Samen an andere Orte gebracht. Die kleinen Samen, die in den süßen Kugeln enthalten sind, werden in den Kröpfen der Vögel und in den Eingeweiden der Waschbären über die Felsen reisen, durch die Flüsse, in der Luft, um auf anderen Waldböden aufs Neue zu sprießen.

Das Beerenpflücken braucht Geduld. Die Bären streichen mit ihren Krallen, die sie wie einen Rechen einsetzen, vorsichtig durch die Sträucher. Menschen fertigen hölzerne Rechen, die wie Bärenkrallen aussehen, und sammeln damit die Beeren in einen Korb. Oder sie schlagen mit Holzlöffeln auf die Büsche und halten den Korb derweil in der anderen Hand. Manche Frauen sind flink und geschickt! Mit beiden Händen, mit allen Fingern, aber die Beeren nicht verletzen. Wenn die Beeren reif sind, pflücken die Menschen sie täglich, trocknen sie oder legen sie mit »Sourdock« für den Winter ein. Beeren zu essen schadet weder den Sträuchern noch den Samen. Vielleicht beginnt diese Erzählung mit Beeren.

Seit langer Zeit kommen die Braunbären und die Grizzlys (aber wir würden sie nie mit so groben Namen anreden) zu den Beerenwäldern. Seit dem Frühling sind sie unterwegs und essen, wandern, öfters allein, dutzende oder hunderte Meilen.

Wenn sie den besten Abhängen zusammenkommen, können dort viele Bären beim Sammeln nahe beieinander sein, sodass sie regeln müssen, sich nicht in die Haare zu bekommen.

Sie essen den ganzen Sommer, um Fett für den Winter aufzubauen. Wenn es ihnen aus bestimmten Gründen nicht gelingt, sich bis zum späten Herbst genügend Gewicht angefressen zu haben, wird die Bärenmutter den Fötus verlieren, weil das Säugen im tiefen Winter ihre Kraft verzehren könnte.

Wenn sie in den Bergen die Seifenbeeren und Heidelbeeren abgegrast haben, wandern sie zu den Bächen und Flüssen zum Lachs, der im Herbst ausschwimmt.

(Chinook oder König, Sockeye oder Rot oder Nerka, Rosa oder Bucklig, Hund oder Keta, Kirsch oder Matu: Die Lachse kommen in die Flüsse — die südliche Grenze wird vom Sacramento River gebildet, und sie wandern den ganzen Weg rund um den Nordpazifik bis nach Korea. Entlang dieses Bogens warten an jedem Fluss Bären.)

Lange Zeit fanden sich nur Bären und Vögel bei den Beerendickichten und bei den Flüssen. Die Menschen stießen später dazu. Anfänglich kamen sie alle miteinander aus. Es gab immer etwas zu essen, das man teilen konnte. Kleine Tiere konnten so stark sein wie die großen. Einige, und auch einige wenige Menschen, konnten ihr Aussehen verändern; sie wechselten die Masken. Manchmal betraten sie alle die Geisterwelt zu einem besonderen Anlass, zu einem Wettkampf. Ursprünglich waren die Menschen nicht so schlecht. Sie veränderten sich erst später. Sie beschäftigten sich nur mehr mit sich selbst und waren die ganze Zeit unter sich. Sie hörten auf, an den Treffen teilzunehmen und wurden immer geiziger. Sie lernten eine Menge Fertigkeiten und vergaßen, woher sie gekommen waren.

Manche Tiere begannen, die Menschen zu meiden. Andere bemühten sich, weil sie die Gesellschaft von Menschen schätzten und Spaß an ihrer komischen Art hatten. Auch den Bären war das wichtig. Sie wollten von Menschen gesehen werden, manchmal, um sie zu überraschen, sogar, um von ihnen gefangen oder getötet zu werden, um so in ihre Häuser zu gelangen und ihre Musik zu hören.

Vielleicht ist das der Grund, warum sie ihren Kot auf den Wegen hinterlassen. Es ist ein Zeichen, um Menschen zu warnen, dass sich Bären in der Nähe befinden, um zu vermeiden, dass sie sich erschrecken. Wenn Bären oder Menschen sich erschrecken, könnte jemand verletzt werden. Wenn Menschen nun den Kot sehen, können sie ihn untersuchen: Sie sehen, wie frisch er ist, was gegessen wurde. Wenn es in dieser Woche Beeren gab, dann ist das sichtbar. Der Kot ist ein Fenster in das Leben eines Bären: Am Kot kann man ablesen, wo der Bär war. Wenn die Leute nachher in die Berge gehen, werden sie pfeifen und ihren Gedanken nachhängen, da ein jeder weiß, was die Menschen denken.

Kleine Mädchen laufen gerne, springen und singen. Einige machen sich über andere lustig, aber nicht auf gemeine Art. Seilhüpfen — sie springen und singen. Himmel und Hölle — sie springen und singen. Dennoch sollte ein Mädchen oder eine Frau nicht über Bärenkot springen, auch über keinen anderen Kot. Auch Männer sollten das vermeiden. Es ist vollkommen in Ordnung, den Kot zu betrachten und über ihn als ein Zeichen nachzudenken, aber es wäre dumm, eine Meinung darüber zu besitzen. Doch dieses Mädchen sprang immer wieder über den Kot und erzählte davon. Vielleicht war sie unfolgsam. Aber man sollte auch berücksichtigen, dass sie ein ungewöhnliches Kind war, das sich zu wilden Orten hingezogen fühlte.

Eine Beziehung zur Wildnis. Bären sind so mächtig und ruhig. Sie sind auch von allen Tieren den Menschen am nächsten. Ein Sprichwort sagt: »Wenn du einem Bären das Fell abziehst, sieht er wie ein Mensch aus.« Sie verhalten sich sogar wie Menschen: Sie blödeln herum, sie unterrichten ihre Jungen, die flegelhaft und neugierig sind, sie erinnern sich. Sie essen einen kleinen Bissen mit der gleichen Eleganz, mit der sie einen Elch schlagen. Ihre Klauen sind feingliedrig und präzis: Sie können eine Nuss mit zwei Fingern angreifen. Sie lieben sich stundenlang. Nach dem Aufwachen sind sie eine Weile verschlafen. Sie sind imstande, in einer Nacht hundert Meilen zu wandern. Sie wirken unbesiegbar. Sie wissen, was vor sich geht, wohin sie gehen sollen, wie sie dort hinkommen. Sie sind versöhnlich. Sie können wütend werden, und wenn sie kämpfen, scheinen sie keine Schmerzen zu spüren. Sie haben keine Feinde, keine Ängste, sie können recht albern und freundlich sein. Sie sind in der Welt vollkommen daheim. Sie mögen Menschen und beschlossen vor langer Zeit, die Menschen bei den Lachsflüssen und in den Beerenfeldern mitsammeln zu lassen.

Davon muss das Mädchen etwas gewusst haben: Auf ihre Weise suchte sie Kontakt zu den Bären. Die meisten Leute wissen, dass es schlecht ist, Regeln zu brechen, und wenn sie es heimlich tun, dann merken sie, dass sie etwas Falsches tun. Manche Leute brechen die Regeln aus Bosheit oder aus Gier. Bestimmte Leute haben eine klare Vorstellung: Sie brechen die Regeln, weil sie Wissen suchen. Aber sie verstehen auch, dass sie dafür einen Preis bezahlen müssen. Sie werden sich nicht beschweren.

Diese Regeln sind Ausdruck von Sitten, die mit Wissen und Macht, mit Leben und Tod verbunden sind. Sie handeln davon, Leben zu nehmen, sich zu ernähren, zu sterben. In ihrer Ignoranz neigen die menschlichen Wesen dazu, Ärger zu erregen. Hinter der Welt, die wir sehen, existiert eine andere Welt, die dieselbe ist, aber offener, transparenter, ohne Blockaden. Es ist dort wie in einem großen Bewusstsein, dass alle Tiere und Menschen reden können. Wer dort hingelangt, erhält die Macht zu heilen, zu helfen. Er lernt, sich zu benehmen und keinen Ärger zu verursachen. Es ist eine Lebenshilfe, diese

Welt zu berühren, egal, wie kurz dieser Kontakt war. Menschen suchen nach dieser Erfahrung, aber die Suche ist schwierig. Die Umrisse sind dort fließend. Für einen Bären sehen alle Wesen wie Bären aus. Für einen Menschen sind alle menschlich. Jede Kreatur hat ihre Geschichten, ihre Merkwürdigkeiten — alle Tiere mit ihrem komischen Naturell, die ihre verschiedenen Rollen spielen.»Wenn Drachen und Fische Wasser als Palast sehen, so mag es so sein, wie wenn die Menschen einen Palast sehen. Sie mögen nicht denken, dass er fließt. Wenn ein Außenstehender ihnen erzählt: ›Was Du als Palast betrachtest, ist fließendes Wasser‹, so mögen die Drachen und Fische verwundert sein, genauso wie wir, wenn wir die Worte hören: die Berge fließen.« (Dōgen) Und manchmal überqueren diejenigen Grenzlinien, die Macht oder einen besonderen Grund haben, oder die einfach nur neugierig sind.

Die junge Frau war nun erwachsen und ging mit ihrer Familie Beeren sammeln. Die Bären wussten, dass sie dort war. Als sie zufällig hinter den anderen etwas zurückblieb, um die Beeren aufzuheben, die ihr aus dem Korb gefallen waren, da trat ein junger Mann aus dem Schatten, stellte sich vor und half ihr beim Einsammeln. Er war gut gekleidet wie jemand, der einen Besuch abstattet. Für sie war er ein Mensch. Und so betrat sie die Zwischenwelt, nicht mehr ganz als Mensch, aber auch nicht animalisch, wo Regen wie Feuer oder Feuer wie Regen aussehen kann. Und er situierte sie fester und genauer in diese Zwischenwelt, schlug ihr leicht auf den Kopf, sodass sie vergaß. Sie gingen ins Dickicht der Windbrüche. Als sie herauskamen, hatten sie eine Gebirgskette durchquert. Jeder Tag zählt einen Monat oder Jahre.

Aber sie vergaß nicht gänzlich. Wir existieren immer in beiden Welten, weil es nicht wirklich zwei Welten sind. Obwohl sie sich daran erinnerte, dass sie eine Familie und ein Heim hinter sich gelassen hatte, spürte sie wenig Heimweh, denn sie war verliebt. Er war stark, sah gut aus und liebte sie. Sie waren in den schönsten Bergen, im strahlenden Spätsommer, mit reifen Beeren an jedem Hang. Ihre Mädchenträume hatten sich erfüllt. Wenn sie gelernt hatte, einen Bären zu lieben, so hatte er seine Vorurteile den Menschen gegenüber überwinden müssen: Menschen sind schwächlich, schwer einzuschätzen, sie riechen schlecht. Sie verbinden sich in Leidenschaft, im Gespräch. Sie leben an der Baumgrenze.

Dann kommt der Winter. Bären legen an Gewicht zu, das Fell wächst dicker. Wenn sie eine neue Höhle graben, suchen sie eine Stelle an einem Hang, graben zuerst schräg nach unten, dann aufwärts, setzen die Höhle unterhalb des Wurzelgeflechts alpiner Bäume oder unter einen großen Felsen. Der Eingang ist ein bis drei Meter lang, die Kammer bis zu drei Meter tief. Dann brechen die Bären Zweige ab: Sie legen sie über den einen Arm und brechen mit dem anderen die Zweige, sammeln auf diese Weise die Unterlage und verteilen sie in der Höhle. Wenn der Bau fertiggestellt ist, bleiben die Grizzlys noch draußen und jagen, solange das Wetter angenehm ist. Mit den ersten starken Schneefällen zieht sich der Bär in die Höhle zurück, der Schnee bedeckt alle Spuren.

Während der vier bis fünf Monate, in denen Bären in der Höhle bleiben, nehmen sie keine Nahrung zu sich, trinken nichts. Die Verdauung und Ausscheidung ist stillgelegt. Sie bleiben aber wachsam und können ziemlich leicht aufwachen. Abfallstoffe werden durch einen besonderen Metabolismus im Körper verarbeitet. Obwohl sie Fett verlieren, bauen sie keine Muskelkraft ab, erhalten sich das Knochenvolumen, als wären sie die ganze Zeit über wach und aktiv. Sie träumen. Vielleicht handeln ihre Träume von den Treffen in den Inneren Bergen, wo der Bär als »Herr der Berge« ein großes Fest für alle anderen Tiere ausrichtet.

Für die junge Frau ist diese Zeit ein ständiger Wechsel zwischen Identitäten. Die Landschaft betritt wieder ihre Erzählung: Sie erkennt ein Tal. Sie sieht ihren Geliebten, ihren Mann, erstmals als Bären, wie er die Höhle gräbt, danach ist er wieder ein Mensch, der neben ihr sitzt und sich mit ihr unterhält. Sie hilft ihm beim Sammeln von Balsam-Fichtenzweigen und hinterlässt dennoch Zeichen und Markierungen für ihre Brüder, die sie suchen werden. Er beobachtet das mit Ärger, Traurigkeit, auch mit gewissem Fatalismus. Ohne ein Anzeichen von Zorn gibt er den ersten Bau auf, zieht weiter, gräbt eine neue Höhle, in deren Umgebung sie erneut ihren Geruch verteilt.

So ziehen sie sich in die Höhle zurück. Noch ist sie keine Bärin, deshalb verstauen sie Lebensmittel für ihre Bedürfnisse. Im Winter werden ihre Kinder geboren, wie es bei Bären geschieht. Dann kommt der Zeitpunkt, an dem sie sich ihrem Schicksal, ihrer Aufgabe stellen müssen. Er »wurde wie ein Schamane, als er begann, mit der Frau zusammenzuleben«. Er war kein normaler Bär: er konnte seine Form verändern, sein Mensch-Sein akzeptieren, auch verfügt er über besondere Kräfte. Beobachteten ihn ältere Bären aus der Entfernung? Bären, die wussten, dass Kräfte benötigt würden? Ein Schamane singt Kraft-Lieder. Er sang ein solches Lied. Wenn er früher nicht gewusst hatte, was geschehen würde, dann spürt er es jetzt: Ihre Brüder würden kommen, ein Kampf ist unausweichlich. Er könnte sie sicher töten, seine Frau und seine Kinder behalten, sich tiefer in die Berge zurückziehen, wo sie geschützt wären. Diese Überlegung ist verführerisch: Er fühlt sich zwischen den Welten mit seinen gewaltigen Grizzly-Reißzähnen, die in ihren Augen Schwerter / Zähne / Schwerter / Zähne sind.

Aber er ist zu tief in den Bereich der Menschen eingedrungen, deshalb versteht und akzeptiert er menschliche Regeln. Es gibt ein festes Gebot, dass Schwager sich nicht bekriegen dürfen. Die Namen der Kinder werden von der mütterlichen Linie bestimmt; die Kinder werden von den Brüdern der Mutter stärker beeinflusst als vom Vater. Wenn sie ihn nur als Schwager akzeptieren könnten! Das wäre eine ideale Familien-Einheit, mit der Besonderheit, dass die eine Hälfte der Gruppe Bären wären (da sie sich dann selbst in eine Bärin verwandelt hätte), die andere Hälfte menschlich! Welch ein Moment eines utopischen Traums muss das für ihn gewesen sein.

Sie denkt praktisch. Sie weiß, dass ihre Brüder ihn nie akzeptieren werden. Auch denkt sie, dass ihre Kinder als Menschen erzogen werden müssen. Aber sie liebt ihren Mann — nicht nur den attraktiven Menschen, auch den Bärenkörper. Sie entdeckt, dass ihr selbst Haare wachsen. Einige Wochen lang müssen sie mit diesen Möglichkeiten und dem sich nähernden Schicksal leben. Wieder singt er in der Nacht: Es ist das Lied, das gesungen werden muss, wenn ein Bär gejagt oder getötet wird. Er gibt ihr Anweisungen: »Dort, wo sie mich töten, da errichtest du ein großes Feuer, verbrennst meinen Kopf und den Schwanz, und singst dieses Lied, solange mein Kopf brennt. Singe es so lange, bis alles verkohlt ist.«

Das ist der Grund ihrer Begegnung: damit er diese Anleitung aus der Bären-Welt durch sie an die menschliche Welt weitergeben konnte. Beide wissen das jetzt. Aber er kann sich nicht leicht damit abfinden — er fragt: »Warum? Warum?« —, selbst am letzten Tag spielt er noch mit dem Gedanken, zu kämpfen. Sie betont immer wieder, dass es ihre Brüder sind, dagegen kann er nicht an. Er verlässt die Höhle und begibt sich auf den Weg in den Tod, verscheucht noch mit einem Prankenhieb den kleinen Tahltan-Bärenhund. Der kleine Hund steht zwischen den Tieren und den Menschen. Er hilft ihr, sich auf die Wiederbegegnung mit Menschen vorzubereiten. Ihr Mann stirbt außerhalb ihres Sichtfeldes, sie hört die bellenden Hunde. Sie sitzt dort und weint, beklagt den Verlust, den Schmerz, den sie zurückgehalten hat. Dem jüngsten Bruder wirft sie entgegen: »Ihr Burschen habt gerade euren Schwager getötet!« Für die Brüder ist das genauso bedrückend.

(Bären kriechen im Frühling aus der Höhle, abgemagert und hungrig, füllen sich mit essbaren Wildblumen und ähnlichem, wenn sie keinen vom Winter getöteten Hirsch, Elch oder Karibu finden.)

Sie verbrennt den Kopf und den Schwanz und singt das Lied.

Sie kann nicht in das Haus ihrer Mutter zurückkehren. Sie verbringt den ganzen Sommer damit, sich wieder an den menschlichen Geruch zu gewöhnen, und zu trauern. Im Herbst und im Winter lehrt sie ihre Verwandten, was sie erfahren hat — den Schädel und den Schwanz des Bären nach der Tötung zu verbrennen —, sie gibt auch das Lied weiter. Es gibt noch viel mehr, was sie von ihrem Mann gelernt hat, über das richtige Jagen, über die Bären-Zeremonie, und sie erklärt das alles — behutsam sein, nicht prahlen, nicht auf einen Bären zeigen, langsam sprechen.

Es ist kein leichter Winter. Weder sie noch die Kinder fügen sich in die Gemeinschaft ein. Die Menschen reden mit ihr nicht tröstlich und verständnisvoll. Die Brüder wälzen dunkle und schwierige Gedanken über ihre Schwester, die soviel über Bären weiß. Im nächsten Frühling begeben sie sich auf ihre alljährliche Bärenjagd und kehren mit den Pelzen einer Bärin und zweier Jungen zurück. Sie drängen ihre Schwester, eine Bärin zu spielen. Geheimnisse, die nicht mitteilbar sind, quälen die Brüder: ihre Schwester als eine Bärin. Was aßen sie? Worüber sprachen sie? Was träumt sie jetzt? Wie war es überhaupt? Wieviel Kraft hat sie jetzt, kann man ihr trauen? Wie werden sich ihre Kinder entwickeln? Ihre Macht und das Geheimnis, das sie umgibt, übersteigen das Maß, das für Menschen noch angenehm ist.

Sie versucht, ihre Mutter dazu zu bewegen, den Brüdern Einhalt zu gebieten. Sie weiß, was passieren wird. Ihre Behaarung wird wieder stärker. Und dann geschieht es: Die Brüder halten die Zweideutigkeit nicht mehr aus, sie drängen sie hinaus. Sie verwandelt sich endgültig in eine Bärin und tötet alle bis auf den jüngsten Bruder. So bezahlen sie für die Tötung ihres Schwagers, bezahlen für das Belästigen und Bedrängen mit ihrem eigenen Leben, auch die Mutter bleibt nicht verschont. Die junge Frau und ihre Kinder sind jetzt unwiderruflich Bären geworden: Die menschliche Welt wird sie nicht akzeptieren. Sie müssen in die Wildnis zurückkehren, denn sie haben ihre Aufgabe erfüllt — den Menschen die genauen Regeln im Umgang mit Bären beizubringen. Vielleicht war alles von den Bären-Vätern und -Müttern geplant worden, die einen furchtlosen jungen Bären als Botschafter auswählten. Jeder Beteiligte zahlte einen hohen Preis: Der Bär und die Familie der Frau verloren ihr Leben. Niemand kann zwischen Sphären hin und herwechseln, ohne einen hohen Preis zu bezahlen. Sie verlor ihren Geliebten, ihre Menschlichkeit, und wurde eine Bärin mit zwei wilden Jungen, allein in der Wildnis.

Das ist vor sehr langer Zeit geschehen. Seitdem hatten die Menschen gute Beziehungen zu den Bären. In den höher gelegenen Gebieten der Welt haben viele Völker mit den Bären gejagt und gefeiert, im Freien, jedes Jahr, im Schnee, in der Mitte des Winters. Bären und Menschen haben sich die Beerenfelder und die Lachsflüsse Jahr für Jahr aufgeteilt, ohne sich ins Gehege zu kommen. Die Bären waren vorsichtig und vermieden es, Menschen als Beute zu jagen und zu töten. Nur wenn sie von Menschen angegriffen wurden, verteidigten sie sich und kämpften.

Die Geschichte hatte weitere Folgen: Die Bärin wurde von den Menschen als Göttin unter vielen verschiedenen Namen in der Erinnerung bewahrt. Viele Geschichten über ihre Kinder und deren Taten haben sich überliefert.

Aber diese Zeit ist jetzt vorbei. Bären werden getötet, überall sind Menschen und die grüne Welt wird durch die Ausbreitung einer grauen Welt, die keine Grenzen zu kennen scheint, enträtselt, entwirrt, verbrannt. Gäbe es nicht noch einige wenige alte Personen aus der früheren Zeit, dann würden wir nicht einmal diese Legende kennen.

Maria Johns und die Überlieferung der Geschichte

Diese Version von »Die Frau, die einen Bären heiratete« fußt auf der Erzählung, die Maria Johns der Anthropologin und Ethnohistorikerin Catharine McClellan mitteilte. Es gibt mehrere Versionen der Legende. In McClellans Buch »The Girl Who Married the Bear« werden elf Berichte untersucht. Sie schrieb über Maria Johns:

»Maria Johns wurde vermutlich in den achtziger Jahren des 19. Jahrhunderts geboren. Das erste Mal, dass sie auf Weiße traf, war auf einer Reise, die ihre Familie über den Chilkoot-Pass unternahm, um an der Küste, in Dyea, in ›Wilson's Store‹ Gebrauchsgüter einzutauschen. Das geschah in den achtziger Jahren. Maria war ein Mädchen. Sie gehörte zur Sippe der Tuq'wedi oder Decitan. Die Herkunft der Familie ließ sich in die Tlingit-Stadt Angoon an der Küste zurückverfolgen. Ihre Muttersprache war Tagish, eine Sprache der Athapaska-Völker. Sie sprach aber auch gut Tlingit, das zur Hauptsprache der Tagish wurde. Sie sprach wenig Englisch.

Obwohl sie ein erfülltes Leben gehabt zu haben schien, war ihre körperliche Verfassung schlecht. Eine partielle Blindheit begleitete sie fast ihr gesamtes erwachsenes Leben lang. Als ich sie 1948 traf, war sie völlig erblindet und verbrachte die meiste

Zeit im Bett, bedeckt mit einem Mantel aus Gopher-Fellen. Maria komponierte mindestens drei eigene Lieder. Wenn man das Repertoire an Geschichten, das ihre beiden erwachsenen Töchter kennen, in Erwägung zieht, dann hat Maria ihren Kindern sehr viel erzählt.

Am Morgen des 16. Juli 1948 bot sich Maria an, die Bärengeschichte zu erzählen. Ich hatte sie im Haus ihrer Tochter Dora besucht und sie gefragt, ob es rituelle Bräuche für Bären gebe.

Offensichtlich war Maria eine gute Erzählerin. Sie gestaltete die Geschichte mit pantomimischen Einlagen, veränderte ihre Stimme, um unterschiedliche Charaktere anzudeuten, imitierte die Laute von Bären und Hunden. Gegen Ende wurde ihre Erzählung etwas schneller, da sie sich Sorgen machte, dass ich den Zug aus Carcross versäumen könnte.

Dora Austin Wedge, die Übersetzerin, war zur Schule gegangen und spricht ausgezeichnet Englisch. Ihre Tochter Anne, die andere anwesende Person, interessierte sich sehr für die Geschichte, die sie offenbar noch nie gehört hatte.«[*]

Arkadia
Braunbär, Ursus arctos.
›Arktos‹, Griechisch für Bär, Lateinisch ›urs‹, Walisisch ›arth‹ (König Arthur), in Sanskrit ›rksha‹ — führt wahrscheinlich zu ›Rakshasas‹ (Dämonen, die in der Nacht herumstreunen, brüllen und heulen, Leichen fressen). D. Padwa schlägt eine Proto-Proto-Sprachwurzel vor: »Rrrrr!«
Die »Arktis« ist dort, wo die Bären sind.

---

[*] [Catharine McClellan, The girl who married the bear. A masterpiece of Indian oral tradition, Ottawa: National Museums of Canada, 1970.]

Arkas war der Sohn von Zeus und der Nymphe Kallisto, die von Hera in einen Bären verwandelt wurde. Arkas war der Ahnherr der Arkadier, des Volkes von Arkadien, dem »Bären-Volk«. Sie verehrten Pan und Hermes und Artemis, die Göttin der Wildheit, auch in Verbindung mit Bären. Arkadien ist das innere, zentrale Hochland des Peloponnes. An der Nordgrenze Plateaus und Gebirgsketten mit Gipfeln über zweitausend Meter. Die ursprüngliche Vegetation bestand aus Grasland, Eichen- und Pinienwäldern. Die anderen griechischen Völker bezeichneten die Arkadier als eine Urbevölkerung, die immer dort gelebt hatte. Im Verlauf der griechischen Geschichte blieben die Arkadier zäh und unabhängig. Die dorischen Invasionen konnten sie nicht unterjochen. Sie waren Gärtner, Hirten und Jäger. Urbane Griechen und Römer sahen in ihnen eine alte, eingeborene Subsistenz-Kultur, die weder ihre Spannkraft noch den Kontakt zur Natur verloren hatte. In der späten Antike wurde durch Abholzung der Wälder und Ausbeutung des Bodens die Bevölkerung stark reduziert. Im achten Jahrhundert führte die slawische Einwanderung zu einem Ende der alten Kultur. Aber zweifellos kannten einige der ursprünglichen Arkadier eine Version der Erzählung »Die Frau, die einen Bären heiratete« und erzählten sie weiter.

Beim Bärentanz

Eine großmütterlich wirkende Frau in einem bedruckten Kleid spricht mit einem älteren, grauhaarigen Mann in Holzfäller-Jeans mit Hosenträgern, dem man harte Arbeit ansieht: »In allem gibt es doch Geister, oder?« Er nickt. Sie lächelt: »Sie wirken aber nicht sehr überzeugt«.

Der alte Mann ist groß und kräftig. Seine Haltung ist leicht gebeugt. Er hat schulterlange Haare, lockig, stahlgrau; die Hosenbeine stecken halb in hohen Westernstiefeln. Seine Hände sind groß, rau, ein Daumen ist gebrochen. Er antwortet: »Die Menschen hatten früher nicht so viele entsprechende Wörter, wie wir es jetzt durch die Wissenschaft haben. Deshalb nannten sie sogar die Sonnenstrahlen ›Geister‹. Sie bezeichneten viele Dinge als Geister. Und nicht weil sie dumm waren, bezeichneten sie die Kraft-und Energieformen als Geister.«

Ein junger Weißer gesellt sich dazu und hört mit. Die Frau ist lebhaft, mit klaren Augen, führt humorvoll ihre Ausführungen fort: »Viele Dinge sind vergessen. Etliche davon habe ich wiedergefunden. Es ist nicht für die Allgemeinheit, es ist für unsere Leute. Wir müssen das den Jüngeren weitergeben.«

Ein Kreis von Kindern formiert sich auf dem staubigen Tanzplatz. Marvin Potts erklärt ihnen freundlich die Tanzregeln. Er trägt einen alten Filzhut, Jeans und Jacke, alte Arbeitsschuhe. Am Platz ist ein Holzpfahl von zweieinhalb Metern Höhe aufgestellt, an dem ein Bärenfell hängt. Vor dem Pfahl liegt ein Haufen Stängel und Blätter des wilden Salbei (Artemisia), frisch gepflückt, noch feucht vom Waschen. Jeder nimmt sich ein kleines Bündel davon. Ein bisschen hangaufwärts ist ein Unterstand zu sehen, der als Sonnenschutz errichtet wurde. Von dort schallt der gleichmäßige Rhythmus von Schlägen auf Holz, der auf- und absteigende Gesang.

Die Frau und die beiden Männer stehen noch immer in der heißen Sonne, die Menge bewegt sich um sie, die Stimme des alten Mannes ist so leise, dass wir sie kaum verstehen. Der Jüngere lauscht und stellt nur gelegentlich Fragen.

»Die Wissenschaften haben sich so weit entwickelt«, sagt der Ältere, »dass sie nun beginnen, wieder auf den Boden zu kommen. Wir klettern mit unserem alten, überlieferten Wissen hinauf und recht bald werden wir auf die Wissenschaften treffen, die wieder herunterklettern.« Eine junge indianische Frau hat sich der Gruppe genähert; gerade sagt die alte Frau: »Bezeichnen Sie mich nicht als Maidu oder Concow, ich bin eine Tai. Das ist unser Name für uns selbst.« Der alte Mann wendet sich ihr zu und fragt: »Was ist eine Tai?« »Was ich bin«, antwortet sie, »aber Sie wissen das nicht.« »Aber ich bin ein Maidu, so wie Sie«, erwidert er. Sie lacht und sagt: »Sie sind wirklich ein —« (und sagt ein kompliziertes indianisches Wort), »es bedeutet Mittlerer Berg.« Er wiederholt das Wort sofort, er kennt es offensichtlich: »Ja, es bedeutet Mittlerer Berg. Das sind wir also?« — »Ja, Ihre Gruppe. Die weißen Anthropologen bezeichnen uns alle mit dem Namen Maidu.« — »Okay«, erwidert er, wendet sich wieder dem jüngeren Mann zu. »Ich gehe jetzt tanzen. Besuchen Sie uns wieder. Wir haben einige Probleme mit Leuten, die unseren Friedhof plündern.« »Was arbeiten Sie?«, fragt der Weiße. »Ich arbeite halbtags in einem Sägewerk«. Er geht, sammelt drei kleine Enkel ein, und führt sie in den inneren Kreis der Kinder beim Bärentanz.

Marie Potts sitzt in ihrem Rollstuhl neben einem aufrecht stehenden Pfahl, der mit Streifen aus Ahornrinde geschmückt ist, die von der Spitze herabhängen. Eine transportable Tonanlage wird nun eingeschaltet. Frank beginnt zu singen: »Weda ... weda ... weda ...« Es gibt zwei Kreise aus Tänzern, einen inneren, den der Kinder, und einen äußeren, der aus Erwachsenen besteht. Beide Kreise beginnen sich nun langsam im Uhrzeigersinn zu drehen. Die Tänzer winken rhythmisch mit ihren kleinen Salbeibüscheln. Jung und alt, viele Weiße, viele Indianer, viele Abstufungen dazwischen.

Bald taucht auch der Bär selbst auf. Seinen großen Kopf streckt er nach vorn, das dicke schwarze Fell bedeckt den Rücken. Arme mit Stöcken bilden die Vorderpfoten. Der Unterkörper des Bären ist mit abgeschnittenen und ausgefransten weißen Jeans verhüllt. Er bewegt sich gut, ist einem Bären sehr ähnlich. Er mischt sich unter die Tänzer, dreht kleine Kreise zwischen ihnen, unterbricht die Tänzer, bewegt sich nach rückwärts. Er schnappt sich ein Kind und führt es unter dem Bärenfell mit sich, lässt es wieder los. Ein anderes kleines Kind bricht in Tränen aus, als der Bär sich nähert, während sich von hinten ein kleiner Junge anschleicht und dem Bären mit dem Salbeibüschel auf den Rücken schlägt. Er läuft zu den Frauen hinüber, ärgert sie, die Frauen kreischen und schlagen mit den Büscheln nach ihm. Ab und zu wird der Gesang kurz unterbrochen, damit die Sänger wieder zu Atem kommen. Der Bär geht zu Marie in ihrem Rollstuhl hinüber, legt seine Pfote um ihre Schulter, schmiegt sich an sie. Ihre Augen glänzen, ihr Lächeln ist intensiv und freudig.

Nun führt Marvin den Kreis der Tänzer und hält den Pfahl, an dem die Streifen aus Ahornrinde befestigt sind, empor. (Er hatte erwähnt, dass die verdrehten Rindenstreifen die Rasseln von Klapperschlangen verkörpern. Wir spielen mit »Klapperschlange« und »Bär«, zeigen ihnen gegenüber unseren guten Geist und Humor, damit wir alle über den Sommer gut miteinander auskommen).

Der kreisförmige Tanz wird in langsamen Drehungen fortgesetzt. Schließlich führt Marvin den Kreis vom Tanzboden fort. Die Reihe der Tänzer — indianische Männer und Frauen, Kinder, ältere weiße Rancher in Arbeitskleidern — schlängelt sich zwischen den dichtgeparkten Fahrzeugen hindurch. Die Linie führt weiter zwischen die zimtfarbenen Stämme der Jeffrey-Kiefern, umrundet die Ramada — den Unterstand (von dort tönen noch immer Lieder, gleichzeitig zur Musik des Bären-Tanzes) — und erreicht über einen grasbewachsenen Abhang einen schnell fließenden Bach, wo sich alle Tänzer entlang des Ufers verteilen und Hände und Gesicht mit kaltem Wasser waschen. Sie werfen die Büschel aus Salbeikraut in den

Bach und lassen sie davonschwimmen. Die Büschel werden durch den Kiefernwald treiben, hinab zu den Salbeisträuchern und in der Wüste des Great Basin verschwinden. Das ist das Ende des Bärentanzes. Das Bärenfell wird wieder über den Pfahl gehängt. Die Teilnehmer versammeln sich beim Grillplatz, wo ein Ochse vorbereitet wurde, wo es Lachs gibt, den einige Besucher von der Küste als Geschenk mitgebracht haben. Die Kraft-Lieder der Trommler (die ein »Grasspiel« begleiten) erklingen ohne Unterbrechung.

Bei Wepamkun, Notokkoyo, Shasta, im Juni 40077

(Aus dem Englischen übersetzt von Bernhard Widder.)

IX
Überleben und Sakrament

Als der Meister seine Schüsseln wusch, sah er,
wie zwei Vögel über einen Frosch in Streit gerieten.
Ein Mönch, der das auch bemerkt hatte, fragte ihn:
»Wie kann es zu derartigem kommen?«
Der Meister antwortete: »Es geschieht nur zu deinem
Vorteil.«

Ein Ende der Geburten

Mitten im An Lushan-Aufstand (755–763) gegen die Tang-Dynastie, als die Hauptstadt Ch'ang-an zerstört wurde, schrieb Du Fu ein Gedicht mit dem Titel »春望« (Chunwang), das die Trauer über die Zerstörung und seine Ratlosigkeit zum Ausdruck bringt. Es beginnt so:
»Das Reich ist zerstört, aber Berge und Flüsse bestehen
weiter.«

Es ist eines der berühmtesten chinesischen Gedichte, das auch in Japan sehr bekannt ist. Der japanische Dichter Nanao Sakaki hat diese Zeile nun umgedreht, um ihr eine zeitgemäße Lesart zu geben:
»Die Berge und Flüsse sind zerstört, aber der Staat lebt
weiter.«

Man muss sich außerhalb Nordamerikas auf Reisen begeben, um diese Aussage würdigen zu können. In einem Vortrag vor einer Gruppe chinesischer Schriftsteller und Intellektueller 1984 in Peking sprach ich über die Notwendigkeit, die Flussufer und bewaldeten Hänge in die Räte der Arbeiter und Kleinbauern einzubeziehen. Ich zitierte Nanaos Version der großartigen Verszeile. Sie antworteten mit einem gequälten Lachen.

Man sagt, dass etwa anderthalb Millionen Tier- und Pflanzenarten wissenschaftlich beschrieben worden sind, und dass es zwischen zehn und dreißig Millionen Arten von Organismen auf der Erde gibt. Mehr als die Hälfte der Arten soll in den tropischen Regenwäldern in Asien, Afrika und Südamerika leben. Und diese Wälder sind schon zur Hälfte verschwunden. (Zur gleichen Zeit leben sieben Millionen obdachlose Kinder auf den Straßen Brasiliens. Werden die verschwundenen Bäume als ungewollte Kinder wiedergeboren?) Ein Kahlschlag und sogar ein Tagebau von mehreren Quadratkilometern Größe wird in einem geologischen Zeitrahmen wieder verheilen. Die Auslöschung einer Spezies hingegen ist ein unwiederbringlicher Verlust. Jede einzelne ist ein Pilger, der vier Milliarden Jahre Evolution zurückgelegt hat. Das Ende der Entwicklungslinien so vieler Geschöpfe, mit denen wir gemeinsam so weit gereist sind, gibt Anlass zu tiefer Sorge und Trauer. Den Tod kann man akzeptieren und in gewisser Weise auch verkraften. Aber der Verlust von ganzen Entwicklungslinien und ihren Nachkommen kann unmöglich hingenommen werden. Dagegen muss rigoros und auf intelligente Weise Widerstand geleistet werden.

Alle diese Pflanzen, Käfer, Tiere in gleicher Weise verteidigen? Winzige wirbellose Tiere, die nie in einem Zoo oder einer wissenschaftlichen Zeitschrift auftauchten? Arten, die sich nur um Haaresbreite voneinander unterscheiden? Nicht nur einzigartige Entwicklungslinien stehen auf dem Spiel, sondern das Leben ganzer Ökosysteme (die eine größere Art von Beinahe-Organismen sind). Einige argumentieren hier scharfsinnig, das Aussterben sei schon immer das Los der Arten und menschlichen Gemeinschaften gewesen. Andere halten uns einen buddhistischen Lehrsatz entgegen: »Alles ist vergänglich.« In der Tat. Um so mehr besteht Anlass, sich behutsam vorwärts zu bewegen und weniger Schaden zu verursachen. Die großen, hochangepassten Wirbeltiere werden, einmal verloren, niemals in der Form wiederkehren, wie wir sie kennen. Hunderte Millionen von Jahren mögen vergehen, bis etwas Ähnliches wie ein Wal oder ein Elefant wieder auftauchen wird, wenn überhaupt. Das Ausmaß des Verlustes liegt jenseits sämtlicher Maßstäbe, die unser Planet je gekannt hat. So schrieben Michael E. Soule und Bruce Wilcox: »Der Tod ist das eine, aber ein Ende der Geburten ist etwas ganz anderes.«

Allerdings ist für die Menschen kein Ende der Geburten in Sicht. Seit der Mitte des 20. Jahrhunderts hat sich die Weltbevölkerung auf über fünf Milliarden verdoppelt. Bis 2025 wird sie voraussichtlich achteinhalb Milliarden erreichen. Geschätzten anderthalb Milliarden Menschen in der Dritten Welt wird schon bald das Feuerholz ausgehen, während den Menschen in den hochentwickelten Ländern an die fünfhundert Millionen Pkws zur Verfügung stehen. In den achtziger Jahren übertraf der Anstieg der Bevölkerung in der Dritten Welt das Wirtschaftswachstum ebendort. Und es ist kein »demographischer Umschwung« in Sicht, der die Geburtenraten in der Dritten Welt stabilisieren könnte.

Es gibt Kriterien, nach denen man die Belastbarkeit des Planeten untersuchen kann. Eine ökologisch vertretbare Anzahl von auf der Erde lebenden Menschen zu fordern, läuft natürlich nicht darauf hinaus, dass Menschen getötet oder zum Schwangerschaftsabbruch gezwungen werden, wie manchmal unterstellt wird. Die für den Planeten beste Bevölkerungszahl soll lediglich als Vorschlag zur Diskussion gestellt werden. Wenn man ihn in die Tat umsetzte, ließe sich die Reduzierung der Bevölkerung durch eine über Jahrzehnte oder Jahrhunderte verringerte Geburtenrate erreichen. Ich habe mir einmal überlegt, dass zehn Prozent der Weltbevölkerung von über fünf Milliarden Menschen ein anzustrebendes Ziel sein könnte, um ausreichend Platz für alle, einschließlich der Tier- und Pflanzenwelt, zu garantieren. Mein Vorschlag wurde mit einer gewissen Ungläubigkeit aufgenommen, und es wurde auf meine »Obsession für die Wildnis« verwiesen. Dabei lebte um das Jahr 1650 ein Zehntel der heutigen Bevölkerung auf der Erde! Damals lebten etwa 550 Millionen Seelen auf dieser Welt, in Gegenwart großer Architektur, Kunst und Literatur, und man debattierte über lange bestehende philosophische Richtungen und Religionen — dieselben, mit denen wir uns noch heute auseinandersetzen.

Unser derzeitiges Problem — und unser Kampf — ist der mit uns selbst. Es wäre anmaßend zu glauben, Gaia sei auf unsere Gebete oder unseren heilenden Einfluss angewiesen. Die Menschen selbst sind in Gefahr, und das nicht nur im Sinne eines Überlebens der Zivilisation, sondern grundlegender, auf der Ebene von Herz und Seele. Wir laufen Gefahr, unsere Seele zu verlieren. Wir verstehen unsere eigene Natur nicht und sind uns nicht im Klaren darüber, was es heißt, Mensch zu sein. Vieles in diesem Buch dient dazu, sich erneut in Erinnerung zu rufen, was wir einst waren und taten, und auch die unverwüstlichen Weisheit früherer Lebensarten. Wie in »Always Coming Home« (1985) von Ursula Kroeber Le Guin — ein echter Lehrtext — handelt es sich auch in diesem Buch um eine Meditation darüber, was es heißt, Mensch zu sein.

Die Gegenwart, d. h. die zwölftausend Jahre seit der Eiszeit und die kommenden zwölftausend Jahre, das ist unser kleines Territorium. Wie wir miteinander und mit der Welt in diesen beiden Dekamillennien gelebt haben, danach werden wir beurteilt werden und uns selbst beurteilen. Wenn wir überhaupt zu irgendeinem guten Zweck hier sind (abgesehen von textvergleichenden Untersuchungen, vom Befahren der Flüsse und vom Studium der Sterne), so vermute ich, um den Rest der Natur ein wenig zu unterhalten. Eine Bande von sexy Primatenclowns. Alle kleinen Kreaturen kriechen in unsere Nähe, um zuzuhören, wenn die Menschen guter Laune und willens sind, ein paar Melodien zum Besten zu geben.

Kultiviert oder kraus

Noch immer wissen wir nur, was wir schon wissen: »Der Duft des Pfirsichs, das Aroma der Aprikose — sie gehen nicht verloren von Generation zu Generation. Und sie werden nicht durch Bücherwissen überliefert.« (Ezra Pound) Der Rest ist Hörensagen. Stärke, Freiheit, Nachhaltigkeit und Stolz liegen darin, ein kundiger Bewohner der eigenen Umgebung zu sein und zu wissen, was man weiß. Es gibt zwei Arten des Wissens.

Die eine ist diejenige, die den Menschen in seinem wirklichen Zustand verortet und gründet. Wir wissen Norden von Süden zu unterscheiden und die Kiefer von der Fichte, wir wissen, in welcher Richtung der Neumond zu finden sein könnte, woher das Wasser stammt, wohin der Müll geht, wie man dem anderen die Hand zur Begrüßung reicht, wie man ein Messer schärft und wie der Zins arbeitet. Schon diese Art des Wissens kann das öffentliche Leben fördern und gefährdete Arten vor dem Untergang retten. Wir eignen uns dieses Wissen an, indem wir Kultur mit neuem Leben erfüllen, und das ist wie eine Wiederbesiedlung: in ein Gebiet zurückkehren, das misshandelt wurde und halb in Vergessenheit geraten ist — und wieder Bäume pflanzen, Bachläufe renaturieren, den Asphalt aufbrechen. Aber — wird mancher fragen — was tun wir, wenn es keine »Kultur« mehr gibt? Es gibt sie immer: Gerade so, wie es immer, egal wo, Ort und Sprache gibt. Die Kultur liegt in der Gemeinschaft und in der Familie, und sie blüht auf, wenn man beginnt, wirkliche Arbeit miteinander zu verrichten oder wenn man zusammen spielt, sich Geschichten erzählt, ungezwungen zusammen ist — oder wenn jemand krank wird oder stirbt oder geboren wird, oder bei einem Zusammensein wie dem Erntedankfest. Eine Kultur ist ein Netz von Nachbarn oder Gemeinschaften, die in ihrer Umgebung verwurzelt sind und sie pflegen. Sie hat ihre Grenzen, sie ist alltäglich. »Sie ist sehr kultiviert« sollte nichts Elitäres aussagen, sondern eher verstanden werden wie »gut gedüngt«.*

Die andere Art des Wissens kommt vom Herumstreunen im Freien. Thoreau schreibt über die »Krausköpfe«: »Unser Wild- oder Holzapfel ist so wild wie nur ich selbst es bin, der ich nicht zur einheimischen Rasse hier gehöre, aber durch die Wälder gestreunt bin, mich vom kultivierten Volk entfernt habe.« John Muir führt diesen Gedanken fort. In »Wild Wool« aus den »Steep trails« (1918) zitiert er einen befreundeten Farmer, der zu ihm sagte: »Kultur ist der Apfel aus dem Obstgarten; Natur ist der Holzapfel.« (Zum Wilden zurückgehen bedeutet ›sauer‹, »adstringierend, *kraus* werden«. Ungedüngt, ungestutzt, zäh, »nicht unterzukriegen« und jedes Frühjahr er-

---

* Der Begriff ›Kultur‹, Lateinisch ›cultura‹, geht zurück auf das Verb ›colere‹, d. h. »anbeten, pflegen, kultivieren, respektieren, bebauen, für etwas sorgen«. Die Wurzel ›kuel‹ bedeutet ursprünglich »um eine Mitte kreisen« — das ist verwandt mit dem englischen Wort ›wheel‹, das Rad, und dem griechischen ›telos‹, »Vollendung eines Kreises« — daher Teleologie. Im Sanskrit ist es ›chakra‹, »das Rad« bzw. »großes Rad des Universums«. Das moderne Wort in Hindi ist ›charkha‹, »das Spinnrad« — mit dessen Hilfe Gandhi Indien in die Freiheit meditierte, als er im Gefängnis saß.

neut bestürzend schön in Blüte stehend.) So gut wie alle heute lebenden Menschen gehören zum kultivierten Bestand, aber wir können zurück in die Wälder streunen.

Man verlässt das Haus, um sich auf etwas einzulassen, sich in eine archetypische Wildnis zu begeben, die gefährlich und bedrohlich ist, voll wilder Bestien und feindseliger Fremder. Diese Art der Begegnung mit dem Anderen — sowohl dem inneren als auch dem äußeren — setzt voraus, dass man Komfort und Sicherheit aufgibt, Kälte und Hunger akzeptiert und bereit ist, alles mögliche zu verzehren. Möglicherweise sieht man sein Haus nie wieder. Einsamkeit ist unser Brot. Deine Knochen mögen eines Tages im Schlamm eines Flussufers wieder zum Vorschein kommen. Das alles garantiert Freiheit, Entwicklung und Erlösung. Ungebunden. Gelöst. Verrückt, für eine Weile. Es bricht Tabus, fördert die Grenzüberschreitung, lehrt Demut. Das Hinausgehen — Fasten — für sich allein Singen — das Sprechen über die Grenzen der Spezies hinweg — Beten — Dank sagen — und Zurückkommen.

Auf der Ebene des Mythos ist dies überall auf der Welt die Quelle der Heldengeschichten. Auf der spirituellen Ebene verlangt es, den anderen wie sich selbst anzunehmen und die Trennungslinie zu überwinden — nicht »eins werden«, nicht die Vermischung der Dinge, sondern Gleichheit und Differenz sorgsam im Geist bewahren. Das kann bedeuten, dass man die Häuser, die Straßen, die Menschen des alten heimatlichen Orts wahrnimmt, als sähe man sie zum ersten Mal. Es kann bedeuten, dass man jedes Wort bis in seine tiefste Bedeutung hinein versteht. Es kann bedeuten, dass man unerklärliche Tränen der Dankbarkeit weint. Unsere »Seele« ist unser Traum vom Anderen.

Es gilt eine Bewegung, eine »Kultur der Wildnis« aus dem Inneren der gegenwärtigen Zivilisation heraus zu schaffen. Die Philosophen der Tiefenökologie und die Kämpfe und Wortgefechte, die zwischen ihnen und der grünen Bewegung stattgefunden haben, die soziale Ökologie und die Ökofeministinnen — sie alle sind Teil der sich heute immer deutlicher herauskristallisierenden Erkenntnis, dass man Derartiges doch versuchen könnte. Die tiefenökologischen Denker bestehen darauf, dass die natürliche Welt ihren Wert in sich selbst trägt, dass die Gesundheit der natürlichen Systeme unser erstes Anliegen sein sollte — und dass damit auch die menschlichen Interessen am besten gewahrt würden. Sie sind sich sehr wohl bewusst, dass die Ur-Menschen für diese Werte unsere Lehrer sind. Das Auftreten der »Earth First!«-Gruppe bringt eine neue Qualität der Eindringlichkeit, des Mutes und des Humors in die Umweltbewegung. Die Technik der direkten Aktion, die auf die Zeiten der Bürgerrechts- und der Arbeiterbewegung zurückgeht, wird für Auseinandersetzungen über ökologische Themen angewandt. Durch »Earth First!« hat das Große Becken Kaliforniens die Bühne der Weltpolitik betreten. Solche Außenseiter zwingen die etablierten Umweltorganisationen, aktiver zu werden. Gleichzeitig entstehen rasend schnell wachsende »Graswurzel«-Bewegungen in Brasilien, Mexiko, Indien, Südafrika. Es stimmt hoffnungsvoll, dass so viele Menschen auf der ganzen Welt zu ihrer wahren Stärke erwachen — von tschechischen Intellektuellen bis zu im Regenwald lebenden Müttern in Sawarak, an der Nordwestküste von Borneo.

Die amerikanische Tradition der Umweltbewegung stammt ursprünglich aus der Politik des staatlichen Landbesitzes und der Erhaltung wildlebender Tierarten (Gänse, Fische, Enten — daher die National Audubon Society, die Izaak Walton League of America und die Ducks Unlimited). Jahrzehntelang nahm ein eingeschränkter aber notwendiger Programmpunkt, die Erhaltung der Wildnisgebiete, die Zeit vieler Freiwilliger in Anspruch. In den siebziger Jahren wurde dann aus »Naturschutz« die »Umweltbewegung«, als sich die Interessen über die Wild-

nisgebiete hinaus zu einer breiten Palette von Themen wie der Verwaltung der Staatsforste, der Landwirtschaft, der Luft- und Wasserverschmutzung, der Atomkraft, und auf all die anderen Gebiete verlagerten, die heute nur zu bekannt sind.
Umweltschutzorganisationen gibt es heute auf der ganzen Welt. Umweltpolitik, Themen der Gesundheit und der menschlichen Belange nehmen in einigen Ländern einen ungeheuer hohen Stellenwert ein. Die Bandbreite der Bewegung reicht vom Schutz wildlebender Tiere und Pflanzen bis zu gesunden Lebensbedingungen in den Städten. Es kann aber keine Gesundheit der Menschen und der Städte geben, wenn der Rest der Natur ausgeblendet wird. Eine richtig verstandene radikale Position ist hier in keiner Weise anti-human. Wir nehmen die Ärgernisse der menschlichen Lebensbedingungen in ihrer ganzen Komplexität wahr und ergänzen dies mit unserem Bewusstsein darüber, wie verdammt gefährdet einige wesentliche und entscheidende Gattungen und Lebensbereiche inzwischen sind. Paradoxerweise stammt ein Gutteil unserer Informationen aus der Mitte der Zivilisation, aus den biologischen und den sozialen Wissenschaften. Die entscheidende Streitlinie innerhalb der Umweltzirkel verläuft zwischen denen, die aus der Geisteshaltung einer Resourcen-Verwaltung heraus handeln, die sich vor allem nach dem Menschen richtet, und jenen, deren Werte das Bewusstsein von der Unversehrtheit der ganzen Natur reflektieren. Diese letztere Position, diejenige der Tiefenökologie, ist politisch lebendiger, mutiger, heiterer, risikofreudiger und auch wissenschaftlicher.
Wieder einmal kommt es auf den feinen aber bemerkenswerten Unterschied zwischen den Begriffen Natur und Wild an. Man sagt, die Natur sei Gegenstand der wissenschaftlichen Forschung. Die Natur kann — etwa in der Mikrobiologie — sehr eingehend untersucht werden. Aber das Wilde kann nicht in dieser Weise zum Thema oder Forschungsobjekt gemacht

werden. Um sich ihm zu nähern, müssen wir es von innen her zulassen, als innerste Qualität dessen, was wir selbst sind. Das Wilde ist unzerstörbar — aber wir vermögen das Wilde nicht zu *sehen*.

Eine Kultur des Wilden beginnt irgendwo in diesem Terrain. Die Zivilisation ist Teil der Natur — unser Ich handelt im Bereich des Unbewussten — Geschichte ereignet sich im Holozän — die menschliche Kultur hat ihre Wurzeln im Primitiven und im Paläolithikum — unser Körper ist der eines Wirbel- und Säugetiers — und unsere Seele ist draußen in der Wildnis.

»Gemeinsam andernorts, gewaltige
Rentierherden ziehen meilenweit
über goldenes Moos,
Schweigend und sehr schnell.«*
(Wystan Hugh Auden)

TISCHGEBET

»Die Vier Großen Gelübde« eines Bodhisattva werden in einem Zen-Kloster bei Beendigung der Übung von Zazen dreimal hintereinander rezitiert. Das erste Gelübde lautet: »Der Geschöpfe sind zahllose — ich gelobe, sie alle zu retten« (jap. Shujō muhen seigando). Es wirkt ein wenig entmutigend, diese Absicht jeden Tag — laut gesprochen — dem Universum zu verkünden. Dieses Gelübde hat mich viele Jahre lang verfolgt, und schließlich überfiel es mich regelrecht: Plötzlich begriff ich, dass ich gelobt hatte, *mich* von den empfindenden Wesen retten zu *lassen*. Die Grundregel, nicht zu töten oder Leid zu-

---

* [»Altogether elsewhere, vast / Herds of reindeer move across / Miles and miles of golden moss, / Silently and very fast.« (Wystan Hugh Auden, The Fall of Rome)]

zufügen, bleibt nicht bei einer Ablehnung stehen. Sie ermahnt uns, Leben zu *geben* und Leid *ungeschehen* zu machen. Diejenigen, die eine letztgültige Einsicht in diese Dinge erlangen, nennt man »Buddhas«, was so viel heißt wie »die Erwachten«. Das Wort weist eine Verbindung zum englischen »to bud« auf, »knospen, keimen, sprossen«. Ich habe einmal eine kleine Parabel geschrieben:

WER DIE BUDDHAS SIND

Alle Lebewesen des Universums haben sich bereits erkannt. Das heißt: mit Ausnahme von vielleicht einem oder zweien. In diesen seltenen Fällen wird dieser Mensch von allen Städten, Dörfern, Wiesen und Wäldern mit all ihren Vögeln, Blumen, Tieren, Flüssen, Bäumen und Menschen umringt und alles arbeitet zusammen, um ihn zu unterweisen, ihn zu bilden, ihm zu dienen, bis auch dieser Mensch zu einem neu beginnenden, erleuchteten Wesen wird. Die erst vor kurzem Erkennenden sind so begeistert vom Lehren und Üben, dass sie daraufhin selbst Schulen errichten und Übungen abhalten. Dass sie dazu in der Lage sind, fördert ihr Vertrauen und ihre Einsicht soweit, dass sie voll und ganz bereit sind, in der vollkommenen Welt eines voneinander abhängigen Zusammenspiels aufzugehen. Diese frisch erleuchteten Anfänger werden »Buddhas« genannt, und sie sagen gerne Dinge wie: »Ich bin gemeinsam mit dem gesamten Universum erleuchtet worden« und dergleichen.
(»Boat in a Storm«, 1987)

Dazu mag man vielleicht sagen: Viel Glück! Den Pudding zu probieren, heißt, ihn zu *essen*. Man muss sich unsere Essgewohnheiten und unser Verhältnis zur Nahrung einmal genauer anschauen. Zu den Mahlzeiten singen die Zen-Mönche, die in Reihen auf dem Boden sitzen:

Haferbrei bringt zehnfach Nutzen
Er verhilft dem Zenschüler
Zu guten Resultaten, unbeschränkt
Ewiges Glück vollendend

und

Oh, all Ihr Dämonen und Geister
Wir bieten euch nunmehr diese Nahrung dar
Mögt Ihr alle sie und überall
Mit uns allen teilen

und

Wir waschen unsere Schüsseln in diesem Wasser
Es hat den Geschmack von ambrosischem Tau
Wir bieten es allen Dämonen und Geistern dar
Mögen alle davon erfüllt und satt werden
Om makula sai svaha

Und viele andere Verse. Die nach Aberglauben klingenden alten rituellen Formeln werden in den Vorträgen nie erwähnt, aber sie sind der Kern, das Herzstück der Lehre. Ihre Bedeutung reicht weit vor die Zeit des Buddhismus oder jeder anderen Weltreligion zurück. Sie sind Teil der ersten und letzten Übung des Wilden: des Gebets vor der Mahlzeit.

Jeder, der je gelebt hat, hat anderen Tieren das Leben genommen, Pflanzen aus der Erde gerissen, Früchte gepflückt und sie verspeist. Die Urvölker besaßen ihre eigene Art, das Gebot, kein Leid zu verursachen, auszulegen. Sie wussten, genommenes Leben verlangt Dankbarkeit und Anteilnahme. Es gibt keinen Tod, der nicht Anderen Nahrung liefert, und es gibt kein Leben, das nicht Anderen Tod bringt. Einige nehmen das als Zeichen, dass das Universum sich auf einem fundamentalen Irrweg befindet. Und das führt zur Verachtung, zur Abscheu vor sich selbst, vor der Menschheit und vor der Natur. Aber die Philosophien, die auf das Jenseits ausgerichtet sind, fügen dem Planeten (und der menschlichen Seele) mehr Schaden zu, als in den Schmerzen und dem Leid der Lebensbedingungen enthalten ist, die sie transzendieren wollen.

Archaische Religion bedeutet: Gott töten und ihn verzehren. Oder sie, die Göttin. Die glänzende, schimmernde Nahrungskette, das Nahrungs-Netzwerk, ist die schreckliche und schöne Grundbedingung der Biosphäre. Menschen, die subsistenzhaft leben, leben ohne Ausflüchte, ohne Rechtfertigung. Wenn man die Gallenblase von der Leber abtrennt, hat man Blut an den Händen. Man hat den schimmernden Glanz auf der Forelle verschwinden sehen. Subsistenzwirtschaft ist sakramentales Wirtschaften, weil es einem der entscheidenden Probleme von Leben und Tod ins Auge schaut: Man nimmt Leben, um Nahrung zu gewinnen. Die Menschen sind heute nicht mehr auf die Jagd angewiesen, viele können sich kein Fleisch leisten, und in der Welt der hochentwickelten Länder macht es die riesige Auswahl an Lebensmitteln leicht, auf Fleisch zu verzichten. Tropische Wälder werden gerodet, damit genug Weidegründe für das Rindfleisch entstehen, das für den amerikanischen Markt produziert wird. Die Distanz zu den Ursprüngen unserer Nahrung erlaubt uns auf einer oberflächlichen Ebene einen Gewinn an Komfort, beschert uns allerdings andererseits wachsende Ignoranz.

Essen ist Sakrament. Man sagt, das Tischgebet kläre die Herzen, leite die Kinder an und heiße den Gast willkommen — alles auf einmal. Wir blicken auf Eier, auf Äpfel und das Eintopfgericht. Sie legen Zeugnis ab von der Fülle, dem Übermaß, dem großen reproduktiven Überfluss. Millionen Samenkörner des Grases, das zu Reis oder zu Weizenmehl wird, Millionen Dorsche, die nie das Erwachsenenalter erreichen, es nie erreichen müssen. Die kleinen Samenkörner sind die Opfer, die der Nahrungskette dargebracht werden. Eine Pastinakwurzel im Boden ist ein Juwel aus lebendiger Chemie, sie macht aus Erde, Luft und Wasser Zucker und Aromen. Und wenn wir Fleisch essen, dann ist es das Leben, die Elastizität, das Knistern eines großen, wachen Lebewesens mit aufmerksam horchenden Ohren und schönen Augen und starken standhaften Füßen und einem großen, pochenden Herzen — das verzehren wir, machen wir uns nichts vor.

Und auch wir selbst werden zu Opfergaben — wir alle sind essbar. Und wenn wir nicht auf einmal verschlungen werden, so sind wir jedenfalls groß genug, um — wie große gefallene Bäume — dem kleineren Getier eine lange währende, gemächliche Mahlzeit zu sein. Die Kadaver von Walen, die viele Meilen tief auf den Meeresgrund sinken, dienen fünfzehn Jahre lang den Organismen im Dunkeln als Nahrung. (Es scheint zweitausend Jahre zu dauern, die Nährstoffe in einer hochentwickelten Zivilisation erschöpfend aufzubrauchen.)

Bei uns zu Hause sprechen wir ein buddhistisches Tischgebet:

> Wir geben Ehre den Drei Kostbarkeiten [den Lehrern,
>   dem Wilden, den Freunden]
> Und wir danken für diese Mahlzeit
> der Arbeit vieler Menschen und der
> Gemeinsamkeit mit anderen Formen des Lebens.

Jeder kann ein Tischgebet seiner eigenen Tradition nehmen (und ihm wirklich Bedeutung geben) — oder ein eigenes erfinden. Eine gewisse Form der Danksagung ist immer angemessen, und kleine Ansprachen oder Ankündigungen können daran anknüpfen. Diese klare, gewöhnliche, altmodische kleine Sache verbindet uns mit unseren Vorfahren.

Ein Mönch fragte Dongshan Liangjie: »Gibt es eine Übung für die Menschen, der sie folgen können?« Dongshan antwortete: »Wenn du ein wirklicher Mensch wirst, dann wird es eine solche Übung geben.«

Sarva Mangalam. Glück für alle.

DANKSAGUNG

Die meisten Aufsätze in diesem Buch haben ihren Ursprung in Gesprächen, in Workshops und Unterhaltungen, die in den letzten fünfzehn Jahren stattgefunden haben. Ich verdanke all den großartigen Menschen und Orten, die diese Gedanken ausgelöst haben, sehr viel. Auch wenn meine Arbeit und meine Neugier mich weit von hier wegbringen, bin ich in erster Linie ein Mann aus der Yuba River County in der Sierra Nevada Nordkaliforniens. Der San Juan Ridge und die vielen Leute hier, mit denen ich zusammenarbeite und mit denen ich Rituale und Ideen teile, stehen im Mittelpunkt dieser Übung.

An erster Stelle möchte ich der Person danken, der dieses Buch gewidmet ist: meiner Frau und Partnerin Carole Coda, die alles gelesen und mit mir diskutiert hat, während es entstanden ist. Jerry Tecklin, Bob Greensfelder, Jean Greensfelder, Jim Pyle, Pat Ferris, Gen Snyder, Kai Snyder, Chuck Dockham, Bruce Boyd, Holly Tornheim, Steve Beckwitt, Eric Beckwitt, David Tecklin, Steve Sanfield, Lennie Bracket, Don Harkin, Michael Killigrew, Robin Martin, Arlo Acton, Tony Mociun, David Samuels, Nelson Foster, Maso Uehara, Paul Noel, DeOnne Noel, Will Staple, Michael Brackney, Bob Ericson, Moth Lorenzon, Robbie Thompson, Ann Greensfelder, Sara Greensfelder und Jackie Bellon — sie alle haben mir besondere (oft auch nonverbale) Hinweise gegeben. Die ganze Gemeinschaft des San Juan Ridge war mir Lehrer und Freund.

Viel habe ich auf meinen Reisen nach Alaska gelernt. Gary Holthaus vom Alaska Humanities Forum zeigte mir, wohin ich reisen sollte, und ließ mich an seiner tiefen Verbundenheit mit dem Norden teilhaben, bei Gemeindetreffen an den verschiedensten Orten wie in Aleknagik, Forth Yukon, Juneau, Homer, Sitka und Bethel. Steve Grubis führte mich den Kobuk River hinab und Bonnie und Hans Boenisch nahmen uns auf. Ron und Suzi Scollon führten mich in ihre Arbeit in der Athapaskasprache und anderen nördlichen Sprachgruppen ein und ebenso in die schneebedeckten Hügel nördlich von Haines. Dick Dauenhauer und Nora Marks Dauenhauer zeigten mir etwas vom kulturellen Milieu Südostalaskas. Jim Kari lehrte mich die Feinsinnigkeit der Ortsnamen. Dick Nelson führte mich durch Tundramoore in die pfadlose Wildnis. Ich danke Roger Rom, dass er sich mit der University of Alaska zusammentat, um zwei aufeinanderfolgende sommerliche Erkundungsreisen zu finanzieren, die uns in den Brooks Range führte. Und James Katz bin ich dankbar dafür, dass er ein schwimmendes Seminar auf dem Tatshenshini River zuwege gebracht hat. Jan Straley nahm uns mit in die Icy Straits auf die Jagd nach den Schwanzflossen der Buckelwale (einem Teil ihrer Forschungsarbeit) und Jonathan White fuhr den Crusader direkt durch den Terror Fords, bloß um einen Blick auf einen Yosemite voller Eis und Wasser werfen zu können.

Viele meiner Kollegen an der Universität von Kalifornien in Davis teilen das Interesse an der Wildnis und an dem Zusammenspiel von Natur und Kultur. Besonders geschätzt habe ich die Gedanken von David Robertson, Jack Hicks, Will Baker, Scott McLean und David Scofield Wilson. Die Studenten in meinen Vorlesungen und Seminaren haben meine Gedanken geprüft und meinen Blick mit ihren frischen, scharfsichtigen Äußerungen erweitert. Etliche kleinere, aber rechtzeitig gewährte Zuschüsse aus dem universitären Forschungsetat halfen sehr, ebenso wie die freundliche, interessierte Zusammenarbeit der Fakultät und der Belegschaft des English Department.

Einige der Aufsätze nahmen als Vorträge Gestalt an, die ich im Jung-Institut von San Francisco gehalten habe (und davon einige in sehr anregender Zusammenarbeit mit James Hillman, Gioia Timpanelli und Ursula Le Guin). Teile dieses Buchs wurden als Vorträge an der Teton Science School in Jackson Hole, bei den Zusammenkünften der Lindisfarne Association, beim Jahrestreffen der Schumacher Society in Bristol, England, auf der Wilderness Conference von 1984 in Hollyhock Farm, British Columbia (gefördert von der Universität von Montana und der Hudson Valley Watershed Conference) und an vielen anderen Orten gehalten. John Stokes (und das Australian Arts Council) ermöglichten Nanao Sakaki und mir ausgedehnte Reisen in Australien und den Besuch von Teilen der Zentralen australischen Wüste, die gewöhnlich für Besucher nicht zugänglich sind.

Viele Freunde lasen das gesamte Buch oder Teile dieser Arbeit, während sie im Entstehen war, und boten mir ihren Rat an. David Padwa und Peter Coyote unterstützten mich mit aufmunternder und sehr hilfreicher Ermutigung, und dies taten auch Jim Dodge und Peter Berg. Max Oehlschlager und Wendell Berry machten kühne Vorschläge.

Nanao Sakaki aus Japan und von der Schilkröteninsel, Lee Swenson, George Sessions, Tom Lyon aus Utah und den Rocky Mountains, Paul Shepard, Drum Hadley von der Guadelupe Canyon Ranch, David Foreman von Earth Fist!, Dolores LaChapelle, Sherman Paul, Malcom Margolin, Bob Uhl aus Kotzebue in Alaska, Jerry Martien von Arcata, Kurt Hoelding aus Petersburg in Alaska, Jerry Gorsline von Port Townsend, Fraser und Ali Lang von Bridge River in British Columbia, Kelly Kindscher aus Kansas, Gerry Lawless aus Maine, Dale Pendell, jetzt Santa Cruz, Allen Ginsberg aus New York und Boulder, Jack Turner von den Tetons, Jack Loeffler aus Santa Fe, Jim Snyder von Yosemite, Ed Grumbine, Jack Kaplinski aus Estland, Julia Martin aus Kapstadt in Südafrika, John Seed aus Neusüdwales, Sansei Yamao aus Yakushima in Japan, Peter Bluecloud aus Akwesasne, Peter Winter, Lewis McAdams von The Friends of the L.A. River, Non and Bird aus den Bergen in der Nähe von Trinidad in Colorado, Dan Kozlowski aus Wisconsin, Clayton Ashleman von Sulfur, Michael McClure von der Gattung der Mammalia und Soko Morinaga Rōshi aus Dashu-in sind einige der vielen bemerkenswerten Freunde, deren Leben und deren Arbeit ich in meine Meditationen einbezogen habe, als ich diesen Text zusammenstellte.

Dankbar bin ich Catharine McClellan, emeritierte Professorin der Anthropologie an der Universität von Wisconsin, für die Erlaubnis, die Version von »The Girl Who Married the Bear« wieder zu erzählen, die sie von Maria Johns in den ersten Jahren ihrer Laufbahn gehört hatte, und für ihre Erinnerungen an Maria Johns.

Ich danke Gary Capshaw für den geschenkten Tisch und für seine Erinnerungen an Lew Welch. Besonders danken möchte ich Yvon und Malinda Chouinard und der Patagonia Corporation für großzügige und umsichtig beschleunigte finanzielle Unterstützung im letzten Jahr des Schreibens.

Mit derart vielen guten Freunden und Kritikern scheint es kaum glaubhaft, dass noch immer Fehler oder Unkorrektheiten übrig geblieben sind. Sei's drum, sie gehören voll und ganz zu mir.

Anhang

Hanfried Blume (1949–2009)

Seefahrer, Imker, Jurist, Bauernsohn und stolz darauf, Zeichner, Teetrinker, Reisender — mit viel Gepäck, Briefeschreiber, Automechaniker, Fotograf, treuer Freund, Posaunenspieler (Brecht/Weill Songs), leidenschaftlicher Sänger kirchlicher Choräle, Jogger, Weingenießer — nicht -kenner, simulierender Pfeiferaucher, philosophischer Gesprächspartner, fürsorglicher Mitmensch, Familienmensch, immer schon im Aufbruch zum nächsten Ort (Göttingen—Dreileben—Berlin), dem Wilden der Orte auf der Spur, fantasiereicher Geschichtenerzähler, Lehrbeauftragter, Rezitator russischer Gedichte (im Original), Zwillenbauer, Weltmensch in zerschlissenem Harris Tweed, vom Beat erweckt, Büchersammler, Flohmarktgänger, Spaziergänger, Obstpflücker, Streitschlichter...

In all dem geerdet durch das geschriebene Wort der Gesetzestexte, Zeitungen, Lexika, Erzählungen, Romane, Songtexte, Gedichte, das Neue Testament und altbuddhistische Schriften. Alles hat er gründlich gelesen und auf seine Wahrhaftigkeit überprüft. Wenige Texte entfalteten eine so grundlegende Wirkung auf sein Denken und Handeln, wie Gary Snyders »Landschaften des Bewusstseins«.

Geboren wird Hanfried 1949, als Johann-Friedrich Blume, in der Magdeburger Börde, in Dreileben, das er wenige Jahre später als Flüchtlingskind im Zuge der deutschen Teilung verlassen muss. Seine Kindheit und Schulzeit erlebt er im ländlichen Rheinland. Das Studium der Rechtswissenschaften absolviert er in Göttingen, mit Stationen in Köln und Toronto. Nach kurzem beruflichen Zwischenspiel als Justiziar an der Universität Hannover, folgt ein zweijähriger Rückzug in ein kleines Waldhaus oberhalb Göttingens. Dort beginnt er mit dem Übersetzen zeitgenössischer amerikanischer Lyrik, unter anderem Gary Snyders. Um 1983 gründet er eine kleine Wohnzimmerkanzlei im Zentrum Göttingens. Diese Praxis wird Anlaufstelle für wenig vermögende Ratsuchende und Freunde. Hier übersetzt er 1985 Christopher D. Stones »Should Trees Have Standing« (Umwelt vor Gericht). Ende der 1980er Jahre verfolgt er engagiert die Aktivitäten osteuropäischer Umweltbewegungen, er schließt Freundschaften und unternimmt zahlreiche Reisen, vor allem nach Lettland. Nach dem Mauerfall wird der landwirtschaftliche Familiensitz in Dreileben an die Blumes rückübereignet. Er verlagert einen großen Teil seines Lebens in diese heimatliche Region, für die er sich engagiert und die er ausgiebig erkundet. Auch ins 180 km nordöstlich liegende Berlin zieht es ihn wöchentlich. Seine Dozententätigkeit für Umweltrecht und -ethik dehnt er von dort auf ostdeutsche Fachhochschulen aus. Er organisiert private Tagungen in seinem Dreilebener Geburtshaus zu Fragen der Umweltethik, Bioregionalismus und Gentechnik. In der Berliner Wohnung, die er mit seiner Lebensgefährtin teilt, initiiert er zahlreiche Dichterlesungen amerikanischer und deutscher Lyriker. Er unterhält eine beständige Korrespondenz mit Philosophen, Umweltethikern und Lyrikern wie Joan Stambough, Christopher D. Stone und Gary Snyder. 2006 stößt er zur Global Ecological Integrity Group (GEIG). Wenige Wochen vor seinem plötzlichen Tod hält er auf dem Treffen der Gruppe in Florenz seinen letzten Vortrag: »Ecology and Romantic Thought«.

»I think I'm a romantic« — mit diesen Worten begann der Vortrag, mit dem der Übersetzer nach eigenem Bekunden

seine »Ernte einfuhr«. In diesem Satz kam sein inneres Dasein und Wirken zusammen, verbunden mit der Erkenntnis über seinen bisherigen Lebensweg. Die Begegnung mit Gary Snyders »Landschaften des Bewusstseins« erschloss ihm Anfang der 1980er Jahre die Möglichkeit, bisher Inneres auch nach außen tragen zu können. Dafür setzte er alle seine Mittel und Fähigkeiten ein. Der Blick in den Baum vor dem Fenster, bis dahin eigene Gewissheit und innerer Trost, wurde zum Grund des Handelns: die in der Natur wie im urbanen Raum wahrgenommene Integrität, diesen Geist, in sich aufzunehmen und weiter zu geben. Mit Christopher D. Stone und dessen herausfordernder Eigenrechtstheorie findet er einen rechtsethischen Weggefährten. Die Aufmerksamkeit für Snyders Gedichte und Stones große Rechtsfrage zugleich fanden unter anderem Ausdruck in seiner Beteiligung als einer von drei Anwälten an der »Robbenklage« 1988: »Im Namen der Seehunde der Nordsee gegen die Bundesrepublik Deutschland.« Er wurde zu einem Brückenbauer zwischen den Welten, in denen er lebte. Übersetzen war für Hanfried Blume eine Form des Gedankenaustausches. Gary Snyders Werk, seine frühe Inspiration, dem deutschen Sprachraum zugänglich zu machen, war ihm eine Herzensangelegenheit.

»The Practice of the Wild« (Lektionen der Wildnis) schien ihm Snyders wichtigstes Buch. Seine hier vorliegende Übersetzung wurde aus dem Nachlass herausgegeben.

Frieda Knapp und Michael W. Schröter
Berlin im Juni 2011

Erste Auflage Berlin 2011

Copyright © 2011 MSB Matthes & Seitz Berlin Verlagsgesellschaft mbH
Göhrener Straße 7, 10437 Berlin, info@matthes-seitz-berlin.de
Copyright der Originalausgabe © Gary Snyder. Titel der Originalausgabe:
The Practice of the Wild, San Francisco: North Point Press, 1990.
Satz: Torsten Metelka, Berlin
Druck und Bindung: GGP Media GmbH, Pößneck

www.matthes-seitz-berlin.de

ISBN 978-3-88221-657-8